Olbrich/Schmidt
Die Verflossenen

Heike Olbrich
Jörg Schmidt

Die Verflossenen

Risiken und Nebenwirkungen

Ch. Links Verlag, Berlin

Die Berichte in diesem Band basieren auf Interviews. Namen und biographische Details wurden auf Wunsch der Personen geändert.

Die Deutsche Bibliothek – CIP-Einheitsaufnahme
Olbrich, Heike:
Die Verflossenen: Risiken und Nebenwirkungen /
Heike Olbrich; Jörg Schmidt. – Berlin: Links, 1999
ISBN 3-86153-197-6

1. Auflage, September 1999

Zehdenicker Straße 1, 10119 Berlin, Tel.: (030) 44 02 32 -0
Internet: www.linksverlag.de
Umschlaggestaltung: KahaneDesign, Berlin
unter Verwendung eines Fotos von Christian Härtel
Satz: LVD GmbH, Berlin
Druck und Bindearbeiten: Friedrich Pustet, Regensburg
ISBN 3-86153-197-6

Inhalt

Vorwort

Wenn wir in den letzten Monaten gefragt wurden, zu welchem Thema wir gerade arbeiten, waren die Reaktionen auf unsere Antwort – »Über Verflossene« – höchst unterschiedlich. Sie reichten von »Na, das wird ja bestimmt ein lustiges Buch« bis hin zu »Oh Gott, wie schrecklich!«.

Die Bandbreite der Reaktionen spiegelt zugleich die verschiedenen Haltungen wider, die man zu seinen Verflossenen haben kann: von heiter bis gewittrig. Besonders häufig war die Bemerkung: »Da solltet ihr mich mal interviewen, über meine Verflossenen könnte ich tagelang erzählen!«

Liebesbeziehungen – auch vergangene – sind häufig ein Thema im Freundes- und Bekanntenkreis. Und die Geschichten sind ganz unterschiedlich: vom Verlieben bis zum Trennen.

Dabei ist es interessant, wie andere es mit ihren Verflossenen halten. Schnell stellt man fest, daß das, was man erlebt hat, auch andere kennen. Daher hat es uns bei unseren Recherchen gewundert, daß es bislang noch kein Buch über die Verflossenen gab.

Tatsächlich haben wir mit Dutzenden Frauen und Männern über ihre früheren Beziehungen gesprochen: über Liebe, Leid und Trennung. Wir haben sowohl Singles als auch Menschen die in Partnerschaften leben, befragt. Schließlich betrifft das Thema sowohl Frauen und Männer auf Partnersuche als auch Menschen in Beziehungen. Bei geschlechtsspezifischen Unterschieden haben wir beide Perspektiven berücksichtigt und beschrieben. Interessanterweise waren unsere männlichen Interviewpartner der Meinung, daß Frauen sich viel leichter trennen. Unsere Gesprächspartnerinnen sahen das anders: Sie hatten keinen Zweifel daran, daß Trennungen für Männer viel problemloser seien als für Frauen.

Bei der Vielzahl der Gespräche sind wir den Fragen nachgegangen, was von Ex-Lieben tatsächlich übrigbleibt, wie vergangene Partnerschaften weiterwirken, welche Risiken und Nebenwirkungen die Verflossenen haben. Das interessierte uns vor allem aus journalistischer Neugierde, aber auch, weil wir – wie fast alle – »Mehrfach-Verflossene« sind.

Entstanden ist kein Ratgeber mit Tips und Tricks zum richtigen Umgang mit Ex-Partnern – das war nicht unsere Absicht –, sondern eine Sammlung reichhaltiger Erfahrungen, aus denen sich praktische Schlußfolgerungen ableiten lassen, wenn man denn will. Durch die Einbeziehung verschiedener Trennungsexperten sind zugleich einige hilfreiche Anregungen mit eingeflossen.

Auch wenn es inzwischen normal und alltäglich geworden ist, Verflossene zu haben, die in vielen Fällen mit schönen Erinnerungen verbunden sind, gibt es doch genügend *Risiken und Nebenwirkungen*, die es sich lohnt, einmal genauer zu betrachten.

Heike Olbrich & Jörg Schmidt — Berlin, im Juli 1999

Der unsichtbare Dritte: Eine Einführung

»Immer wieder sonntags kommt die Erinnerung«
(Cindy und Bert)

Insgeheim zählt Caroline Stallmeyer mit, wie viele Gläser Wein der Mann an ihrer Seite trinkt. Sie kennt ihn noch nicht lange. Aber sie fühlt: Das könnte ein Mann zum Verlieben sein. Als er den nächsten Wein bestellt, wird sie nervös: »Schon das dritte Glas!« Sie beginnt, Argumente für ihn zu sammeln: Es ist Wochenende, morgen muß er nicht arbeiten. Angespannt beobachtet sie, wie schnell er trinkt. Nein, er ist kein Trinker, beschließt sie, dafür fehlt ihm die Selbstverständlichkeit beim Trinken. Als die 42jährige Heilpädagogin aus Teltow gerade anfängt zu entspannen, begeht der Mann einen folgenschweren Fehler. Er bestellt noch ein Glas Wein. Das vierte. Schluß, aus! Das war's. Gerade noch mal davongekommen. Jetzt wäre sie doch fast wieder bei einem Alkoholiker gelandet.

Auf ihre Reaktion angesprochen, erklärt sie kategorisch: »Das hat mit meinem Ex-Mann Klaus überhaupt nichts zu tun.« Wirklich nicht? Der Verflossene von Caroline war Alkoholiker.

Szenenwechsel. Susanne Ahrens freut sich: Gerade rief ihr Ex-Freund Andreas an und fragte, ob er für zwei Tage bei ihr wohnen könnte. Seine Freundin und er würden einen Berlin-Trip planen; ob es okay wäre, wenn sie übers Wochenende zu ihr kämen? »Kein Problem!« sagte Susanne, »ich freue mich. Dann lerne ich auch endlich deine neue Freundin kennen.«

Susanne ist 30 Jahre alt und arbeitet als Zahntechnikerin. In ihrer alten Heimatstadt Osnabrück waren Susanne und Andreas fünf Jahre lang ein Paar. Dann kam es irgendwann zum ersten großen Krach, schließlich zum zweiten und zum dritten, und vor drei Jahren trennten sie sich. Susanne zog nach Berlin. Nachdem die Wunden bei ihnen so ziemlich verheilt waren, trafen sie sich wieder. Beiden war klar, daß sie einfach nicht zusammengepaßt hatten und mit anderen Partnern wahrscheinlich besser klar kämen. Sie vereinbarten, ein freundschaftliches

Verhältnis zueinander zu bewahren. Sie sahen sich zwar selten, schickten sich aber regelmäßig Urlaubskarten und telefonierten an den Geburtstagen miteinander. Hätte man Susanne gefragt, wie sie ihr Verhältnis zu Andreas beschreiben würde, sie hätte »gelassen« geantwortet. Sie lebt in einer neuen Beziehung, und auch Andreas hat eine neue Partnerin.

So freute sich Susanne ehrlich auf den bevorstehenden Besuch der beiden. »Andreas sah aus wie damals«, erzählt sie, »er hatte sich überhaupt nicht verändert. Und dann sah ich, daß hinter ihm ein graues Mäuschen die Treppen raufschlich. Ich dachte: ›Wen schleppt er denn da an? Das kann doch wohl nicht seine neue Freundin sein!‹ Andreas hatte nämlich immer tolle Freundinnen.« Aber Monika, dies unscheinbare Wesen, war tatsächlich die neue Flamme ihres Verflossenen. »Abends im Restaurant unterhielten Andreas und ich uns angeregt, und seine Freundin sagte die ganze Zeit kein Wort. Eine todlangweilige Frau! Blaß und farblos!« Bestimmt eine Verlegenheitslösung, dachte Susanne, die tollen Frauen in Andreas' Umgebung waren vielleicht gerade alle vergeben. Als sie Andreas für einen Moment alleine sprechen konnte, fragte sie ihn: »Und, wie läuft's so mit euch?« – »Wunderbar«, sagte Andreas. »Wir verstehen uns großartig.« Er grinste und sagte: »Übrigens, wir heiraten. Kannst du dir das vorstellen? Und ich werde Vater! Wie findest du das?« Am liebsten hätte Susanne ihm den Wein ins Gesicht gekippt, so stocksauer und gekränkt war sie.

Im nachhinein findet sie ihre Reaktion ziemlich überzogen, abgesehen davon, daß es ihr eigentlich egal ist, wen ihr Verflossener heiratet. Was in ihr hochkam, war die Vorstellung: »Wie kannst du so eine Frau heiraten, wenn du mit mir zusammen warst!«

Jede Liebe hinterläßt Spuren. So haben die meisten Männer und Frauen zumeist einen Verflossenen, der sie noch sehr beschäftigt, mindestens eine Liebesgeschichte, die immer noch in ihnen rumort. Und fast alle kennen diese Geschichten auch von Freunden und Bekannten. Da ist der Mann, dem noch nach vielen Monaten schwer ums Herz wird, wenn er das Parfüm riecht, das seine Ex-Frau immer trug. Da ist die Frau, die schnell das Radio ausschaltet, wenn das Lieblingslied ihres Ex-Freundes gespielt wird. Vertraute Kleinigkeiten lösen Wehmut und

Zorn, Trauer und Wut aus. Das ist so und wird sich, solange Menschen sich trennen, wohl auch nicht vermeiden lassen. Es sind kleinere und manchmal auch größere emotionale Klippen, die umschifft werden müssen. Und das braucht Zeit.

Irgendwann kommt der Tag, an dem der Mann das Parfüm wieder riechen und die Frau das Lied wieder hören kann, ohne dadurch in eine Krise zu geraten. Dann endlich sind die Verflossenen nicht mehr überall präsent.

Aber es kann auch anders kommen. Im Unterbewußtsein graben sich mitunter Spuren ein, die so tief sitzen, daß man von ihnen im Alltag kaum etwas ahnt. Doch plötzlich tauchen sie bei der Partnersuche oder in neuen Beziehungen wieder auf: Spuren längst vergangener Zeiten, die man hinter sich gelassen glaubte. Hier treten jene Nebenwirkungen zutage, die als Risiko mit jeder Trennung verbunden sind.

Ob beim nächsten Mann tatsächlich alles anders wird oder ob man immer wieder über das gleiche Problem stolpert, liegt zu einem großen Teil an *emotionalen Spukgestalten*, die viele Menschen unbewußt mit sich herumtragen. Grund genug, sie genau unter die Lupe zu nehmen, damit der oder die unsichtbare(n) Dritte(n) in den neuen Beziehungen sichtbar werden können. Denn nur mit Sichtbarem läßt sich streiten und irgendwann vernünftig umgehen.

Andernfalls stolpert man womöglich in den Trugschluß von Pauschalurteilen. »Männer sind doch echte Gefühlskrüppel«, sagt eine Frau in einem Café. Die beiden Frauen, die mit ihr am Tisch sitzen, nicken resigniert. »Frauen zocken dich ab! Denen geht es nur um deine Kohle«, verkündet dagegen der Mann am Tresen. »Das kannste aber laut sagen«, pflichtet ihm sein Nachbar bei.

Weniger laut ausgesprochen, aber um so problematischer in ihren Wirkungen sind Ableitungen und Lehren aus früheren Beziehungen, die falsch, störend oder gar destruktiv sind. Sie sollten erkannt und außer Kraft gesetzt werden. Solcher Ballast aus Ex-Beziehungen muß irgendwann entsorgt werden. Und da die meisten Männer und Frauen schon mindestens eine Liebesbeziehung hinter sich haben, kennen sie diese Trennungsrückstände. Dazu gehören nicht nur verletzter Stolz und Schuldgefühle, sondern auch Angst vor Nähe und oft Minderwertigkeitsgefühle.

Dieses Buch will beim Aufspüren derartiger Reste helfen: Wo lauern die Risiken und Nebenwirkungen, die Verflossene hinterlassen können? Wie kann mit ihnen umgegangen werden?

Um solchen Verflossenen, die sich als belastende Phantome gestalten, auf die Spur zu kommen, haben wir monatelang mit Männern und Frauen unterschiedlichen Alters, verschiedenster Berufe und aus verschiedenen Orten gesprochen und haben uns mit ihren Geschichten beschäftigt. Anschließend haben wir Experten in Beziehungs- und Trennungsfragen konsultiert: Paartherapeuten, Scheidungsanwälte, Pastoren, Mediatoren und Psychologen in Beratungsstellen. Aus all diesem Material ist unser Buch entstanden: Fallbeispiele und Hintergrundinformationen wechseln sich ab.

Am Ende der Kapitel folgen weiterführende Fragen, die als Anregung zur Selbstreflexion gedacht sind. Vielleicht können sie ein wenig dazu beitragen, mit falschen Vorstellungen aufzuräumen und zu einem souveräneren Umgang mit den Verflossenen zu finden.

Verliebt – verlobt – verflossen: Wie sich Paarkultur verändert

»That's life!«
(Frank Sinatra)

Liebesbeziehungen und Partnerschaften sind im Leben von zentraler Bedeutung. Ohne Partner scheinen die allermeisten Männer und Frauen nicht leben zu können, ohne eine Beziehung sieht das Leben offensichtlich freudlos und grau aus – so wird es zumindest nicht zuletzt in den Medien vermittelt.

»Ab Anfang 20 fühlt man sich doch als Außenseiter, wenn man keine Freundin hat«, meint Christoph Hessler. Er ist 26 Jahre alt und arbeitet als Barkeeper in Hamburg. Drei längere Beziehungen hat er bislang hinter sich, zur Zeit ist er solo. Bei manchen Gelegenheiten, so gesteht er, erfindet er einfach eine Frau, von der er erzählen kann. Und manchmal springt eine gute Freundin als Vorzeige-Partnerin ein. »Es sieht einfach besser aus! Auf der Hochzeit meines Cousins und bei der Geburtstagsfeier eines Kollegen habe ich Angelika mitgenommen. Und so, wie wir uns verhalten haben, dachten alle, wir wären ein Paar. Das war ja auch der Sinn der Sache.« Obwohl Christoph den Paarzwang »blöd und stressig« findet, unterwirft er sich ihm – manchmal.

Wir leben in einer *Pärchenkultur*. Egal, wohin der Blick auch fällt: Paare, Paare, Paare! Ob im Restaurant oder im Urlaub, ob in Spielfilmen oder Werbespots – überall Paare. Und die Singles schauen derweil »Herzblatt« und studieren die Kontaktanzeigen in den Stadtmagazinen oder der Wochenendausgabe der Tageszeitungen.

Sehr viele Menschen fühlen sich unvollständig, wenn sie nicht Teil eines Paares sind. Das fällt immer dann auf, wenn sie selbst gerade partnerlos sind. Alles ist auf Zweisamkeit ausgerichtet.

Liebe und Partnerschaft stehen beim persönlichen Glücksgefühl nach wie vor an erster Stelle. Das belegen Zahlen: Alle zwei Jahre fragt das *Allensbacher Institut für Demoskopie* die Deutschen, worin sie den Sinn ihres Lebens sehen. Unangefochten den Höchstwert auf der Rangliste erreichte 1997 die Antwort: »Daß ich glücklich bin, viel Freude habe«.[1] Auf Platz 2 kam der Lebensgenuß – und nicht etwa die Karriere oder die Erziehung der Kinder.

Und was macht Menschen glücklich? Wohlstand, Frieden, ein sicherer Arbeitsplatz? Die meisten Teens und Twens antworten: Liebe. Die etwas älteren Semester stellen dagegen zumeist ein harmonisches Familienleben an erste Stelle. [2]

Und das ist zunächst nachvollziehbar. In einer Partnerschaft zu leben hat eindeutig Vorteile. Niemand muß lange nach einem Begleiter fürs Kino, für die Party oder den Urlaub suchen. Egal, ob für die Freizeit, für Sorgen und Erfolge, die zu teilen sind, für Sex oder zum Schmusen – immer ist jemand da. Manche Aufgaben übernimmt der Partner, auch das ist ein Vorteil. »Bügelst du meine Hemden, repariere ich die Waschmaschine.« Je nach Persönlichkeit und Vorliebe werden Aufgaben verteilt. Der eine ist kontaktfreudig, bemüht sich um den Freundeskreis, hält die Beziehung zu den Verwandten aufrecht und sorgt dafür, daß man zu Festen eingeladen wird. Der andere ist häuslich, kümmert sich intensiv um die Familienmitglieder samt Hund und Kanarienvogel, pflegt den Garten und verwandelt das Haus in ein gemütliches Nest. Das ist praktisch. Und manchmal auch lästig.

Davon berichtet Bettina Aust. Sie lebt in Trier, ist 37 Jahre alt und arbeitet als Goldschmiedin. Seit Jahren verbringt sie ihren Urlaub in Frankreich, gemeinsam mit ihrem Lebensgefährten Karl. Als sie sich kennenlernten, sprachen beide gleich gut französisch. Doch wenn sie im Urlaub nach Frankreich kamen, redete automatisch Karl: Er orderte die Hotelzimmer, bestellte das Essen und fragte nach dem Weg. »Anfangs war mir das sogar ganz recht. Mich kostet es Überwindung, französisch zu reden, und Karl ist eher der Typ, der einfach drauflosquatscht.« Doch diese Aufgabenteilung begann sich zu verselbständigen. Irgendwann machte Bettina überhaupt nicht mehr den Mund auf, und Karl wurde durch die Übung immer besser. Als Bettina eines Tages in Trier auf der Straße von einem Franzosen angesprochen wurde, der nach dem Weg fragte, fühlte sie sich überfordert. Sie stotterte zwei, drei Worte und sah sich hilfesuchend nach Karl um. »Karl hat ihm radebrechend den Weg beschrieben. Ich war stinksauer, am meisten auf mich! *Die* paar Sätze hätte ich nämlich auch noch rausgebracht.«

Das Leben zu zweit erleichtert manche Dinge. Es verhindert dafür andere. Mehr und mehr verlassen sich nicht wenige auf ihren Partner, vergessen und verlernen dadurch vieles und werden schließlich ungeübt im Alleinleben. Es ist tatsächlich nicht nur ein Gerücht, daß es immer noch Männer gibt, die nie in ihrem Leben eine Waschmaschine bedient oder sich ein Essen gekocht haben. Und genauso gibt es Frauen, die noch nie eine Sicherung ausgewechselt oder einen Scheck ausgestellt haben.

Nach den Eltern kommt in der Regel kaum ein Mensch so nah an einen anderen heran wie der Liebespartner. Niemand sonst kennt einen so gut und hat schon so viele unterschiedliche Situationen erlebt, einen beglückwünscht, getröstet, bewundert oder verflucht. Dadurch werden Liebesbeziehungen auch »psychische Spiegel, die uns zeigen, wer wir sind. Die Formen des Umgangs miteinander haben direkte Auswirkungen auf unser Selbstwertgefühl und formen das geistige Bild, das wir von uns selbst haben – das heißt, unser Selbstbild«, bemerkt die amerikanische Psychologin Harriet Braiker.[3] Das enge Zusammensein mit einer anderen Person birgt die Chance, sich selbst besser kennenzulernen. Es ermöglicht, andere Seiten an sich wahrzunehmen und manches von sich deutlicher, in Abgrenzung zum Partner, zu erkennen. Doch ist dies auch nicht ganz ohne Risiko, denn wer will schon wissen, welche weniger liebenswerten Seiten man hat?

Der Partner verwächst im Laufe der Beziehung zu einem Teil der eigenen Identität. Das macht es schwer, im Falle einer Trennung aus dem *Wir* wieder zwei getrennte *Ichs* zu formen. Es ist mühsam und schmerzlich, das dichte Geflecht der Beziehung zu entzerren. *Die Freundin von ...* wird wieder zur Singlefrau. Aus dem idyllischen »Dieses Jahr verbringen wir Weihnachten ganz allein« wird ein scheinbar bedauernswertes »Dieses Jahr verbringe ich Weihnachten ganz allein«. Was für ein Unterschied!

Partnerwechsel ist kein Tabu mehr

Liebe, Partnerschaft und Familie sind die Glücksgaranten der Nation – so sagen es die Zahlen. Aber zwischen dem Wunsch nach ewiger Beziehungsharmonie und der Realität klafft ein tiefer Spalt: Die Zahl der Heiraten ist seit Jahren rückläufig, und die Zahl der Scheidungen steigt. Die Trennung von einem Partner ist zu einer alltäglichen Erfahrung geworden. Nahezu jeder hat Verflossene, manche nur einige wenige, andere gleich ein Dutzend.

Nach wie vor aber bleibt die Zweierbeziehung *die* angestrebte Lebensform, das Single-Leben gilt fast allen nur als Übergangslösung. Und auch die meisten Singles haben vor nicht allzu langer Zeit in einer festen Beziehung gelebt.[4] So ist es bezeichnend, daß in Deutschland jährlich allein rund 300 Millionen Mark von Männern und Frauen für Partnervermittlungen durch Heiratsinstitute ausgegeben werden.[5]

Jede Kultur, jede Gesellschaft und jede Generation hat ihre eigenen Vorstellungen davon, wie Paare zusammenzuleben haben. So sind auch die Erwartungen, die ein Partner zu erfüllen hat, und die Gründe, die für eine Trennung akzeptiert werden, in starkem Maße gesellschaftlichen Veränderungen und Moden unterworfen. Diese Vorstellungen haben sich in den letzten Jahrzehnten radikal gewandelt. Scheidungen beispielsweise bedeuten längst keine Abweichung mehr von der Norm.

Die Zahlen sprechen eine deutliche Sprache. Zwei von fünf Ehen gehen auseinander. Treibende Kraft dabei sind die Frauen: In den alten Bundesländern (inklusive Westberlin) initiieren sie zu 57,5 Prozent, in den neuen Bundesländern sogar zu 72,9 Prozent die Scheidung.[6] Dem entspricht, daß bereits nach sechs Jahren Ehe nur noch etwa 48 Prozent der Frauen ihren Ehemann erneut heiraten, immerhin aber 82 Prozent der Männer sich erneut für ihre Ehefrau entscheiden würden.[7] Und im Sommer 1989 antworteten bei einer Untersuchung in den USA, bei der über 2 000 Frauen in Hypnose und in Abwesenheit ihres Mannes befragt wurden, 64 Prozent sofort und spontan mit »Nein«, als ihnen die Frage gestellt wurde, ob sie ihren Partner noch einmal heiraten würden.[8]

1997 gab es in Deutschland einen neuen Höchststand an Scheidungen mit sieben Prozent mehr als im Jahr zuvor. Die Scheidungsquote, das heißt der Anteil der Scheidungen pro Jahr gemessen an den geschlossenen Ehen, ist zwischen 1960 und 1995 in den alten Bundesländern von 8,5 Prozent auf 39,5 Prozent gestiegen.[9] Dabei sind es – entgegen der landläufigen Meinung – überwiegend nicht die flüchtigen und kurzen Beziehungen, die geschieden werden, sondern langjährige Partnerschaften. Über die Hälfte der 1997 amtlich getrennten Ehen haben länger als neun Jahre gehalten. Ein Blick in die Statistik zeigt zudem, daß sich Paare ohne Kinder wesentlich häufiger scheiden lassen: Nach fünf Jahren Ehe war die Hälfte der kinderlosen Paare, aber nur ein knappes Fünftel der Paare mit Kindern geschieden.[10]

Was ist passiert, daß aus verliebt – verlobt – verheiratet nun verliebt – verlobt – verflossen wurde? Werden Trennungen in zunehmendem Maße auf die leichte Schulter genommen? Haben sich Männer und Frauen schlichtweg daran gewöhnt, daß Ehen nicht mehr ewig halten? Oder haben Ehe und Partnerschaft einen so geringen Stellenwert, daß sie mittlerweile leichten Herzens und ohne ernsthafte Bemühungen beendet werden?

Trennung: eine Sache der Gewöhnung?

Ehe und Partnerschaft stehen nach wie vor hoch im Kurs, ihre Bedeutung ist in den letzten Jahren sogar eher wieder gewachsen als zurückgegangen. Zugleich sind die Ansprüche, die die meisten an eine Liebesbeziehung und an einen potentiellen Partner stellen, gestiegen. Kaum einer will sich mehr mit halbherzigen Arrangements begnügen, die irgendwie funktionieren.

Ein Blick auf einige der Hintergründe der steigenden Scheidungsraten macht das deutlich:

Menschen leben heute wesentlich länger als noch vor 200 Jahren. Das heißt, daß der Zeitpunkt »bis daß der Tod euch scheidet« bei einem Paar erst sehr viel später eintritt als früher. Und ob man 15 oder 60 Jahre lang neben dem gleichen Partner wach wird, ist ein gewaltiger Unterschied.

Bis vor einigen Jahren funktionierte noch eine Reihe von wirksamen äußeren Klammern, die Ehen zusammenhielten. Geschieden zu sein galt vielen als Makel. Eltern und Nachbarn, Arbeitgeber, Vermieter und Kirche machten Geschiedenen das Leben oft schwer. Wer vor 30 Jahren aus einer Ehe aussteigen wollte, hatte viel mehr Gründe als heute, sich das noch einmal gründlich zu überlegen.

Die Ehe war früher nicht zuletzt eine Wirtschaftsgemeinschaft mit klarer Rollenaufteilung. Was Männer und Frauen in der Ehe zu tun und zu lassen hatten, war nichts, was sie aushandeln konnten und was mehr oder weniger individuell entschieden wurde. Die Partner waren gezwungen zusammenzubleiben, um wirtschaftlich zu überleben.

Viele dieser Gründe, die Ehen damals zusammengeschweißt haben, besitzen heute kaum noch Gültigkeit. Gütertrennung, gesellschaftlicher Wandel, bedeutend höhere Lebenserwartungen und vieles mehr haben dazu geführt, daß für Männer und Frauen gilt: Sind sie unzufrieden in ihrer Ehe oder ihrer Partnerschaft, können sie die Beziehung auflösen und gehen.

Besonders radikal hat sich der Stellenwert von Ehe und Scheidung bei Frauen verändert. »Die Scheidungsrate ist in den letzten 25 Jahren vor allem deshalb angestiegen, weil die Frauen historisch erstmals die Chance hatten, eine Scheidung materiell zu überleben. Erst mit der Änderung des Scheidungsrechtes in den 70er Jahren hatten die Frauen Anspruch auf Unterhalt von ihren geschiedenen Männern. Nach dieser Gesetzesänderung schoß die Scheidungsrate hoch«, betont Frauke Decker vom Berliner Verein *Zusammenwirken im Familienkonflikt*. Und sie weiß, wovon sie spricht. Seit einigen Jahren engagiert sich die Psychologin zusammen mit Juristen, Pädagogen und Psychologen als Mediatorin und hat vor allem mit Paaren während und nach Scheidungen zu tun.[11]

Zudem haben immer mehr Menschen eine der Botschaften der modernen Gesellschaft angenommen: »Leben heißt Veränderung«. So werden zum Beispiel die sogenannten *Patchwork-Biographien* im Berufsleben immer akzeptabler. Es ist kein Manko mehr, wenn der erlernte oder studierte Beruf zugunsten eines anderen gewechselt wird und anschließend noch ein weiterer Wechsel erfolgt. Hauptsache, man ist erfolgreich damit!

Im Privatleben gilt das gleiche. Männer und Frauen werden ständig aufgefordert, sich unter den angebotenen Produkten genau umzusehen und das Beste zu wählen. Wieso sollte das, was für Banken, Fernsehprogramme und Telefongesellschaften gilt, nicht auch seine Berechtigung bei privaten Kontakten, Partnerschaften und Ehen haben? Der Wechsel ist auch hier kein Tabu mehr. Die Anzahl der Menschen, die in *Fortsetzungsehen* oder *-familien*[12] leben, steigt beständig. Ohne daß es den meisten Menschen mittlerweile bewußt ist, sind von den bestehenden Ehen ein hoher Prozentsatz schon Zweitehen, denn heutzutage heiraten von den Geschiedenen etwa zwei Drittel wieder. In den USA wird übrigens zuweilen schon von der zweiten Ehe als der »eigentlichen Ehe« gesprochen, wohingegen man die Erstehe als »Versuchsehe« bezeichnet.[13] Auch etwa 40 Prozent der geschiedenen Mütter und Väter mit minderjährigen Kindern wählen erneut einen Partner und heiraten wieder. Konkret heißt das: Neun Millionen Menschen leben hierzulande in einer Fortsetzungsehe.

Hinzu kommt, daß sich die Rollenverteilungen in Partnerschaften verändert haben. In Amerika zum Beispiel lebten vor zirka zehn Jahren (1987) nur noch zehn Prozent aller Familien wie eine traditionelle Familie, in der die Rollen entsprechend verteilt waren, der Vater das Geld verdiente und die Mutter zu Hause die Kinder versorgte.[14]

Der Mythos ewiger Liebe und Partnerschaft

Elisabeth Linke ist 54 Jahre alt und lebt in einem Münchner Vorort. Zur Zeit ist sie in heftige Auseinandersetzungen mit ihrem Noch-Ehemann verstrickt. In der Kanzlei ihrer Scheidungsanwältin beklagt sie sich bitter über den momentanen Streß und die Frustrationen der zurückliegenden Jahre. Für sie war die Ehe ein ständiger Kampf mit vielen Verletzungen und Demütigungen. Nun kommen noch häßliche Streite vor Dritten dazu und das Gerangel um Geld – alles Folgen ihrer Ehe. Am Ende des Gesprächs fragt Elisabeth ihre Scheidungsanwältin: »Sie sehen immer so glücklich und zufrieden aus. Sie sind bestimmt verheiratet, oder?« Obwohl sie gerade am eigenen Leib die negativen Folgen einer Ehe erfährt, bleibt ihr positives Bild vom Mythos Ehe ungebrochen. Doch die Notwendigkeit der Institution Ehe wird mehr und mehr in Zweifel gezogen. Hielten im Jahr 1949 noch 87 Prozent der Männer und 90 Prozent der Frauen die Ehe als Institution grundsätzlich für notwendig, waren im Jahr 1989 nur noch 62 Prozent der Männer und 65 Prozent der Frauen davon überzeugt.[15]

Trotzdem verbinden die meisten mit Ehe und Familie automatisch die Vorstellungen Zuhause, Heimat und Geborgenheit. Das selbst erlebte *Arrangement* Ehe bleibt überlagert vom *Mythos* Ehe. Und mit diesem Mythos sind die Vorstellungen davon verbunden, wie eine Ehe auszusehen und welche Bedürfnisse sie zu erfüllen hat. Doch Bedürfnisse ändern sich im Laufe des Lebens, ebenso die Vorstellung von einem passenden Partner: Mit Anfang 20 werden meistens andere Ansprüche als mit 40 oder 60 Jahren gestellt. Der Traumpartner für 20jährige muß wahrscheinlich äußerlich attraktiv und sportlich sein; zehn Jahre später werden dann andere Qualitäten und Eigenschaften bevorzugt.

In vielen Fällen sind Beziehungen hoffnungslos überfrachtet mit dem, was sie angeblich zu leisten haben. Der Partner soll möglichst alle anderen Menschen ersetzen und Freund, Liebhaber und Elternersatz in einem sein! Filme, Literatur und Musik unterstützen die fatale romantische Vorstellung, daß *nur du, du, nur du allein* mich glücklich machen kannst. Daß das nicht gutgehen kann, ist eigentlich klar, denn die eigene Erfahrung zeigt häufig, daß Glück durchaus mit höchst unterschiedlichen Partnern möglich ist. Und so romantisch sind die meisten auch nicht. Nicht erst nach einer Trennung erstellen viele kleinliche Ist/Soll-Rechnungen und führen heimlich Konten: Wieviel gebe ich, wieviel bekomme ich? Was unter dem Strich herauskommt, muß sich irgendwie ausgleichen.

Man sieht sie überall: Partner, die nebeneinanderher leben, sich anöden, die Seite an Seite zu Stein geworden sind. Sie hocken auf dem Sofa, im Restaurant oder im Flugzeug und wechseln kein Wort miteinander. Aus Gewohnheit – und nicht, weil gerade der Haussegen schief hängt. Die Trostlosigkeit ist hier nicht zu Gast, sondern zu Hause.

Bei solchen Anblicken stellt sich für viele die Frage: Ist es besser, mit einem Partner zusammenzubleiben, auch wenn das gemeinsame Leben für beide ohne jeden Reiz ist? Dabei scheint die Motivation, in einer eingeschlafenen Beziehung zu bleiben, für Männer meist größer zu sein. Die Psychologin Frauke Decker jedenfalls hat folgende Erfahrung gemacht: »Männer bleiben, auch wenn sie unzufrieden sind, oft lieber in der versorgten Familiensituation, als daß sie sich irgendwo ein Zimmer nehmen und sich um sich alleine kümmern. Allein wegen der täglichen Versorgung, die dann auf sie zukommen würde. Frauen machen sich gar nicht so klar, wieviel Service für Männer mit einer Partnerschaft verbunden ist. Da ist die Bereitschaft der Männer rational völlig verständlich, die Beziehung aufrechtzuerhalten, auch wenn sie nicht mehr so zufriedenstellend ist.«

Sollen sie aber tatsächlich die nächsten Jahre miteinander bestreiten, auch wenn sie sich kaum noch ertragen können oder – im besseren Fall (?) – sich seit vielen Jahren nichts mehr zu sagen haben? Was, wenn sie sich aus dem Weg gingen und jeder sein eigenes Leben lebte? Wäre da eine Scheidung nicht der bessere Weg?

Zu dieser Ansicht sind in den letzten Jahren immer mehr Menschen gekommen. Die Haltung gegenüber der unauflösbaren und lebenslänglichen Ehe hat sich grundlegend verändert. Viele Paare trennen sich inzwischen, wenn die Unzufriedenheit mit der Beziehung sehr groß ist. Scheidungen sind alltäglich geworden, lediglich Prominenten-Scheidungen stoßen noch auf Interesse. Schnörkellos bringt Frauke Decker die momentane gesellschaftliche Situation auf den Punkt: »Die Wahrscheinlichkeit, daß die Eltern sich trennen, bevor die Kinder erwachsen sind, ist heute größer als die Wahrscheinlichkeit, daß sie das nicht tun.«

Und dennoch bleibt die *Einehe* das unangefochtene Ideal, auch wenn die Realität durch *serielle Monogamie* gekennzeichnet ist, wie es der Psychologe Nathaniel Branden beschreibt: »Wir führen nur mit jeweils einem Partner eine Ehe, heiraten im Laufe unseres Lebens aber vielleicht nacheinander zwei oder drei verschiedene Partner.«[16]

Ab Mitte 20 haben die meisten Männer und Frauen mindestens einen Verflossenen. »Es werden immer mehr Menschen in ihrer Biographie eine oder mehrere Scheidungen aufweisen«, betont der Schweizer Paartherapeut Jürg Willi in seinem Buch »Was hält Paare zusammen?«. Seine Hochrechnung: »Es dürfte somit rund die Hälfte aller Erwachsenen eigene Erfahrung mit Ehescheidung haben, sei's als Kind bei Scheidung der Eltern, sei's beim Zerbrechen der eigenen Ehe.«[17]

Wo Verflossene weiter präsent sind: Patchworkfamilien

In vielen Familien sind die Verflossenen täglich präsent, denn zwei Drittel aller Geschiedenen heiraten wieder. Auf diese Weise bekommen viele Kinder zusätzlich zu ihren leiblichen Eltern einen Stiefelternteil. Aber auch die Scheidungsrate bei Zweit- oder Mehrfachehen liegt um einiges höher als bei der ersten Ehe. Grund dafür sind die spezifischen Probleme dieser Familien. Alle Beteiligten – die Kinder, der leibliche Elternteil und der Stiefelternteil – müssen sich an die neue Konstellation gewöhnen. Und das ist meistens nicht ganz unproblematisch, weil in Stieffamilien Erwachsene und Kinder schon einen schweren Verlust erlitten haben und erfahren mußten, was eine Trennung bedeutet. Sie haben einen Menschen – Partner, Mutter oder Vater – verloren, der ihnen sehr nahestand, sie fühlen sich oft im Stich gelassen und müssen den Verlust einer wichtigen Bezugsperson verkraften.

Der Stiefelternteil, der neu in eine Familie kommt, muß seinen Platz in einem eingespielten System finden, das auch ohne ihn funktioniert hat. Dabei wird er in der Regel bald feststellen, daß der Platz, den er einnehmen möchte, schon vergeben ist – an den Verflossenen seines Partners. Der leibliche Vater oder die leibliche Mutter werden für die meisten Kinder immer ihr Vater oder ihre Mutter bleiben, egal, ob die Eltern sich getrennt haben oder nicht. Der Stiefelternteil muß lernen, mit einem Vorgänger zu leben. Und den Stiefkindern muß zugestanden werden, ihrem leiblichen Elternteil treu zu bleiben, da zwischen den Kindern und dem leiblichen Elternteil häufig eine Verbundenheit bestehenbleibt, die unabhängig von der Beziehung zum Stiefelternteil existiert.

Doch viele Kinder lehnen den Stiefelternteil anfangs ab. Dies auszuhalten ist nicht einfach. Je stärker die Bindung des Kindes an den leiblichen Elternteil war, desto schwerer hat es der neue Partner. Ist der leibliche Elternteil gestorben, ist die Ablehnung zumeist noch heftiger, zumal verstorbene Eltern in der Regel von den Kindern viel stärker idealisiert werden als geschiedene.[18] Herma Michelsen, Leiterin der *Erziehungs- und Familienberatungsstelle Charlottenburg (EFB)*[19] in Berlin, weist in diesem Zusammenhang allerdings auf einen anderen Aspekt hin. Sie hat in ihrer Arbeit mit Stieffamilien auch die Erfahrung gemacht, daß Stiefelternteile mitunter eine »sehr positive Funktion haben: Sie können ausgleichen und Verhaltensweisen in das Familiensystem hineinbringen, die für alle sehr hilfreich sind.«

Aber nicht nur für den Hinzukommenden, auch für den leiblichen Elternteil ist die neue Situation schwierig. Viele machen sich daher Gedanken, ob sie ihren Kindern einen neuen Partner zumuten können. Sie haben ein schlechtes Gewissen und plagen sich mit Schuldgefühlen. Nicht selten kommt es zu Loyalitätskonflikten. Plötzlich finden sie sich zwischen den Fronten: Auf der einen Seite steht der neue Lebensgefährte und auf der anderen Seite die Kinder. Und wenn dann noch Konflikte mit dem Verflossenen über die gemeinsamen Kinder ausgetragen werden, bricht der Ex-Partner immer wieder in die neue Beziehung ein. Ein überaus schwieriges Problem: Der leibliche Elternteil muß sich in allen Fragen, die die Kinder betreffen, mit seinem Verflossenen abstimmen. Doch wenn er dabei die Rolle und die Interessen des neuen Partners ignoriert oder vernachlässigt, gibt es Unfrieden: Der Neue wird ausgeschlossen, abgeschoben und fühlt sich wie das fünfte Rad am Familien-Wagen.

Es gibt noch ein drittes Problemfeld. Paare, die gemeinsame Kinder haben, können sich gar nicht rückstandslos trennen. Beide Partner werden ihrem Verflossenen immer wieder begegnen – ob sie wollen oder nicht. Sie werden die Sorge und Verantwortung für die Kinder miteinander teilen müssen, und das vielleicht noch über Jahrzehnte! Immer wieder wird ihnen ihr Verflossener über den Weg laufen: bei Schulveranstaltungen und Geburtstagen, bei der Konfirmation, Heirat oder Taufe.

Den ehemaligen Partnern wird geradezu ein Spagat abverlangt: Als Paar sind sie gescheitert und als Eltern müssen sie weiterhin funktionieren, gemeinsame Aufgaben wahrnehmen und Entscheidungen treffen. Das neue Kindschaftsrecht, das am 1. Juli 1998 in Kraft getreten ist, hat neue Maßstäbe gesetzt. Es schreibt das Recht des Kindes auf beide Elternteile fest und verpflichtet die Partner zur Kooperation. Da hat der eine seinen Ex-Partner endlich erfolgreich abgeschüttelt, und nun muß er sich über Besuchsregelungen mit ihm auseinandersetzen. Ein anderer wurde schmählich sitzengelassen und muß sich trotzdem mit seinem treulosen Verflossenen an einen Tisch setzen, um das Wohl des Kindes nicht zu gefährden. Die gemeinsame Sorge um die Kinder führt dabei oft zu heftigen Konflikten. Nicht selten wird der Paarkampf über die Kinder weitergeführt, beispielsweise durch das Verweigern der Besuchsrechte oder der Unterhaltszahlungen.

Die Hannoveraner Pastorin Marlies Ahlers kennt diese besonderen Trennungsschwierigkeiten aus ihrer seelsorgerlichen Arbeit in der Gemeinde nur zu gut: »Wenn ein Paar durch gemeinsame Kinder Kontakt halten muß, kommt es häufiger vor, daß der verlassene Partner bei den Treffen wieder Hoffnung schöpft. Da wird von dem Verlassenen leicht etwas hineininterpretiert, nach dem Motto: ›Letzten Sonntag war es doch so schön zusammen im Zoo. Die ganze Familie vereint – vielleicht wird es ja wieder was mit uns!‹.« Doch dies sind zumeist gefährliche Illusionen.

Scheiden tut weh: Formen der Trennung

»Everytime we say good bye, I die a little«
(Cole Porter)

Glaubt man einem Lied von Paul Simon, gibt es »fifty ways to leave your lover«. Ob sich ein Weg ohne Schmerz, Trauer, Wut und Kränkung darunter befindet, ist unwahrscheinlich. Es gibt eben Situationen, an die sich niemand gewöhnen kann. Wer darauf spekuliert, sollte es schnell vergessen.

Bei einer Studie der Wissenschaftler Holmes und Rahe wurden Ende der 60er Jahre Männer und Frauen gefragt, welches Ereignis in ihrem Leben für sie am schlimmsten wäre.[20] Auf Platz 1 landete die Aussage: »Der Tod meines Partners« und auf Platz 2 »Scheidung und Trennung vom Ehepartner«. Erst auf den folgenden Plätzen finden sich Gefängnisaufenthalte und schwere Krankheiten, was nun auch nicht unbedingt leichte und streßfreie Ereignisse sind. Das zeigt einmal mehr, wie sehr die meisten Menschen Angst vor Trennungen haben.

In der Tat gelten Trennungen als äußerst kritische Lebensereignisse, die das Gleichgewicht durcheinanderbringen, denn sie bedeuten stets einen Verlust und häufig sogar eine Katastrophe. Für beide (Ex-)Partner geht ein Lebensabschnitt zu Ende, und was danach kommt, ist höchst ungewiß. Nicht zuletzt deshalb bleiben viele Männer und Frauen lange in Beziehungen, in denen sie längst unglücklich sind. Wie läßt Shakespeare Hamlet sagen: »Daß wir die Übel, die wir haben, lieber ertragen, als zu unbekannten fliehen.«

Was Trennungen zusätzlich schwermacht: Mit dem Ende der Partnerschaft enden nicht automatisch die Gefühle. Beziehungen, die über eine lange Zeit gewachsen sind, lassen sich nicht von heute auf morgen lösen, nur weil es dem Verstand so paßt! Auf die meisten Männer und Frauen, die sich trennen wollen, wartet eine harte Zeit, denn die Kosten der Trennung sind hoch: seelischer Streß, Probleme mit den Kindern, der Wohnung, dem Geld. Gründe genug, um Trennungen so lange zu meiden als irgendwie möglich.

Am besten wäre es, einen großen Bogen um bestimmte Lebensereignisse und -situationen zu machen, die besonders gefährliche Klippen für Beziehungen darstellen. Doch an den meisten dieser Situationen kommt man nicht vorbei. Besonders kritisch sind Phasen großer Veränderungen im Leben – zumeist das Ende bestimmter Lebensabschnitte, zum Beispiel beim Studienabschluß oder beim Einstieg in einen neuen Beruf. Plötzlich ändern sich für einen Partner die Lebensumstände, er lernt neue Menschen kennen, bewegt sich in anderen Kreisen, macht neue Erfahrungen. Der bisherige Partner steht draußen und verpaßt womöglich den Anschluß.

Die Geburt und das erste Lebensjahr eines Kindes verändern die Beziehung eines Paares ebenfalls erheblich. Beide Partner fühlen sich von der neuen Situation häufig überfordert. Dazu kommen nicht selten gegenseitige Neidgefühle: Manche Frauen sind neidisch, weil ihre Männer – trotz Kind – weiterhin relativ autonom sind. Einige Männer sind neidisch auf die größere Nähe, die die Mutter meistens zum Kind hat. Und möglicherweise starten die Partner auch einen Wettkampf um die Gunst des Kindes: Wen hat es mehr lieb? Wer kümmert sich mehr? Wer ist der bessere Elternteil?

Steht ein Hausbau oder Wohnungskauf an, ist nach den Erfahrungen der Mediatorin Frauke Decker ebenfalls häufig mit kritischen Momenten zu rechnen: »Wenn ein Paar ein Kind bekommt und zugleich ein Haus baut, ist die Wahrscheinlichkeit, daß sie sich bald trennen, sehr hoch. Man hat sich total festgelegt für die nächsten 20, 25 Jahre. Das mobilisiert unbewußt die gegenteiligen Kräfte: das Ausbrechenwollen.«

Spätestens wenn die Kinder in die Schule kommen, gehen viele Frauen wieder arbeiten, und sei es halbtags. Dadurch entsteht für sie mehr Kontakt zu anderen Menschen und vor allem: sie verdienen wieder eigenes Geld, was sie von ihren Männern unabhängiger macht. Die häufig erstarrte Rollenteilung in der Partnerschaft bricht jetzt oft auf.[21] Nicht zufällig lassen sich berufstätige Frauen, Frauen mit guter Ausbildung und gut bezahlten Stellen eher scheiden. Dieser Zusammenhang ist für Frauke Decker ziemlich eindeutig: »Es ist auffällig, wie häufig Frauen sich trennen, nachdem sie wieder ins Berufsleben zurückgegangen sind. Viele Männer sind auch heute noch dagegen, daß ihre Frauen wieder arbeiten gehen. Vielleicht ahnen sie, welche Gefahr daraus für die Partnerschaft erwachsen kann.«

Eine weitere kritische Situation steht ins Haus, wenn die Kinder ausziehen. Das ist der Zeitpunkt, um Bilanz zu ziehen. Ist dies das Leben, das man führen wollte? Was will man noch im Leben erreichen? Kann man das mit seinem Partner, oder würde nicht ein anderer dafür besser passen?

Der *klassische* Trennungsanlaß ist aber ein anderer: Ein Partner verliebt sich plötzlich und beginnt nebenbei eine Affäre oder eine neue Beziehung. Dabei ist es übrigens nicht der Dritte, der in eine Partnerschaft einbricht, sondern immer einer der beiden Lebenspartner, der aus der Beziehung ausbricht.[22] Denn: Ist eine Beziehung in Ordnung und fühlen sich beide Partner wohl, ist es viel unwahrscheinlicher, daß sich einer von beiden in jemand anderen verliebt. Egal, ob die Affäre dann gestanden wird oder auffliegt – sie ist in vielen Fällen der erste Schritt in Richtung Trennung.

Daß Trennungen nicht einfach so aus heiterem Himmel passieren, betont auch der Paartherapeut Heinz-Jürgen Niemann vom Berliner *Centrum für Sexualwissenschaft (CSW)*[23]: »Eine Trennung geschieht nicht von heute auf morgen. Sie hat immer einen längeren Vorlauf. Man kann von einer *Chronifizierung* der Konflikte sprechen. Das bedeutet: ein Konflikt, der schon seit Jahren – zum Teil seit Jahrzehnten – immer wieder aufgetaucht ist und für den die Partner keine Lösung gefunden haben. Mit der Zeit nimmt die Toleranz, den Konflikt auszuhalten, weiter ab. Ungeduld und Unzufriedenheit wachsen.«

Phasen der Trennung

Plötzlich ist es passiert! Der andere ist gegangen, und die Welt gerät aus den Fugen. Das Trauern beginnt. Es ist schmerzhaft und mühsam, aber notwendig, um die Beziehung abschließen zu können. »Vertagte Krisen haben ein gutes Gedächtnis. Sie rufen sich später wieder in Erinnerung«, mahnt der Fribourger Professor für Familientherapie Josef Duss-von-Werdt.[24]

Trauern bedeutet, die Situation anzuerkennen, daß der andere gegangen ist, und sich Stück für Stück zu verabschieden. Das geschieht idealtypisch in vier Phasen:[25]

Das Erstarren

Als der Krankenpfleger Carsten Siebert aus Leipzig von seiner Freundin Maria verlassen wurde, blieb er einfach auf seinem Sofa sitzen. Am nächsten Tag ging der 42jährige nicht zur Arbeit, am übernächsten auch nicht – zehn Tage lang nicht. Er rief nicht auf seiner Station an. Er tat nichts, außer vor sich hin zu starren. Die Kollegen seiner Schicht, dann die Stationsleitung und schließlich die Pflegedienstleitung versuchten, Carsten zu erreichen, ohne Erfolg. Erst nach zehn Tagen kam er wieder zu sich und erschien im Dienst. »Ich war wie tot«, schildert er heute seinen damaligen Zustand. »Ich habe mich einfach totgestellt. Wahrscheinlich dachte ich, solange ich mich nicht rühre, solange ich nicht spreche oder irgendwas tue, solange ist es auch nicht wahr, daß Maria gegangen ist.«

In der ersten Phase erleben die meisten Männer und Frauen zunächst eine Art Schock: Sie erstarren, versteinern, verdrängen, wollen nicht wahrhaben, was man ihnen sagt, versuchen, die Abschiedsworte zu vergessen, die ausgeräumten Schränke zu ignorieren. Sie leugnen die Endgültigkeit und machen sich vor, daß der andere noch einmal zurückkommt. »Das hat er jetzt nur so gesagt, weil er gerade sauer auf mich ist.« – »Sie meint das nicht so. Soll sie doch übers Wochenende zu ihrer Freundin gehen, spätestens Sonntag abend ist sie wieder da!« – »Sie kann mich jetzt gar nicht verlassen, wir haben doch gerade unseren Urlaub gebucht.« – »Er kann uns hier nicht so sitzen lassen, er hängt doch so an den Kindern.«

Hin- und Hergerissensein

Für die technische Zeichnerin Karla Manke war die Zeit, nachdem ihr zweiter Mann Norbert sie verlassen hatte, ein schlimmes Auf und Ab. Die damaligen Gefühle der 45jährigen Hamburgerin sind ganz typisch für die zweite Phase nach der Trennung. »Es ging gefühlsmäßig ewig hin und her. In der einen Minute habe ich ihn verdammt, und in der nächsten Minute hätte ich alles getan, um ihn wiederzukriegen. Mal dachte ich, der soll sich hier bloß noch mal blicken lassen, dem schlage ich die Tür vor der Nase zu, dem zersteche ich die Autoreifen. Ich wäre fast geplatzt vor Wut und wollte was kaputtmachen. Und dann, ganz plötzlich, schlug das Gefühl um. Da wurde ich dann still und traurig. Ich habe geheult wie ein Schloßhund und meine

Freundin angerufen, um mich trösten zu lassen – zum hundertsten Mal.«

Die Versteinerung bröckelt, die schützende Hülle zerplatzt. Dadurch brechen in der zweiten Phase heftige Gefühle aus. Und dennoch wird langsam die Realität wahrgenommen. So schwanken die Stimmungen von einem Extrem ins andere. Verzweiflung, Zorn, Sehnsucht, Trauer, Wut – eine harte Zeit mit gewaltigen Gefühlsstürmen.

In dieser Phase ist es typisch, daß viele Trauernde nichts mit sich anzufangen wissen. Sie sind rast- und ruhelos, haben ihren Mittelpunkt verloren. Um die Trennung besser zu verkraften, wird der alte Partner schlechtgemacht und abgewertet. Und dann kommen irgendwann die Depressionen. Erst jetzt haben sie verstanden, daß es wirklich vorbei ist. Denn Depressionen sind hier die Reaktion auf die Erkenntnis, daß etwas unwiederbringlich verlorengegangen ist.

Das Auftauchen
Thomas Schneider, Architektur-Student in Berlin, ist 26 Jahre alt und lebte zwei Jahre lang harmonisch mit Nadja. Sein Leben war einfach wunderbar. Doch dann zerbrach die Beziehung und Nadja ging. Für Thomas brach eine Welt zusammen: »Es ging mir so schlecht wie noch nie. Ich glaube, ich hatte eine Art Nervenzusammenbruch. Mein Leben war bestimmt eine Woche lang die Hölle. Ich war mir sicher, daß es schlimmer nicht mehr kommen konnte. Doch nach dieser furchtbaren Woche ging es bergauf. Ich konnte wieder nach vorne sehen. Und da habe ich beschlossen: Ab jetzt kommt *Leben Teil zwei.*«

In dieser dritten Phase tauchen die Trauernden langsam wieder auf und sind auf dem Weg der Besserung. Nach und nach gelingt es ihnen, den Verflossenen in Gedanken und Gefühlen loszulassen. Und irgendwann kommt der erste Tag, an dem sie nicht an ihn denken. Das Interesse am Leben erwacht wieder. Langsam beginnen sie, sich neu zu orientieren.

Akzeptanz der Realität
In der vierten Phase lernen Frauen und Männer schließlich, ohne den alten Partner zurechtzukommen. Sie akzeptieren die Realität. Um einen emotionalen Abschluß zu finden, wird es für sie wichtig und hilfreich, die Beziehung Revue passieren zu lassen.

Sie stellen sich die Frage, wie die Beziehung eigentlich lief. Was war sehr schön und was überhaupt nicht? Was gefiel ihnen am Partner, was war unangenehm? Wie (wann, wodurch) hat sich die Beziehung verändert? Was führte letztlich zur Trennung?

So kann in der Rückschau nach und nach ein neuer Lebensentwurf entstehen.

Die Pille gegen Trennungsschmerz ist bisher noch nicht erfunden worden, und es wird sie wohl auch nie geben. Nach den Erfahrungen von Anne Deckert, Psychotherapeutin bei *Pro Familia*[26] in Berlin, sollte sich jeder die Vorstellung von einer leichten Trennung abschminken: »Das ist eine Illusion. Trennungen sind oft Katastrophen!« Was man aber tun kann, um eine Trennung wenigstens gut zu überstehen, erläutern einige Trennungsexperten.

Die Hannoveraner Pastorin Marlies Ahlers steht ihren Gemeindemitgliedern seit vielen Jahren in solchen Situationen zur Seite. Aus ihrer Erfahrung betont sie vor allem lebensweltliche Aspekte: »Es ist wichtig, daß die Trennung auch räumlich vollzogen wird. Die Partner sollten sich möglichst eine Zeitlang nicht sehen und die einzelnen Gefühlshochs und -tiefs erst mal alleine durchstehen.«

Die Berliner Psychologin Herma Michelsen legt Wert auf zwei weitere Aspekte: »Eine Trennung wird leichter, wenn man zumindest nicht materiell vom anderen abhängig ist. Besonders Frauen sind in diesem Punkt immer noch sehr unbedarft. Bei ihnen stehen die Gefühle oft so im Vordergrund, daß die materiellen Dinge nicht bedacht werden. Außerdem ist es wichtig, daß beide Partner eine gemeinsame Version ihrer Trennung entwickeln: Sie sollten sich darüber verständigen können, wie und warum es zu der Trennung gekommen ist.«

Ob man das Ende einer Beziehung besser oder schlechter übersteht, hängt auch für die Mediatorin Frauke Decker damit zusammen, ob »die Menschen einen Sinn in der Trennung sehen, ob sie verstehen, wie sich die Beziehung entwickelt hat und warum es so gekommen ist«.

Die Rechtsanwältin und ehemalige Berliner Senatorin für Frauen, Jugend und Familie Anne Klein, die sich in ihrer Kanzlei auf Scheidungs- und Familienrecht spezialisiert hat, kommt noch auf einen anderen Bereich zu sprechen: »Wenn man sich in die Lage des anderen hineinversetzen und seine Gefühlswelt begreifen kann, ist man ein gutes Stück weiter. Am besten ist es, wenn beide Partner zu der Erkenntnis kommen, daß sie einfach nicht mehr zueinander passen.«

Strategien nach der Trennung

Nach dem Ende einer Partnerschaft stehen viele Veränderungen ins Haus, und das auf verschiedenen Ebenen. Der gesellschaftliche Status ändert sich, vielleicht die Wohnsituation, der Kontostand, der Freundes- und Bekanntenkreis, die Beziehung zur Schwiegerfamilie, die Nachbarschaft. Mitunter ändert sich sogar der Tagesablauf, und nicht zuletzt die eigene Zukunftsperspektive. Nicht selten verändern sich Frisch-Getrennte auch äußerlich: Männer lassen sich Bärte stehen oder rasieren vorhandene ab, Frauen wechseln ihre Frisur oder die Haarfarbe. Manche Gewohnheiten aus dem Leben mit den Verflossenen werden sofort abgelegt, andere peu à peu, einige mitunter nie.

Marianne Altenbek ist 54 Jahre alt und arbeitet als Dozentin an einer Fachhochschule in Stuttgart. Sie erzählt von einem Ritual, das sie während ihrer Ehe mit ihrem Mann teilte und für das sie eine ganze Weile brauchte, um es wieder neu aufleben zu lassen. Sie berichtet: »Jeden Tag um fünf Uhr nachmittags tranken mein Ex-Mann und ich in der Küche zusammen Tee. Das war eine schöne Tradition. Wir haben uns Zeit füreinander genommen, erzählt, was wir den ganzen Tag über gemacht haben, wie es bei der Arbeit läuft. Mir hat nach der Trennung sehr weh getan, daß ich diese Teestunden mit ihm nicht mehr hatte. Anfangs mußte ich mir immer etwas vornehmen um fünf Uhr, am besten gar nicht in der Wohnung sein, sonst ist mir schwer ums Herz geworden. Es hat lange gedauert, bis ich nicht mehr daran denken mußte. Mittlerweile habe ich die Teestunde um fünf wieder eingeführt – nur für mich. Jetzt ist es mein Ritual geworden, ohne Wehmut.«

Plötzlich haben die Getrennten viel freie Zeit zur Verfügung und wissen zuerst gar nicht, womit sie sie füllen sollen. In das Alleinsein und Alleinleben müssen sie sich erst wieder hineinfinden. Sie müssen sich daran gewöhnen, daß ein Vertrauter, ein Freund fehlt, der sie beriet und der ihnen manche Entscheidung abgenommen hat. Einige vermissen nach der Trennung auch ihren persönlichen Feind. Von nun an sind sie für alles selbst verantwortlich, es gibt keinen Partner mehr, auf den sie Schuld, Versagen oder schlechte Laune schieben können. Auch die Rolle des Sündenbocks ist in manchen Beziehungen eine nicht zu unterschätzende Funktion des Partners.

Doch Verlassenwerden weckt – oder verstärkt – auch die Selbstzweifel: Warum werde ich nicht mehr geliebt? Was stimmt nicht mit mir? Werde ich wieder einen Partner finden? Und werde ich dann wieder verlassen? Wie viele Verflossene wird es denn noch in meinem Leben geben?

Die Enttäuschung über eine zerbrochene Liebesbeziehung macht viele Menschen vorsichtig und befangen. Wenn sie jemanden Neues kennenlernen, zügeln sie anfangs ihre Gefühle: Viele Verlassene trauen sich nicht, die Schmetterlinge im Bauch fliegen zu lassen, und gehen auf Nummer Sicher. Erst mal gucken! Schließlich haben sie durch die Trennungen gelernt, wie riskant es ist, sich zu verlieben.

Die Psychotherapeutin Judith Wallerstein und die Journalistin Sandra Blakeslee haben über viele Jahre Frauen, Männer und Kinder nach einer Scheidung begleitet und beobachtet.[27] Sie stellten fest, daß viele negative Erfahrungen selbst zehn Jahre nach der Trennung noch genauso schmerzlich empfunden werden wie bei der Trennung. Manche Bilder und Gefühle von den Verflossenen lassen einen offensichtlich nicht mehr los.

Viele Männer scheinen eine Trennung und das Alleinsein schlechter bewältigen zu können als Frauen. Diese Erfahrung macht die Psychotherapeutin Anne Deckert von *Pro Familia* immer wieder. Sie erklärt sich das so: »Männer glauben oft viel zu schnell, sie hätten das gepackt mit der Trennung, schließlich seien sie nicht solche emotionalen Weicheier wie Frauen. Aber sie sind emotional weniger geschult als Frauen im Ernstnehmen ihrer Gefühle und im Umgang damit.«

Und tatsächlich, alleinstehende, geschiedene und verwitwete Männer begehen weit häufiger Suizid, werden öfter psychisch krank oder müssen sich in stationäre psychiatrische Behandlung begeben als Frauen in der gleichen Situation.[28] Hilfsangebote, die zur Verfügung stehen, wie Beratungsstellen und Therapeuten, werden viel seltener von Männern in Anspruch genommen. Anstatt zu reden und sich helfen zu lassen, reagieren sie extremer, drehen durch, verschwinden aus der Stadt oder lassen sich nicht mehr bei der Arbeit blicken.[29]

Offensichtlich gibt – oder gab – es auch Unterschiede zwischen Paaren aus den alten und den neuen Bundesländern, was den Umgang mit Trennungen betrifft. Zur Mediatorin Frauke Decker kommen Paare aus beiden Teilen Berlins und auch aus Brandenburg zur Trennungsberatung: »In den ersten Jahren nach der Wiedervereinigung waren die Unterschiede bei den Paaren aus Ost und West deutlich wahrnehmbar; seit einiger Zeit hat sich das allerdings angenähert. Die Paare aus den neuen Bundesländern, die zu uns zur Beratung kamen, hatten weniger starke emotionale Probleme mit den Trennungen. Sie haben die Auseinandersetzungen miteinander wesentlich rationaler geführt und waren auch viel besser in der Lage, gute Regelungen hinzukriegen und sich in der Folge auch daran zu halten. Das war auffällig anders. Die Paare schienen emotional weniger voneinander abhängig gewesen zu sein.« Frauke Decker vermutet, daß bei den Paaren aus den neuen Bundesländern beide Partner noch stärker in andere soziale Zusammenhänge eingebunden waren. Sie waren daher nicht so sehr stark aufeinander bezogen und symbiotisch verquickt, wie es bei vielen Paaren aus den alten Bundesländern der Fall zu sein schien.

Mit Sex zu neuem Selbstgefühl

Heute lebt Bernd Rieck mit seiner langjährigen Freundin Ursula und ihrem gemeinsamen Sohn in Saarlouis. Während seines Soziologiestudiums aber machte er eine schlimme Trennungserfahrung: Er wurde von seiner damaligen Freundin Claudia verlassen. Nach der Trennung hatte er erst mal die Nase voll – von Frauen! Die Folge war eine »schwule Experimentierphase mit Genuß«, wie er rückblickend erzählt. Er wollte eine Zeitlang überhaupt nichts mit Frauen zu tun haben, auch sexuell nicht.

Es gibt verschiedene Strategien, um die erste Zeit nach einer Trennung zu überstehen und um mit der Tatsache klarzukommen, daß ein neuer Name auf die Liste der Verflossenen gesetzt werden muß. Je nach Persönlichkeit wird zum Telefon, zur Schokolade, zur Flasche, zur Fernbedienung oder zur Tablettenschachtel gegriffen. Die einen schotten sich ab. Andere nutzen die Zeit, um die wiedergefundene Freiheit auszukosten und ein Stück Jugend nachzuholen. Und wieder andere suchen so schnell wie möglich einen neuen Partner.

Eine Trennung hinterläßt bei vielen Männern und Frauen große Zweifel: »War ich vielleicht nicht attraktiv und nicht sexuell befriedigend genug? Wurde ich in Wahrheit deshalb verlassen? Kann ich dem nächsten Partner in dieser Hinsicht genügen?« Die Folge solcher Zweifel und Befürchtungen können mitunter wahllose Abenteuer sein, in denen man Bestätigung sucht.

Davon erzählt Sarah Leisner. Sie arbeitet als Rundfunkredakteurin in Hannover, ist 32 Jahre alt und seit zwei Jahren mit Sebastian verheiratet. Auch sie hatte nach einer sehr schmerzhaften Trennung zunächst überhaupt kein Interesse mehr an einer neuen Beziehung: »Ich habe gedacht, jetzt reicht es, jetzt will ich nur noch meine Ruhe. Ich habe niemanden wirklich an mich rangelassen. Dann habe ich begonnen, mich auszutoben, und hatte eine Menge unerquicklicher One-Night-Stands und saublöde Affären – vieles, was ich im nachhinein lieber streichen möchte.«

Ähnlich fühlte sich Karla Manke. Nach der Scheidung von ihrem ersten Mann Hans wollte sie »erst mal eine Weile à la carte leben«, erzählt sie. Nicht festlegen, bloß nicht gleich wieder eine verbindliche Beziehung eingehen!

Bei solchen flüchtigen Abenteuern geht es selten in erster Linie um Sex, sondern zumeist um das Selbstwertgefühl. Das wird nämlich oft bei der Trennung beschädigt und muß wieder aufpoliert werden. Sexuelle Erlebnisse sind – besonders im ersten Jahr nach der Trennung – sehr wichtig zur Wiederherstellung der Selbstachtung.[30] Zu diesem klaren Ergebnis kamen auch Judith Wallerstein und Sandra Blakeslee in ihrer Untersuchung über die Spätfolgen von Scheidungen: »Nichts stellt die Selbstachtung und das Glück der Erwachsenen nach einer Scheidung so schnell und gründlich wieder her wie eine Liebesaffäre oder eine erfolgreiche zweite Ehe.«[31]

Manche Männer und Frauen halten daher sehr schnell nach einem neuen Partner Ausschau. Sie wollen sich nicht nur über den Verlust hinwegtrösten, sondern auf diese Weise die alte Beziehung erst einmal richtig beenden. Besonders Männer brauchen häufig eine neue Partnerin, um sich von der früheren überhaupt ablösen zu können. Frauen treffen diese Entscheidung in der Regel, ohne daß es schon einen Nachfolger ihres Verflossenen gibt.[32]

»Wenn du eine Tasse heißen Tee möchtest, dann mußt du erst deine Tasse ausleeren«, sagt ein altes chinesisches Sprichwort. Was soviel bedeutet wie: Beende erst die alte Geschichte, bevor du dich auf eine neue einläßt. Aber die wenigsten Männer und Frauen halten sich daran, viele stürzen sich sofort in die nächste Beziehung, ohne die vorige wirklich innerlich abgeschlossen zu haben.

Ein schnell gesuchter neuer Partner muß oft ganz bestimmte Funktionen erfüllen: Er soll trösten, den Makel des Verlassenwordenseins auslöschen und die Kluft zwischen dem alten und neuen Leben überbrücken.[33] Seine vorrangige Aufgabe ist, den Platz auszufüllen, den der Verflossene hinterlassen hat.

Das Pendel als Symbol kann den Prozeß der Ablösung und des Neuanfangs verdeutlichen: Nach einer Trennung sind Menschen am weitesten von einer neuen Partnerschaft entfernt – das Pendel befindet sich am äußersten Ende. Gehen sie dann schnell eine neue Beziehung ein, schlägt das Pendel plötzlich ins andere Extrem. Nach einigen Pendelschlägen hin und her haben sie das Gröbste hinter sich und gelernt, allein zu leben. Das Pendel schwingt nun nicht mehr. Jetzt erst ist der Zeitpunkt erreicht, wo sie mit sich selbst im Lot sind und damit innerlich frei für eine neue Beziehung.[34]

Als Franz Seibold, ein 36jähriger Sozialarbeiter aus dem Taunus, von seiner damaligen Freundin Gabi wegen eines anderen Mannes verlassen wurde, war das Thema feste Beziehung für ihn erst einmal passé: »Nach der Trennung von Gabi hatte ich zwei Beziehungen parallel. Ich wollte mir wohl beweisen, daß der Grund der Trennung nichts mit einem sexuellen Ungenügen zu tun hatte! Und ich wollte mich nicht auf eine Frau festlegen. Nur keine Beziehung eingehen, die verbindlich auf jemanden ausgerichtet ist! Ich wollte auf keinen Fall als verläßlicher Partner für eine Beziehung erscheinen!«

Eine schwere Trennung reißt die meisten Menschen nieder. Es dauert seine Zeit, bis sie sich davon erholt haben und wieder aufstehen können. Solange sie noch am Boden liegen, könnten sie einem neuen Partner auch wenig geben – außer einem Sack voll eigener Bedürfnisse, die der Neue doch bitte erfüllen möge, und großen und kleinen Wunden, die er möglichst schnell heilen soll. Keine besonders attraktiven Gaben für künftige Partner.

Ob man sich nach einer Trennung dafür entscheidet, zunächst als Single zu leben, oder ob man gleich wieder eine neue Beziehung eingeht, ist offensichtlich auch eine Frage des Geschlechts.[35] Die meisten Frauen wollen erst mal allein klarkommen. Sie suchen zunächst innere Geborgenheit und schauen sich erst später nach einer neuen Beziehung um. Anders die meisten Männer. Sie binden sich in der Regel sehr viel früher ein nächstes Mal. Sie brauchen eine neue Beziehung, um sich wieder wohlfühlen zu können. Viele Männer sind nicht in der Lage, für sich selbst Geborgenheit im Leben herzustellen, es sich allein schön zu machen und sich zu verwöhnen. Als Single leben sie eher provisorisch, sozusagen aus Kartons. Manche Psychologen sehen hierin möglicherweise einen Grund für die höhere Suizidrate und geringere Lebenserwartung bei Männern.[36]

Trotzdem lebt seit der Wiedervereinigung fast ein Drittel der Bevölkerung in Einpersonen-Haushalten. Allein in den alten Bundesländern stieg die Zahl der Singles in nur zehn Jahren von acht Millionen (1982) auf zwölf Millionen (1992). Der Trend hält an.[37]

Beziehungs-Hopping als Narkose

Andrea Schmitz ist 39 Jahre alt. Vor fünf Jahren hat sie sich ihren beruflichen Traum erfüllt und einen eigenen Kurierdienst in Augsburg eröffnet. Ganz allein ein Geschäft hochzuziehen – die Finanzierung zu klären, Personal auszuwählen, die Räume einzurichten –, das hat sie geschafft. Aber ohne einen Partner zu leben, das kann sich Andrea nicht vorstellen. Soweit sie sich zurückerinnern kann, hatte sie immer einen Freund: »Das wäre auch mein Alptraum, mal eine Zeitlang keinen Freund zu haben. Dafür habe ich schon gesorgt! Wenn ich gemerkt habe, der aktuelle ist eigentlich nichts mehr für mich, habe ich mich schon nach einem anderen umgesehen. Auch wenn mich ein Mann verlassen hatte, wußte ich immer schon ziemlich genau, wer der nächste sein wird.« Andrea erzählt, daß sie die Angst vor dem Alleinsein von Partner zu Partner treibt: »Die Vorstellung, zu niemandem zu gehören, finde ich beängstigend. Außerdem klingt es so, als ob einen keiner will.«

Schneller Partnerwechsel als Narkose: So spürt man die Leere nicht mehr. Der Platz, den der Verflossene frei gelassen hat, wird schnellstmöglich wieder besetzt. Von einer Beziehung in die nächste gleiten: Das ist für nicht wenige Männer und Frauen ein Weg, um zu übertünchen, daß sich etwas verändert hat. Manche stürzen sich ins Nachtleben, geben Kontaktanzeigen auf oder nehmen ihre Kollegen genauer unter die Lupe, um einen potentiellen Nachfolger zu finden. Andere hingegen greifen auf Vertrautes zurück: Sie suchen Kontakt zu abgelegten Partnern und reaktivieren vergangene Beziehungen.

Die Vermeidung des Alleinseins kann einen Teufelskreis in Gang setzen: Wenn Männer und Frauen nie gelernt haben, allein zu leben, ist die Angst davor sehr groß. Schnell wird ein neuer Partner gesucht; dies wiederum verstärkt die Vorstellung, nicht allein sein zu können, und so weiter.

Auch Iris Borchardt, eine 31jährige Grundschullehrerin aus Magdeburg, versucht, partnerlose Phasen möglichst zu vermeiden. Sobald eine Beziehung stärker zu bröckeln beginnt, begibt sie sich auf die Suche: »Wenn eine Beziehung endgültig zu Ende geht, habe ich jedesmal eine riesengroße Sehnsucht nach Freude, nach Ausgehen und Spaß haben. Und dabei suche ich natürlich auch die Bestätigung als Frau.« Nach jeder Trennung dauert es nur wenige Wochen, manchmal Tage, bis Iris ihren Freunden jemand Neues vorstellt. Aber, so sagt sie, Absicht stecke eigentlich nicht dahinter. Es hätte sich einfach immer so ergeben, daß sie von Beziehung zu Beziehung ging: »Nach jeder Trennung will ich einfach Spaß haben und viel erleben. In diesen Phasen hatte ich oft parallel mit mehreren Männern etwas am Laufen, und einer blieb dann halt immer.«

Die 28jährige Krankengymnastin Dagmar Nolte arbeitet in einer kleinen Praxis in Berlin. Ein Jahr lang war sie mit Jens zusammen, bis es das erste Mal heftig zwischen ihnen krachte. Dagmar erinnert sich: »Thema des Streites war das Zusammenziehen. Jens drängte richtig darauf. Und ich wollte noch nicht. Wir waren erst ein Jahr zusammen, es war mir einfach noch zu früh, um so eine Entscheidung zu treffen.« Jens machte Druck. Er sagte, daß er dann auch allein in den – gemeinsam geplanten – Urlaub fahren würde. Dagmar warf ihm vor, sie zu drängen und nicht zu verstehen. Sie stritten heftig, ein Wort gab das andere. Die Konsequenz: Trennung! Nach einigen Tagen beruhigten sich beide und fanden die Ursachen des Streits zu unwichtig, um deswegen die Beziehung tatsächlich zu beenden. Sie trafen sich und sprachen sich aus.

Wenige Tage nach ihrem Revival blätterte Dagmar zufällig in einem Stadtmagazin, das in der Küche von Jens lag. Es stammte aus der Zeit der Trennungswoche. In der Rubrik »Lonely hearts« waren mehrere Kontaktanzeigen rot angestrichen, die sie neugierig las. Alle Anzeigen waren vom gleichen Typ Frau aufgegeben: klein, dünn, blond, um die 25 Jahre alt. Genau wie sie. Irritiert fragte sie Jens, was das zu bedeuten habe. Zuerst tobte er und verdächtigte Dagmar, in seinen Sachen geschnüffelt zu haben. Dann gab er zu, daß er wenige Tage nach dem Krach auf die Suche gegangen sei, nach einer neuen Freundin. Er sei halt nicht fürs Alleinsein geschaffen.

Dagmar schildert ihre damaligen Gefühle: »Es traf mich wie ein Schlag vor den Kopf. Ich wollte es gar nicht glauben zuerst. Wir hatten uns gerade mal ein paar Tage nicht gesehen, und der Typ sucht sich schon eine Neue. Ich war unglaublich gekränkt. Das hat einen tiefen Riß zwischen uns gegeben, danach war nichts mehr so wie vorher. Ich weiß nicht, irgendwie habe ich dadurch das Vertrauen zu ihm verloren. Von dem Zeitpunkt an fühlte ich mich nicht mehr gemeint, mich nicht mehr als Person, als Dagmar geliebt. Ich hatte das Gefühl, Jens braucht einfach nur eine Freundin, und wenn ich es nicht bin, dann ist es eben eine andere.«

Flucht ergreifen

Es gibt weitere Strategien für die Zeit nach der Trennung, zum Beispiel die Flucht. Als Andreas von seiner Freundin verlassen worden war, packte er noch am gleichen Abend seine Reisetasche, fuhr zum Bahnhof und bestieg einen Zug nach Italien. Sechs Wochen lang blieb er im Süden. Daß diese Zeit mitten ins Semester fiel, war ihm herzlich gleichgültig. Seinen Aufenthalt finanzierte er durch Gelegenheitsjobs, den Verkauf seiner Lederjacke und eine großzügige Geldanweisung seiner Eltern.

Boris war einige Tage lang wie gelähmt, als seine Freundin sich von ihm trennte. Doch dann wußte er, was er zu tun hatte: die Stadt verlassen. Die Vorstellung, weiterhin in der gleichen Stadt wie seine Verflossene zu leben und ihr womöglich immer mal wieder über den Weg zu laufen, trieb ihn weg. In Windeseile löste er seine Wohnung auf, verkaufte die Möbel, behielt nur das Notwendigste und kündigte Miet- und Arbeitsverträge. Nach wenigen Wochen zog er mehr als fünfhundert Kilometer weit an einen anderen Ort.

Gerd wählte eine andere Form der Flucht, als seine Frau ihn verlassen hatte. Er stürzte sich in Arbeit, leistete bereitwillig Überstunden und ackerte selbst an den Wochenenden im Büro. Auf seinen Jahresurlaub wollte er am liebsten verzichten. Als das aus betrieblichen Gründen nicht ging, nutze er die Zeit zum Renovieren seiner Wohnung. Bloß nicht zum Stillstand, bloß nicht zum Nachdenken kommen – durch seine permanente Aktivität konnte er den Verlust zumindest für eine gewisse Zeit verdrängen.

Auch Dietmar überfiel nach einer Zeit der Lähmung ein Aktionsdrang: Er trieb Sport bis an seine körperlichen Grenzen. In jeder freien Minute schwang er sich aufs Fahrrad und legte weite Strecken zurück, immer mit Blick auf die Uhr, um seine Zeiten zu verbessern. Wenn er anschließend erschöpft und müde nach Hause kam, fiel er ins Bett und schlief sofort ein. Die körperliche Anstrengung ließ keinen Platz für trübe Gedanken an die Trennung.

So sehr manchen nach der Trennung der Sinn nach Flucht und Ablenkung steht, sehnen sich andere dagegen nach Ruhe. Sie suchen einen Schonraum, in dem ihre Wunden in Ruhe heilen können. Manche kriechen eine Zeitlang bei guten Freunden unter, bis sie sich wieder einigermaßen gefangen und das Schlimmste überstanden haben. Andere treibt es zurück zu ihren Eltern oder Geschwistern.

Fragen und Anregungen

Wie schnell nach einer Beziehung beginnen Sie in der Regel die nächste?
Ihre Beziehung kriselt – schauen Sie sich bereits nach einem Nachfolger/einer Nachfolgerin um?
War mal ein Partner eine Überbrückung für Sie, um nicht allein zu sein?
Trauen Sie sich zu, mehrere Monate ohne Partner zu leben?
Machen Sie sich bewußt, welche Befürchtungen der Gedanke ans Alleinsein bei Ihnen auslöst!

Überlegen Sie, welche anderen Möglichkeiten es gibt, das Alleinsein zu füllen! Was wollten Sie schon immer unternehmen, hatten nur nicht die Zeit dazu?

Überlegen Sie, welche Funktionen Ihr Partner erfüllen muß, die Sie nicht selbst übernehmen können!

Was von den Verflossenen bleibt

Die Trennung nach einer Liebesbeziehung ist und bleibt für die meisten ein Drama. Und daran gewöhnen kann sich niemand: Die fünfte zerbrochene Liebe ist nicht leichter zu verdauen als die zweite. Es hilft nichts! Jedes Mal aufs neue müssen die meisten durch ein »Tal der Tränen«, müssen mit Trauer, Wut und Kränkung fertig werden. Schwer angeschlagen, wie sie unmittelbar nach einer Trennung sind, fehlt ihnen die Distanz zu erkennen, was ihnen die Beziehung an Positivem gebracht und hinterlassen hat. Das läßt sich meistens erst sehr viel später begreifen.

Die Berliner Rechtsanwältin Anne Klein vertritt Frauen beziehungsweise Paare, die eine einverständliche Scheidung anstreben. Im Laufe der Jahre stellte sie positiv fest: »Viele meiner Mandantinnen haben nach der Trennung das erste Mal das Gefühl, daß sie alleine auch etwas können. Sie erleben jeden Tag aufs neue, wie stark sie eigentlich sind.«

Außer einem bitteren Nachgeschmack, dezimiertem Hausrat und der (meist vorübergehenden) Erkenntnis, daß Männer und Frauen wohl doch nicht zusammenpassen, bleiben durchaus auch wertvolle Erfahrungen, schöne, einmalige Erinnerungen und wichtige Anstöße zur persönlichen Entwicklung zurück. Manchmal sogar eine Freundschaft!

Franz Seibold wohnt zusammen mit seiner Frau Christina und ihren vier gemeinsamen Kindern in einem umgebauten alten Bauernhof in einem kleinen Dorf im Taunus. Franz erzählt, daß er aus seinen vergangenen Beziehungen viel gelernt hat. »Ich bin klarer geworden, ich weiß jetzt viel eher, was ich will und was nicht. Es gibt zum Beispiel Themen, über die ich nicht mehr diskutiere: ob ich rauche oder nicht, ob ich abends eine oder zwei Flaschen Bier trinke, ob ich auf ein Fest gehen möchte oder nicht. Das ist sozusagen mein persönlicher Bereich, und der ist nicht diskutabel.« Christina akzeptiert diese Haltung – und nutzt sie zugleich: Auch sie entscheidet in ihrem Bereich autonom.

Karin Grimm ließ sich nach über 20 Jahren Ehe scheiden. Die 52jährige Lehrerin aus Frankfurt a. M. hat zwei Töchter. Rückblickend sagt sie, daß sie durch ihre Erfahrungen viel toleranter geworden sei. Von ihren Verflossenen hatte sie wichtige Hinweise und Rückmeldungen bekommen. So hat sie beispielsweise gelernt, »wann und wie ich durch mein Verhalten selbst dazu beitrage, daß eine Beziehung distanziert bleibt«.

Bernd Rieck hatte mit seiner Verflossenen Claudia während des Studiums zusammen in Berlin gelebt. Durch diese Partnerschaft hat er gelernt, auf welche »Beziehungsfallen« er achten muß: »Nach der Trennung von Claudia wußte ich, wie ich unter gar keinen Umständen noch mal mit einer Frau leben will. Ich habe meine Interessen und Freundschaften während der Beziehung extrem vernachlässigt. Irgendwann gab es nur noch Claudia in meinem Leben, und das Studium. Alles andere, was vorher noch wichtig war, ist gnadenlos unter den Tisch gefallen. Das ist mir nicht gut bekommen, und der Beziehung natürlich auch nicht. Jedenfalls weiß ich seitdem, daß mir das nicht noch mal passieren wird, so eine Selbstaufgabe.«

Klaus Reinecke aus Freiburg im Breisgau ist 42 Jahre alt und arbeitet als Journalist bei einer Tageszeitung. Vor einigen Jahren ist seine fünfjährige Beziehung zu Doris in die Brüche gegangen. Ist etwas Positives übriggeblieben, was er in seine neue Partnerschaft mitnehmen konnte? »Ja! Doris hat mir immer vorgeworfen, daß ich mich zu wenig mit ihren Problemen beschäftige und nicht genug auf sie eingehe. Ich weiß jetzt, daß sie recht hatte mit ihrer Kritik, und habe es mir zu Herzen genommen. Und nicht nur das: Ich habe mich auch verändert und bin in diesem Bereich viel sensibler geworden. Davon profitiert nun meine neue Freundin.«

Karla Manke, die 45jährige Hamburgerin, arbeitet als technische Zeichnerin in einem Architekturbüro. Sie hat bereits eine Scheidung hinter sich und lebt zur Zeit in Trennung von ihrem zweiten Mann Norbert. Nach der Scheidung von ihrem ersten Mann Hans war sie zwei Jahre lang mit Gerold zusammen. Durch ihn hat ihr Leben eine andere Wendung genommen. »Gerold war damals fertig mit dem Studium, und ich hatte gerade mal einen Hauptschulabschluß. Dieser Bildungsunterschied war für mich schon nicht so einfach, aber Gerold hat auch immer wieder darauf angespielt. Er sagte, ich sei strohdoof. Das war so ein Makel und eine Kränkung, dieses Strohdoof – das mußte ich irgendwie loswerden! Nach der Trennung ging's dann los. Ich wollte es ihm zeigen, egal wie, und fing an zu powern.« Karla holte in Abendkursen das Abitur nach und begann ein Studium. »Komischerweise war Gerold selbst ziemlich lebensuntüchtig, und ausgerechnet durch ihn habe ich gelernt, mehr aus meinem Leben zu machen.«

Manchmal sind es auch nur kleine Dinge, die im Rückblick zum Gewinn werden. Davon berichtet Ruth Bergner aus Köln. Die 44jährige Psychologin verdankt ihrer Ehe die Liebe zur Musik. »Die Trennung von meinem Mann war schrecklich, na klar. Wir haben uns furchtbar bekriegt. Aber ich habe auch einiges gelernt und mitgenommen, zum Beispiel meine Begeisterung für Jazz. Mein Mann besaß Hunderte von Jazzplatten, spielte Klavier und hat mir Musik nahegebracht. Vor meiner Ehe habe ich mich kaum dafür interessiert, und nun spiele ich begeistert Saxophon. Jazz ist meine wahre Leidenschaft geworden. Und den Anstoß dazu gab mir mein Mann. Dafür bin ich ihm heute dankbar – auch wenn ich sagen muß, daß er mit seinem Klavier viel gefühlvoller umging als mit mir!«

Christoph Hessler hat seinen besten Freund Ingo durch seine erste große Liebe Maja kennengelernt hat. Ingo ist Majas Bruder: »Wir haben die gleiche Begeisterung fürs Segeln und verbringen, wenn es irgendwie geht, jedes Jahr ein oder zwei Wochen miteinander auf dem Segelboot. Früher dachten wir ja, daß wir mal Schwäger werden, aber das spielt schon lange keine Rolle mehr.«

Manchmal wird der Verflossene auch zu einem guten Freund. Franz Seibold zum Beispiel hat zu seiner Exfreundin Gabi eine neue, völlig entspannte Beziehung. »Gabi, ihr Mann und die Kinder kommen häufig zu uns. Wir unternehmen eine Menge gemeinsam, grillen im Garten oder machen einen Ausflug. Daß Gabi und ich mal ein Liebespaar waren, spielt keine Rolle mehr. Jetzt sind wir Freunde. Wir begegnen uns schon lange auf einer anderen Ebene.«

Neben diesen positiven Rückständen einer Beziehung, bietet die Trennung auch die Chance zu einem Neuanfang. Männer und Frauen werden frei für neue Lebensentwürfe und auch frei für einen neuen Partner.

Die andere Seite der Medaille sind die schmerzhaften *Altlasten*, die nach einer Trennung übrigbleiben. Zerbricht eine Liebesbeziehung, endet nicht nur die gemeinsame Gegenwart der Partner, sondern auch ihre gemeinsame Zukunft: Alle Pläne, Wünsche, Hoffnungen und Träume zerplatzen wie eine Seifenblase. Nicht nur in diesem Jahr wird es keinen gemeinsamen Urlaub am Meer geben, sondern nie wieder. Die Trennung bedeutet zumeist eine generelle Absage an alle gemeinsamen Pläne.

Die gemeinsame Gegenwart und Zukunft lösen sich in Nichts auf, und selbst die gemeinsame Vergangenheit wird durch eine Trennung stark beeinflußt: In dem Augenblick, da man vor dem Scherbenhaufen der beendeten Beziehung steht, erkennen viele – vielleicht zum ersten Mal –, daß der Partner die Beziehung vollkommen anders erlebt hat als man selbst. Offensichtlich war er gar nicht so glücklich, sonst hätte er sie doch nicht verlassen. Zurück bleibt ein Gepäck, an dem nicht wenige Frauen und Männer noch lange schwer zu tragen haben.

Spuk der Verflossenen: Wie frühere Liebesbeziehungen weiterwirken

»Always crashing in the same car«
(David Bowie)

Wenn Erwachsene sich umschauen, blicken sie zumeist auf eine Galerie von Verflossenen zurück. An manche haben sie deutliche, lebhafte Erinnerungen, schöne oder schmerzhafte oder auch beides zusammen – als läge die Liebe erst wenige Wochen zurück. Und sie wundern sich, daß schon so viele Jahre seitdem vergangen sind. Andere Verflossene sind ihnen weniger präsent. Es dauert, bis sie sich die damalige Zeit wieder vor Augen führen können. Einige Highlights fallen ihnen vielleicht noch ein, aber das meiste ist irgendwie in Vergessenheit geraten. Vielleicht wissen manche noch, daß sie wegen diesem oder jener nächtelang geheult oder sogar mit dem Gedanken gespielt haben, die Stadt zu verlassen. Erstaunlicherweise können sie sich aber beim besten Willen nicht mehr erinnern, was ihnen so zu schaffen gemacht hatte.

Zu manchen Verflossenen halten einige Männer und Frauen Kontakt, schreiben zum Geburtstag, zu Weihnachten und aus dem Urlaub. Mit einigen treffen sie sich gelegentlich, manche sind zu Freunden geworden. Bei manchen Erinnerungen werden sie wehmütig: eine Liebesnacht am Strand, die Woche in Paris, die Geburt des ersten Kindes. Und selbst wenn sie seit Jahren keinen Kontakt mehr zu ihren Verflossenen haben: Sie denken an sie. Die Ex-Partner sind eben ein Teil des Lebens.

Und manchmal platzt die Vergangenheit dazwischen, sie taucht im Alltag auf, unbeabsichtigt, ungewollt, ungefragt. Die Verflossenen springen wie das Teufelchen aus der Kiste und rufen: »Hier bin ich!« Sie drängen sich in die Gegenwart. Und nicht wenige Männer und Frauen reiben sich verwundert die Augen und fragen sich, wo diese oder jene Erinnerung so plötzlich herkommt.

Heike Klarbeck ist 32 Jahre alt und lebt als Fotografin in Kiel. Als sie wenige Wochen mit ihrem neuen Freund Michael zusammen war, unterlief ihr ein kleiner Fauxpas. »Wir hatten gerade miteinander geschlafen und dämmerten ziemlich erschöpft vor uns hin. Ich drehte mich zu Michael um, gab ihm einen Kuß und nannte ihn Armin. Wie von einer Tarantel gebissen, sprang Michael auf. Er war stinksauer! Er warf mir an den Kopf, daß ich mich innerlich noch nicht von Armin getrennt hätte, daß ich ja offensichtlich an Armin denke, wenn ich mit ihm, Michael, schlafe. Ich wußte gar nicht, was ich sagen sollte, ich war ja selber geschockt.« Was war passiert? Eigentlich nichts Schlimmes, nur eine Namensverwechslung. Heike war sechs Jahre lang morgens neben Armin wach geworden und abends neben ihm eingeschlafen. »Es war einfach die alte Gewohnheit: Der Mann neben mir im Bett ist Armin.«

Auch die folgende Situation ist – in verschiedenen Varianten – durchaus typisch. Beim Planen eines Kurzurlaubs am Meer mit dem aktuellen Partner fallen einem vertraute Bilder ein: »Weißt du noch, als wir am Strand spazierengehen wollten, und dann hat es nur geregnet, und wir sind drei Tage lang im Bett geblieben und haben nichts anderes gemacht als ...« – »Das war nicht mit mir«, sagt der andere und schweigt eisig. – »Doch, natürlich, das weiß ich doch genau. Das war kurz nach Ostern, als wir in dem kleinen Fischerdorf an der holländischen Grenze ...« – »Ich war in meinem ganzen Leben noch in keinem Fischerdorf. Keine Ahnung, mit wem du dort tagelang im Bett gelegen hast. Mit mir jedenfalls nicht!« Und da tritt ganz langsam aus dem Nebel ein Bild vors Auge: Der Verflossene auf dem Laken, verschwitzt und glücklich, der einem ins Ohr flüstert, daß er nirgends sonst mehr Urlaub machen möchte als in verregneten Fischerdörfern. Verräterische Röte steigt einem ins Gesicht. Schnell das Thema wechseln.

Solche Situationen – ob peinlich oder nicht – fallen immerhin auf. In solchen Momenten stolpert man über ein Stück Vergangenheit, das sich klammheimlich in die Gegenwart geschummelt hat. Nun gut, damit läßt sich umgehen. Viel heimtückischer sind die Einflüsse der Verflossenen, die nicht bewußt sind und die zunächst verborgen bleiben. In vielen verschiedenen Situationen spuken sie im Leben umher. Wie können sie aufgedeckt werden? Wo müssen Männer und Frauen besonders auf die Risiken und Nebenwirkungen achtgeben?

Allergische Reaktionen
Julia Krüger, 28jährige Praktikantin bei einem Rundfunksender in Baden-Baden, war gerade einen Mann losgeworden, der die Angewohnheit hatte, im Plusquamperfekt zu sprechen, wenn er log. »Lutz sagte dann Sätze wie: ›Ich hatte dich gestern angerufen gehabt, aber dein Telefon war wohl kaputt gewesen.‹ Völlig merkwürdig, so hat er sonst überhaupt nicht gesprochen!« Erst viel später fand Julia heraus, daß er unbewußt – aber mit System – in der Vorvergangenheit sprach. Immer dann, wenn er ihr nicht die Wahrheit sagen wollte.

Die Kopplung *Plusquamperfekt gleich Lüge* funktionierte noch lange nach der Beziehung zu Lutz. Davon ahnte Julia aber nichts. Viel später begriff sie einige Zusammenhänge. Zum Beispiel, warum sie manchmal so unruhig und aufgeregt wurde, wenn ihr neuer Freund ihr etwas erzählte. Denn auch er benutzte natürlich manchmal das unheilvolle Plusquamperfekt. »Ich hatte dann immer so ein saublödes Gefühl. Dann habe ich zigmal nachgefragt, wenn er mir was erzählt hat. Ich achtete konzentriert darauf, ob er seine Storys in unterschiedlichen Variationen erzählte. Ich habe ihn nie beim Lügen erwischt, trotzdem blieb immer ein dumpfes Gefühl, daß da etwas nicht ganz koscher sein könnte.«

Auf manche Rückstände und Narben aus alten Beziehungen reagieren viele Männer und Frauen allergisch. Es gibt Lieder und Gerüche, bestimmte Cafés und Restaurants, Urlaubsorte und Stadtteile, die sie meiden: für eine Weile oder für immer. Sie lösen heftige Gefühlsstürme aus, die sie sich ersparen möchten. Das gleiche gilt für bestimmte Worte, Sätze, Redewendungen, Dialekte. Und besonders für Verhaltensweisen. Ziemlich rabiat können da mitunter die Reaktionen ausfallen, wenn ein neuer Partner es wagt, sie – und sei's durch Banalitäten – an einen Verflossenen zu erinnern: Schraubt auch er die Wasserflaschen nicht richtig zu? Verstreut auch sie ihre Haarnadeln in der ganzen Wohnung? Ohne Vorwarnung wird dann in einigen Fällen zum Angriff übergegangen.

Oftmals sind sich die meisten Menschen gar nicht im klaren darüber, wo sich ihre *emotionalen Allergien* verstecken und worauf sie einen neuen Partner vorbereiten, besser: wovor sie ihn warnen sollten. Bei manchen Dingen – Liedern, Gerüchen, Orten – ist es einfach, bei anderen sehr viel schwieriger. Da reagieren sie heftig und überzogen und wissen selbst nicht, warum.

Geheime Bedeutungen erkennen

Bestimmten Dingen, auf die Männer und Frauen allergisch reagieren, wird eine geheime Bedeutung, ein Sinnzusammenhang unterstellt, den es so gar nicht gibt. Vielleicht befürchtet eine Frau, daß ihr neuer Freund sehr unangenehm, laut und aggressiv werden wird, sobald er Schnaps trinkt. Allein diese Vorstellung macht ihr so zu schaffen, daß sie Schweißausbrüche und schlechte Laune bekommt, wenn ihnen der griechische Kellner nach dem Essen zwei Ouzo auf den Tisch stellt. Wohlgemerkt, sie weiß noch gar nicht, wie ihr neuer Freund auf Schnaps reagiert. Was sie lediglich weiß, ist, wie ihr Verflossener darauf reagierte. Vielleicht fällt einem Mann eines Tages auf, daß er wie ein Tiger im Käfig hin- und herläuft, immer den Flur rauf und runter, sobald seine neue Flamme mit ihrer besten Freundin telefoniert. Während er Fingernägel und Nagelhaut mit den Zähnen traktiert, berichtet sie ihrer Freundin lediglich über den letzten Film, den sie im Kino gesehen hat. Statt dessen befürchtet der Mann aber, daß seine Freundin desaströse Bettgeheimnisse von ihnen preisgibt oder sich gemeinsam mit ihrer Freundin darüber scheckig lacht, daß er täglich mit seiner Mutter telefoniert. Doch diese Zusammenhänge sind selbst hergestellt. Aber daran, daß er der Konstrukteur dieser Ängste ist, wird er kaum eine Sekunde gedacht haben.

Es läßt sich nicht vermeiden, daß Menschen aus jeder Beziehung Gepäck mitnehmen. Manchmal sind es Kleinigkeiten, die einen schon immer geärgert haben: Die Zahnpastatube, die der andere nie richtig zudreht, ist fast schon zum Symbol dafür geworden. Aber auch andere Nebensächlichkeiten bekommen Bedeutung, wenn sie einen beim Verflossenen richtig genervt haben. Dann achtet man beim neuen Partner ganz genau darauf, und schon beim Hauch einer Andeutung rastet man unvorhersehbar aus.

Sarah Leisner war vor ihrer Heirat mit Sebastian mit Giancarlo, einem Italiener, zusammen. Sie erzählt: »Giancarlo war oft sehr in Gedanken und nicht ganz bei der Sache. Wenn wir zum Beispiel zusammen im Auto saßen, habe ich automatisch immer mit aufgepaßt. Wenn ich gesehen habe, daß die Ampel vor uns rot ist, habe ich sofort ›rosso‹ gesagt, damit er auch anhält. Oder ich habe ihm gesagt, wie wir zu fahren haben: jetzt links lang oder rechts abbiegen. Das hat er nämlich ständig verwechselt. Dieses Aufpassen und Kommentieren beim Autofahren ist mir so in Fleisch und Blut übergegangen, daß ich das heute noch mache, wenn ich mit Sebastian fahre. Wenn er am Steuer sitzt, sage ich: ›Die Abfahrt ist rechts‹ oder ›Du mußt jetzt bremsen‹. Das ärgert ihn natürlich maßlos. Er kontert dann immer in scharfem Ton: ›Ich bin nicht Giancarlo!‹« Was Sarah aus der früheren Beziehung außerdem stark nachhängt, ist Giancarlos Unselbständigkeit. Darauf reagiert sie bis heute allergisch, und das weiß sie auch. Bei den winzigsten Anzeichen verhält sie sich übertrieben streng. »Ich weigere mich, in irgendeiner Form das Leben von Sebastian zu organisieren. So würde ich zum Beispiel nie seine Steuererklärung machen. Ich räume auch grundsätzlich nie seine Sachen weg, sondern immer nur meine. Das klingt vielleicht albern, aber das brauche ich für mich.«

Allergische Reaktionen sind äußerst belastend für den neuen Partner: Auf ihn prasseln heftige Reaktionen nieder, ihm werden Absichten unterstellt, die mit ihm nicht das Geringste zu tun haben. Wie sollte ein Partner im Idealfall darauf reagieren? Die Mediatorin Frauke Decker gibt zu bedenken: »Die größte Chance besteht darin, einen selbstbewußten Partner zu haben, der einem sagt: ›Laß mich mal damit zufrieden, das ist deine Geschichte.‹ Wenn der Partner es nämlich zuläßt, daß man etwas Fremdes auf ihn projiziert, besteht die Gefahr, daß er sich früher oder später entsprechend verhalten wird. Und dann hat man ihn irgendwann zu dem gemacht, was man am meisten gehaßt hat.«

Iris Borchardt, die Grundschullehrerin aus Magdeburg, lebt schon seit vier Jahren mit ihrem 35jährigen Freund Lars zusammen. Er hat aus seiner früheren Beziehung zu Sabine eine kleine Tochter, die die meiste Zeit bei Lars und Iris lebt. Manchmal stoßen Iris dabei Sätze auf, die sie aus früheren Beziehungen kennt: »Wenn ich Streit mit Lars habe und er darüber schimpft, wie phlegmatisch ich sei, denke ich: Genau das hat mein Ex auch immer gesagt. Oder manchmal sagt Lars Dinge, die ich früher häufig hören mußte und die mir sehr wehgetan haben. Dann werde ich von einem Moment zum nächsten todtraurig. Lars weiß in solchen Situationen natürlich überhaupt nicht, warum ich so heftig reagiere, daß da alte Geschichten raufgespült wurden, die mich so angreifen. Zum Glück habe ich das Gefühl, daß die Altlasten langsam weniger werden.«

Aber auch umgekehrt wirken die Verflossenen in ihre neue Beziehung hinein. Wenn Sabine, die Ex-Freundin von Lars, etwas durchsetzen wollte und merkte, daß sie dabei nicht zum Ziel kam, drohte sie häufig mit Suizid. Das führte dann dazu, daß sie die Auseinandersetzungen gewann und ihren Kopf durchsetzen konnte. Eines Abends stritten sich Iris und Lars sehr heftig. Lars reagierte ungewöhnlich wütend: »Er warf mir vor, ihn unter Druck zu setzten, genauso wie Sabine es immer gemacht hat«, obwohl Iris keineswegs Selbstmordpläne ins Feld geführt hatte. Eigentlich wollte sie sich nach dem Streit nur mit ihm versöhnen, aber diese Geste hat er vollkommen anders verstanden – und entsprechend seiner Interpretation reagiert.

Der Hintergrund für viele allergische Reaktionen ist eine selektive Wahrnehmung. Menschen nehmen immer nur ganz bestimmte Handlungen oder Aussagen bewußt auf, filtern sie aus der Vielzahl der Eindrücke heraus. Andere Vorgänge dagegen werden vollständig ausgeblendet. Menschen sehen und hören letztlich nur das, was sie sehen und hören wollen.

Wie kommt es dazu? Die Sinnesorgane sind permanent im Einsatz. Ununterbrochen vermitteln sie Informationen: Menschen hören, sehen, riechen, schmecken und fühlen zur gleichen Zeit. Würde das Gehirn versuchen, alle einzelnen Informationen gleichzeitig und gleichwertig zu verarbeiten, wäre es schnell durch die Reizüberflutung lahmgelegt. Ein Beispiel: Ein Mensch liegt im Sommer auf einer blühenden Wiese und liest ein Buch. Allein sein Ohr empfängt eine Unzahl an Reizen: dumpfes Brummen von Automotoren in der Ferne, Dröhnen eines Flugzeugs am Himmel, Vögel zwitschern um ihn herum, menschliche Stimmen in der Nähe, Hundegebell, das Rauschen der Blätter des Baumes, unter dem er liegt, und vieles andere mehr. Er hätte schlichtweg keine Chance, sich auf das Buch zu konzentrieren, wenn das Gehirn gleichzeitig jede Wahrnehmung beachten müßte.

Wenn sich jemand auf einer Party mit einem anderen unterhalten will, gelingt es ihm in der Regel, sich auf die Stimme seines Gegenüber zu konzentrieren. Die anderen Geräusche werden zum Klangbrei. Aber: Die Auswahl, die das Gehirn trifft, welche Informationen wahrgenommen und welche ignoriert werden, ist nicht zufällig. Die Informationen, die für den jeweiligen Menschen von großer Bedeutung sind, werden schneller und deutlicher wahrgenommen als andere. Dabei glauben die meisten allerdings auch, daß diese Sachen in der Tat deutlicher zu erkennen seien. Das ist aber nicht so: Allein die individuelle Aufmerksamkeit macht Dinge bedeutsam und groß. Angenommen, ein Mann hat große Angst vor Gewittern. Dann wird er mit Sicherheit alle möglichen Anzeichen dafür – Verdunklung des Himmels, das Aufkommen von Wind, Wolken am Horizont, entferntes Donnern – viel eher registrieren als jemand, dem es völlig egal ist, ob es gewittert oder nicht. Während einer schon längst mit klopfendem Herzen im Dunkeln sitzt und auf Blitz und Donner wartet, gehen die anderen noch ohne Regenschirm aus dem Haus. Genauso ist es mit der eigenen selektiven Wahrnehmung von Kleinigkeiten im Verhalten des neuen Partners. Erst wenn man sich bewußt wird, daß man selbst der Konstrukteur von bestimmten Bedeutungszusammenhängen ist, kann man lernen, damit gelassener umzugehen.

Fragen und Anregungen

Auf welche Dinge, Worte, Verhaltensweisen reagieren Sie unangemessen heftig? Auf welche Schlüsselreize springen Sie an?
Was hat Sie in Ihren ehemaligen Beziehungen sehr verletzt, geärgert oder gestört?
Auf welche Reaktionen Ihres aktuellen Partners achten Sie besonders?
Könnte das etwas mit Altlasten aus einer vergangenen Partnerschaft zu tun haben?
Versuchen Sie, beim nächsten Gefühlsausbruch an die eben gegebenen Antworten zu denken!

Stolpersteine, die man selbst mitbringt

Gertrud Fischer ist 35 Jahre alt und arbeitet als Finanzbeamtin in Kassel. Sie hat eine Schwäche für unkonventionelle Männer. Keiner ihrer Verflossenen hatte eine sogenannte gesicherte Existenz. Schon zu Schulzeiten hatte Gertrud sich ausgerechnet in den Mitschüler verliebt, der in den Sommerferien nach Portugal trampte und später wegen Haschischbesitzes von der Schule flog. Einer war freier Journalist, ein anderer Bildhauer. Beide hatten kein geregeltes Einkommen und lebten mehr oder weniger auf Gertruds Kosten.

Problematisch wurden ihre Beziehungen immer zu dem Zeitpunkt, wenn Gertrud mit ihrem sehnlichen Kinderwunsch herausrückte. Das schlug ihre Ex-Partner in die Flucht. Verbindlichkeit war so ziemlich das letzte, was Gertruds Männer zu geben bereit waren. Ihre Reaktionen überraschten weder Gertruds Freundinnen noch ihre Eltern und Geschwister oder ihre Arbeitskolleginnen. Alle konnten sich denken, daß Gertruds Männer beim Thema Kinder Reißaus nehmen würden. Alle – bis auf Gertrud.

Und da tauchte plötzlich Jean Pierre auf, ein gutaussehender Franzose. Er zog durch Hessen und verdiente ein paar Mark als Pflastermaler. In den Innenstädten malte er in den Sommermonaten große Kreidebilder auf das Straßenpflaster. Gertrud verliebte sich sofort in ihn, und nach wenigen Tagen zog Jean-Pierre bei ihr ein. Von dem bißchen Geld, das er verdiente, konnte er natürlich nicht leben. Großzügig sponsorte Gertrud seinen Lebensunterhalt. Ihre Freundinnen schlugen die Hände über dem Kopf zusammen, als sie von Gertruds neuer Eroberung erfuhren: »Wieder so ein Lebenskünstler, der dich ausnutzt.« Doch Gertrud wußte gar nicht, was sie meinten: Jean-Pierre war vollkommen anders als seine Vorgänger. Er war charmant und sah viel besser aus. Außerdem – das war das Wichtigste! – er mochte Kinder. Denn diesen Fehler wollte Gertrud nie wieder begehen: sich auf einen Mann einlassen, der dann doch keine Kinder haben wollte. Die Zeit drängte im übrigen, sie war schon 35. Also fragte sie Jean-Pierre nach fünf Wochen vorsichtig, wie er zu Kindern stehe und ob er auch eigene haben wolle. »Aber ja«, antwortete er, »ein ganzes Haus voller Kinder möchte ich.« Gertrud war glücklich. Endlich der Richtige! Fröhlich erzählte sie Jean-Pierre, daß sie schon lange einen Partner gesucht habe, mit dem sie endlich Kinder in die Welt setzen könnte. Ihrem Glück schien nichts mehr im Weg zu stehen.

Es vergingen nicht einmal zwei Wochen, da war Jean-Pierre von der Bildfläche verschwunden. Als Gertrud abends von der Arbeit nach Hause kam, fand sie eine Rose auf ihrem Kopfkissen und einen Brief, in dem Jean-Pierre ihr alles Gute wünschte. Er müsse leider weiterziehen, würde aber immer an sie denken. Nach jeder Trennung hoffen die meisten Menschen, daß die nächste Beziehung ganz anders wird. Das nächste Mal werden sie gleich von Anfang an genau hinschauen – nehmen sie sich vor. Das letzte Fiasko passiert ihnen nicht so schnell noch einmal. Die häßlichen Streits, das nächtelange Heulen, der Schmerz nach der Trennung, das stundenlange Starren auf das Telefon – nie wieder! Schließlich haben sie ja aus der Beziehung gelernt. Nun wissen sie endlich, worauf sie achten müssen bei einem potentiellen Partner und welche Sorte Mensch ihnen nicht mehr ins Haus kommt.

Eine neue Liebe bedeutet aber nicht automatisch neues Glück, sondern manchmal bloß die Neuauflage der alten Geschichte. Aus festgefahrenen Mustern kann man nicht über Nacht aussteigen. Viele Menschen verfangen sich daher immer wieder in Schlaufen. Wie ein Hamster im Laufrad drehen sie sich im Kreis, ohne von der Stelle zu kommen – selbst wenn sie wissen, von welchen Typen sie besser die Finger lassen sollten und welche Beziehungsstrukturen ihnen schaden. Bestimmte Prägungen legt man nicht so einfach ab, sie wirken oft gegen den eigenen Willen weiter. Die Soziologin Diane Vaughan, die in einer Studie mehr als hundert Frauen und Männer zu ihren Trennungserfahrungen befragt hat, warnt: »Die Erinnerung liegt auf der Lauer, um uns auf überraschende Reisen in die Vergangenheit zu führen.«[38]

Die meisten Männer und Frauen entwickeln immerhin ein Frühwarnsystem, das sie vor ähnlichen Erfahrungen schützen soll. Wenn in einer neuen Partnerschaft etwas geschieht, was entfernt an schmerzhafte Erlebnisse mit einem Verflossenen erinnert, gehen die roten Lampen an, und alte Ängste werden aktiviert.[39]

Doch trotz aller Frühwarnsysteme und Vorsichtsmaßnahmen lassen sich Wiederholungen nicht immer vermeiden. Fehlinterpretationen, resistente Bilder, Unsicherheiten und vor allem unaufgearbeitete Trennungen sind oft der Grund dafür. Die Berliner Rechtsanwältin Anne Klein erzählt von einer Mandantin, die dreimal den gleichen Mann geheiratet hat. Jedesmal fiel sie wieder auf die Nase. »Ich habe sie dreimal geschieden. Beim dritten Mal sagte ich ihr: ›Jetzt reicht es, bei mir nie wieder!‹« Und die Mandantin kam abermals mit ihrem Verflossenen zusammen. Zwei Jahre dauerte die nächste Beziehung zu ihrem Ex-ex-Mann gerade mal, dann stand sie wieder vor der Tür einer Scheidungsanwältin – dieses Mal war es eine andere, zumindest das hatte sich geändert.

Die Lehrerin Karin Grimm lebt mit ihren zwei fast erwachsenen Töchtern in Frankfurt a. M. Sie ließ sich nach 20 Jahren Ehe von ihrem Mann scheiden. Während der Ehe litt sie unter der emotionalen Kälte ihres Mannes, sie beschreibt ihn als sehr verschlossen und distanziert. Ein Mann, mit dem sie intellektuell auf einer Höhe stand und mit dem sie viel über Politik und Kultur diskutierte. Ansonsten aber hielt er sich stets bedeckt, selbst innerhalb der Familie konnte er nicht aus sich herausgehen. »Ich glaube, Gefühle waren ihm suspekt«, sagt Karin. Nach der Trennung faßte sie den Entschluß: »Ich wollte nie wieder mit einem Menschen zusammensein, der so kühl, distanziert und verschlossen ist.« Nie wieder ein Partner, der ihrem Verflossenen in dieser Beziehung gleicht.

Schon kurze Zeit nach der Trennung fühlte sie sich mehr und mehr zu Frauen hingezogen; seither lebt sie ausschließlich in Partnerschaften mit Frauen. Und eines Tages lernte sie Andrea kennen und verliebte sich heftig in sie. »Bis dahin dachte ich, Frauen sind anders als Männer, vor allem, was die Gefühle angeht. Sie sind offener, gefühlvoller und nicht so kühl«, erzählt sie und lacht. Denn in der Beziehung zu Andrea wiederholte sich ihre Ehe-Erfahrung – dieses Mal nur mit einer Frau. Andrea war Karins Ex-Mann zumindest in einem Punkt ähnlich: Auch sie war kühl, distanziert, verschlossen. »Und dann wiederholte sich das Ganze. Dabei bin ich mir sicher gewesen, daß mir das nicht mehr passieren würde.«

Partnerwahl ist kein Zufall. Wen Menschen anziehend finden und sich als Partner wünschen und mit wem sie dann tatsächlich eine Beziehung eingehen, ist zu großen Teilen biographisch bedingt. Die Erfahrungen mit Eltern, Geschwistern und Freunden sowie die Lebensumstände haben großen Einfluß darauf – und eben auch die Verflossenen.

Und dennoch: Manchmal erkennen Frauen und Männer einfach nicht, daß sie sich in einer Schlaufe verheddert haben. Schließlich haben sie aufgepaßt, sich dieses Mal ganz anders als sonst verhalten und außerdem einen völlig anderen Typus als Partner gewählt. Sie glauben: Je weniger Ähnlichkeiten zwischen altem und neuem Partner, desto unähnlicher sind auch die Beziehungen. Falsch gedacht. Nach und nach entdecken sie Parallelen in ihrem Verhalten. Und früher oder später stellen sie resigniert fest: Ich habe zwar eine bestimmte Person verlassen, die Probleme sind mir aber treu geblieben. Ich führe das gleiche Stück auf, nur mit einem anderen Darsteller.

Wenn Menschen sich verlieben, sind sie meistens davon überzeugt: Alles ist anders, alles ist neu, insbesondere der neue Partner. Denn dieses wunderbare Gefühl der Einzigartigkeit gehört zur Verliebtheit.

Die Unterschiede zwischen dem aktuellen Partner und seinem Vorgänger werden dann an bestimmten Kriterien festgemacht: Aussehen, Beruf, Alter, Hobbies. Und wenn diese Dinge nicht übereinstimmen, glaubt man sich auf der sicheren Seite. Doch gerade durch die Fixierung auf die Andersartigkeit kann man wieder in dieselbe Falle tappen. Carol Botwin beschreibt diese Struktur eindringlich: »Der Nachteil, sich auf bestimmte Wesenszüge zu fixieren, liegt darin, daß die Geschiedene darüber vergißt, sich den ganzen Mann anzusehen. Es kann passieren, daß sie sich an einen Mann bindet, der in anderen wichtigen Bereichen nicht zu ihr paßt. Beziehungen, die nur darauf beruhen, daß der neue Mann Eigenschaften besitzt, die den Eigenschaften des Ex-Mannes diametral entgegengesetzt sind, funktionieren meist nicht auf Dauer.«[40]

Übereinstimmungen und wiederkehrende Muster sind bedeutend leichter von außen zu erkennen. Die besten Freunde oder Freundinnen sehen das häufig viel besser. Frisch Verliebte haben nur Augen für das Besondere, für die Unterschiede und die Feinheiten. Aus der Distanz dagegen fallen die Ähnlichkeiten auf.

Butler James und das Tigerfell: Gefahr von Wiederholungen

Seit Jahren ist der Einakter »Dinner for one« Kult. Er gehört genauso zu Silvester wie Sekt, Feuerwerk und gute Vorsätze. Der tatterige Butler James und die betagte englische Lady Miss Sophie sind zum Jahreswechsel nicht mehr wegzudenken.

Im Eßzimmer von Miss Sophie liegt ein großes Tigerfell, genau dort, wo Butler James auf seinen Wegen zwischen Eßtisch und Anrichte den ganzen Abend hin- und herlaufen muß. Anfangs achtet er noch darauf, nicht über den Tigerkopf zu stolpern. Doch je später der Abend desto betrunkener James, und desto öfter stolpert er über das Fell. Es ist wie verhext! Ob er einen großen Schritt darüber hinweg versucht, ob er auf dem Hinweg einen Haken um das Fell schlägt und auf dem Rückweg daran hängenbleibt – immer wieder wird ihm das Fell zum Verhängnis. Es ist einer der Running Gags der Geschichte. Was sich zu Silvester als guter Scherz erweist, ereignet sich das Jahr über oft als bittere Realität und ist längst nicht mehr komisch.

Die 29jährige Gitte May kommt aus Hamm in Westfalen. Dort hat sie zunächst eine Ausbildung zur Rechtsanwalts- und Notariatsgehilfin absolviert. Anschließend zog sie nach Berlin, wo sie nun an der Humboldt-Universität Jura studiert. Sie ist davon überzeugt, daß ihre letzten drei Beziehungen sehr unterschiedlich gewesen sind. Sicher, sie sei jedesmal mit einem Mann zusammengewesen, der fast 20 Jahre älter war. Aber das Alter habe nie die entscheidende Rolle gespielt. Sie fühle sich eben eher zu älteren Männern hingezogen. Der erste war Rechtsanwalt, ihr ehemaliger Chef, der zweite war Zahnarzt, und der dritte war Dozent an der Uni.

Schon auf den ersten Blick ähnelten sich Gittes Männer, es war immer der gleiche Typ, den sie sich aussuchte: der väterliche, gebildete, ältere Mann mit sonorer Stimme. »Aber ansonsten waren die drei ganz unterschiedlich«, behauptet Gitte. Nur die Beziehungen waren es leider nicht.

Schon nach wenigen Monaten tauchte jedesmal das gleiche Problem auf: »Ich bin ziemlich unternehmungslustig«, erzählt Gitte, »ich gehe gerne aus, auf Parties oder abends auf ein Bier in die Kneipe. Das klappte mit allen dreien nicht so gut. Sie wollten lieber zu Hause bleiben oder höchstens mal ins Restaurant gehen. Das wurde mir bald zu langweilig. Ich will auch mit meinem Partner ausgehen und nicht immer nur alleine oder mit einer Freundin.« Ihre Verflossenen hatten jeweils ganz andere Interessen: Der Rechtsanwalt war ein manischer Leser, der Zahnarzt verbrachte ganze Nächte am Computer, der Dozent war ein Sportfreak, er spielte dreimal die Woche Fußball und trainierte eine Jugendmannschaft. Keiner der drei hatte Spaß »an meinem Lotterleben«. Das größere Problem aber waren die unterschiedlichen Lebensentwürfe. »Ich will mal mit einem Mann zusammenziehen, zwei, drei Kinder haben und heiraten. Zusammenziehen und heiraten wäre vielleicht noch drin gewesen bei meinen Verflossenen – Kinder wollten sie alle drei nicht mehr.« Gittes drei Verflossene waren bereits Väter, ihre Kinder hatten zum Teil das gleiche Alter wie Gitte. Sie wollten keine zweite Familie gründen. »Und trotzdem dachte ich jedesmal, das wird sich schon noch ändern. Wenn wir erst mal länger zusammen sind, dann will er auch ein Kind mit mir haben.« Eine Rechnung, die nie aufging.

Menschen neigen dazu, nach eingeschliffenen Mustern zu handeln. Zwar haben sie den Partner verlassen, aber die Probleme blieben ihnen treu. Es sind meistens die eigenen Lebensthemen, denen viele in variierter Form immer wieder begegnen und über die sie straucheln. Dies zu erkennen ist das eigentliche Problem.

Am Beginn einer neuen Partnerschaft liegt das *Tigerfell* häufig schon irgendwo verborgen, über das später gestolpert wird. Einer von beiden hat es mitgebracht. Wer beispielsweise Angst vor Nähe hat, sucht sich häufig einen Partner, der schon von weitem signalisiert, daß man ihm sowieso nicht zu nahe kommen kann. Und wenn man die Garantie hat, daß der andere die notwendige Distanz aufrechterhalten wird, kann man sich mächtig ins Zeug legen und unter Einsatz aller Mittel versuchen, die Nähe zu ihm zu suchen.

Julia Krüger, Praktikantin beim Radio, berichtet: »Mit meinem ersten Freund Lutz war ich sechs Jahre zusammen. Als die Beziehung in die Brüche ging, kam lange Zeit gar nichts, und danach gab es nur mehr oder weniger zwanglos-belanglose Geschichten.« Die in dieser Zeit Verflossenen waren auf den ersten Blick recht unterschiedlich. Aber schon der zweite Blick ließ ein wesentliches Merkmal erkennen: die große Distanz zwischen ihr und dem jeweiligen Freund. »Den einen habe ich im Urlaub kennengelernt. Er lebte in Hamburg, wir sahen uns selten. Ein anderer war verheiratet, da wußte ich von Anfang an, daß das nichts Festes wird. Danach habe ich mich in meinen Kollegen verliebt. Doch ist er leider schwul.« Alle drei waren auf ihre Art für Julia unerreichbar und ganz offensichtlich keine geeigneten Kandidaten für eine enge Beziehung. Das Muster wiederholte sich, auch wenn die Männer jeweils ganz unterschiedlich waren.

An manchen Themen – und auch Menschen – muß man sich abarbeiten, so die Ansicht von H.-J. Niemann, Paartherapeut am Berliner *Centrum für Sexualwissenschaft*. Er betont: »Manche Menschen suchen sich immer wieder Partner, die sich ähnlich sind und ähnliche Persönlichkeitsstrukturen haben. Diese Wiederholungen haben nichts mit dem Partner zu tun, sondern mit einem selbst. Sie deuten darauf hin, daß man am anderen etwas abarbeiten muß, daß man es mit einem inneren Konflikt zu tun hat, der bislang noch nicht gelöst wurde. Diese Konflikte stammen in der Regel aus der Kindheit oder der frühen Pubertät.«

Manfred Werner ist 40 Jahre alt und arbeitet als Bibliothekar in einer Duisburger Stadtbücherei. Er unterscheidet für sich drei Gruppen von Frauen: »Die Frauen, die mich nicht interessieren und die auch nichts von mir wollen. Das ist die größte Gruppe. Dann diejenigen, die an mir Interesse haben, mit denen ich aber nichts anfangen kann. Und schließlich die Frauen, in die ich mich verliebe. Das ist die kleinste Gruppe. Und das sind ausgerechnet auch die Frauen, die mich nicht wollen. Bislang habe ich einfach kein Glück gehabt und immer die falschen kennengelernt.« Das ist Pech. Oder? Ob einem ausschließlich Männer gefallen, die verheiratet sind, oder man sich nur zu den Frauen hingezogen fühlt, die keine Notiz von einem nehmen – das Muster wird wiederholt und wiederholt und …

Doch es gibt Wege aus dem Laufrad! Männer und Frauen müssen nicht zwangsläufig immer in die gleichen Fallen tappen, meint der Paartherapeut H.-J. Niemann: »Solche Muster können sich auflösen, zum Beispiel, wenn die dahinterliegenden Konflikte überwunden werden. Eine Möglichkeit hierzu stellt eine geeignete Therapie dar.«

Fragen und Anregungen

Haben Ihre Verflossenen ähnliche Eigenschaften? Welche?
Gab es Streitpunkte oder Probleme in Ihren Partnerschaften, die immer wieder auftraten?
Läßt sich ein Muster erkennen? Falls ja: Auf welchen Konflikt könnte es hinweisen?

Fragen Sie Ihren besten Freund oder Ihre beste Freundin, ob sie Ähnlichkeiten bei Ihren Partnerschaften erkennen können.
Stöbern Sie in alten Briefen und Tagebüchern. Vielleicht entdecken Sie, daß Sie schon vor Jahren über das gleiche Problem gestolpert sind.

Hauptsache Harmonie: Angst vor Auseinandersetzungen

Die 42jährige Caroline Stallmeyer aus Teltow in Brandenburg arbeitet als Heilpädagogin in einem Heim für geistig Behinderte im Süden von Berlin. Sie war ein knappes Jahr lang mit Achim zusammen. Kurz bevor sie ihn kennenlernte, hatte sie ihren Mann Klaus verlassen.

Jahrelang hatte sie trotz aller Probleme versucht, die Ehe zu retten. Doch irgendwann ging es einfach nicht mehr. Klaus war Alkoholiker. Die Trennung verlief äußerst häßlich und schmerzhaft. Eine ganze Weile lang hielt sie sich mit Beruhigungstabletten über Wasser; ihre Familie und ihre Freunde machten sich in der Zeit große Sorgen um sie.

»Als ich mich in Achim verliebte und wir zusammenkamen, wußte ich: jetzt noch eine Trennung, das verkrafte ich nicht.« Und so tat sie alles, um die Beziehung auf keinen Fall zu gefährden. Am besten, so dachte sie, weicht man möglichen Problemen von vornherein aus und läßt sie gar nicht erst aufkommen. Caroline nahm viel dafür in Kauf. Sie stellte ihre eigenen Wünsche und Bedürfnisse in den Hintergrund und ließ sich eine Menge von Achim gefallen. Ein hoher Preis – zu hoch, wie sie im nachhinein findet: »Von der Zeit mit Achim ist ein bitterer Nachgeschmack geblieben. Ich hätte nie gedacht, daß ich mich mal so kleinmachen würde in einer Beziehung. Ich fühlte und verhielt mich wie ein total verschrecktes Kind.«

Caroline wurde immer unsicherer. Irgendwann wollte sie alles nur noch gemeinsam mit Achim machen. Sie konnte es kaum aushalten, wenn er ohne sie unterwegs war. Dann malte sie sich die schrecklichsten Szenen aus: von einer Geliebten, in deren Armen er gerade lag, bis hin zu Autounfällen, die Achim nicht überlebte. »Ich habe richtig geklammert. Früher fand ich das immer zum Kotzen bei Frauen, wenn sie nichts mehr alleine gemacht haben und abhängig waren von ihren Typen. Und plötzlich war ich auch so.«

Carolines Radius wurde immer enger, sie unternahm nichts mehr auf eigene Faust. Früher ging sie gerne mal nach der Arbeit ins Schwimmbad, oder sie bummelte mit ihrer Freundin Anne durch die Stadt, ging mit ihr shoppen und Kaffee trinken. »Eines Tages hat Achim mal nebenbei eine Bemerkung fallengelassen, von wegen, wie doof er das findet: Frauen, die nichts Besseres zu tun haben, als freiwillig durch Geschäfte zu rennen und zu tratschen. Und zack: Schon hatte ich keine Lust mehr dazu. Überhaupt hatte ich oft das Gefühl, daß ich seiner Kritik nichts entgegensetzen konnte. Seine Meinung wog schwerer als meine.« Was immer Achim nicht paßte – Caroline war allzeit bereit zur Änderung. Sie wurde wandlungsfähig wie ein Chamäleon. »Vieles, was mir früher Vergnügen bereitet hatte, ließ ich nach und nach sein. Sobald er etwas an mir kritisierte, versuchte ich sofort, es zu ändern. Egal, ob ich seiner Meinung nach zu lange in der Badewanne lag, nur blöde Serien im Fernsehen anschaute, zuviel Chips und Pizza aß, zu oft und lange mit meiner Freundin Anne telefonierte oder einen niveaulosen Sozialjob mit Bekloppten machte – alles war in seinen Augen schlecht. Aber vor allem wurde es dadurch auch in meinen Augen schlecht, und das war das Schlimme daran. Ich habe mich so kleingemacht. Ich hatte Angst, daß Achim geht, wenn ich anders bin: wenn ich meine Meinung sage und auch dabei bleibe oder wenn ich seine Vorschläge nicht akzeptiere. Ich habe geglaubt, dann streiten wir, und dann ist er weg.«

Was in der Beziehung zu Achim vorging, hat Caroline erst an ihrem nächsten Geburtstag wirklich begriffen. Ihre Freundin Anne schenkte ihr ein Buch mit der Widmung: »Die erste Wirkung einer Anpassung an andere ist, daß man langweilig wird.«[41] Caroline erzählt von ihrer Reaktion, als sie die Widmung las: »Zuerst war ich total sauer. Ich dachte, was weiß die denn! Aber dieser Satz wirkte nach. Und es stimmte ja auch, ich war in der Zeit mit Achim total langweilig geworden, völlig konturlos.« Caroline trieb die Angst um, die neue Beziehung könnte genauso kaputtgehen wie die vorherige. Deshalb prüfte sie erst gar nicht, wieviel *Abweichung* die Beziehung aushielt, wie Achim wirklich reagieren würde, wenn sie zu ihren Vorlieben und Eigenheiten stünde.

Spätestens nach der ersten Trennung ist fast jedem erwachsenen Menschen klar, wie empfindlich und fragil Liebesbeziehungen doch sind. Übrig bleibt oft eine große Vorsicht. Die Wunden, die Trennungen schlagen, verheilen nur langsam. Mehrmaliges Scheitern macht Angst. Das falsche Fazit lautet dann: Bloß nichts riskieren, bloß keine Angriffsflächen zur Kritik bieten, keine Fehler machen. Die Angst, daß auch die neue Beziehung in die Brüche geht, erzeugt enormen Streß! Jetzt muß es klappen – mit dieser Formel als Druck im Nacken sind viele dem Scheitern näher als dem Erreichen des Zieles. Je entspannter sie an die Sache herangehen, desto sicherer ist der Erfolg.

Fragen und Anregungen

Wer oder was steht im Zentrum Ihres Lebens: Sie selbst, Ihr Partner oder die Beziehung?

Befürchten Sie, weniger geliebt zu werden, wenn Sie Konturen zeigen?

Achten Sie darauf, Ihrem Partner nicht vorschnell zuzustimmen. Überlegen Sie zuerst, was Sie wollen!

Denken Sie manchmal daran, daß Sie zuwenig Raum in der Beziehung haben?

Prüfen Sie, wieviel Abweichung (andere Meinung, anderer Geschmack, andere Urlaubswünsche, andere Eßgewohnheiten etc.) Ihre Beziehung aushält.

Nicht mit mir: Angst vor Autonomieverlust

Eine andere Gefahr besteht darin, daß das Pendel – um noch einmal auf das Bild zurückzukommen – in der nächsten Beziehung extrem in die andere Richtung ausschlägt: Hatte sich eine Frau oder ein Mann allzusehr an den Verflossenen angepaßt, wird sie oder er das nächste Mal viel dafür tun, um sich deutlich abzugrenzen. Man hat ja schließlich gelernt: Bloß nicht mehr kleinmachen. Mit dieser Gefahr vor Augen wird die Haltung gegenüber dem neuen Partner möglicherweise starr und ohne den notwendigen Spielraum.

Das hat auch Ruth Bergner, die Kölner Psychologin, so erlebt. »Jahrelang hatte ich versucht, besänftigend zu sein, und hatte mich in Streiten mit meinem Mann immer wieder zurückgezogen, auch wenn ich ganz sicher war, Recht zu haben. Und dann kommt der Kerl nach Jahren und sagt ganz trocken: ›Das war's.‹« Egal, ob es um die Urlaubsplanung, den Kauf eines Hauses, ihre berufliche Zukunft ging, Ruth hatte sich »um des lieben Friedens willen« angepaßt.

Einige Jahre später lernte sie Fritz kennen. Sie verliebten sich ineinander. Doch die Beziehung wurde von Anfang an von »meinen Autonomiebestrebungen torpediert«, wie Ruth heute sagt. »Aushandeln und diskutieren war nicht. Ich wollte nach San Francisco in den Urlaub und nirgendwo sonst hin, entweder mit Fritz oder ich wäre allein gefahren. Zusammenziehen war schon gar nicht drin. Was im Bett zu laufen hatte und was nicht, das bestimmte ich. Was wir abends unternahmen, waren meine Vorschläge. Und wenn Fritz das nicht paßte? Bitte schön, dann sollte er doch was anderes machen oder sich eine andere Frau suchen. Ich wollte mir jedenfalls keine Vorschriften mehr machen lassen und mich für keinen Mann mehr verbiegen.« Heute lacht Ruth über ihren »Autonomieterror«, aber damals wäre sie nicht bereit gewesen, auch nur einen Hauch von Kompromißbereitschaft zu signalisieren.

Rüdiger Wichmann ist 44 Jahre alt und lebt in Saarburg. Dem Graphiker ist klar, daß er nie wieder so eine Beziehung führen möchte wie seine mittlerweile geschiedene Ehe. Seine Ex-Frau Sonja und er lebten auf sehr konventionelle Weise miteinander: »Wir verlobten uns, zogen in eine gemeinsame Wohnung, heirateten – alles, wie es sich gehört. An den Sonntagen fuhren wir abwechselnd zu ihren oder zu meinen Eltern zum Mittagessen. Genauso hielten wir es an den Weihnachtstagen oder zu Ostern. Den Samstag vormittag verbrachten wir mit Freunden beim Squash oder beim Brunch.«

Rüdiger hat heute den Eindruck, daß er sich für vieles gar nicht wirklich entschieden hat, sondern »eher fremdbestimmt war und einfach reagierte. In dem Dorf, aus dem ich komme, hatte ich nicht gerade große Möglichkeiten zur Entfaltung. Letztlich haben wir gar nicht ausprobiert, wie wir leben wollen, sondern haben den gleichen Weg eingeschlagen wie alle anderen. Bei manchen Dingen war ich mit Sicherheit auch zu feige, da habe ich ganz klar die Auseinandersetzung gescheut: mit Sonja, mit meinen Eltern und überhaupt mit meinem sozialen Umfeld.«

Dieses Leben wurde ihm bald zu eng: »Im nachhinein glaube ich, daß meine vielen Reisen in andere Länder bestimmt ein Gegengewicht zu der Enge meines Lebens sein sollten.«

Nach der Trennung zog es Rüdiger in die Großstadt, vier Jahre lang lebte er in Dortmund. Mittlerweile hat er eine feste, wenn auch eine ganz andere Vorstellung von Partnerschaft: »Heiraten kommt für mich nicht mehr in Frage. Wenn ich überlege, was für ein Ärger das war mit der Scheidung! Obwohl Sonja und ich uns in den meisten Punkten einig waren, gab es doch eine ganze Reihe von Auseinandersetzungen um gemeinsam angeschaffte Dinge. Wer kriegt das Auto, wer behält den antiken Bücherschrank? An die Ewigkeit einer Liebesbeziehung kann ich eh nicht mehr glauben. Meine nächste Freundin muß ohne Trauschein mit mir glücklich werden. Und ohne gemeinsames Schlafzimmer! Nach wie vor würde ich mit einer Partnerin zusammenziehen, allerdings ohne gemeinsames Schlafzimmer. Meiner Meinung nach zerstört das die Erotik zwischen den Partnern. Außerdem würde ich nicht jeden Urlaub gemeinsam mit meiner Partnerin verbringen wollen. Ich bin mittlerweile oft allein gereist, das hat seinen Reiz. Darauf möchte ich nicht verzichten, egal, ob ich gerade solo bin oder nicht.«

Fragen und Anregungen

Gibt es zumeist ein Ungleichgewicht in Ihren Beziehungen?
Nach wessen Nase geht es mehrheitlich? Setzen Sie sich häufig auf Kosten des anderen durch?
Haben Sie sehr genaue (und vielleicht sogar rigide) Vorstellungen von einer Beziehung?
Empfinden Sie Kompromisse innerhalb der Beziehung als Verrat an sich selbst?
Glauben Sie, daß man verachtet oder ausgenutzt wird, wenn man nachgibt?
Stehen Sie häufig in Opposition zu Ihren Partnern? Geht es dabei um grundsätzliche Dinge oder eher um Nebensächliches?
Würden Sie Ihr eigenes Beziehungsverhalten als partnerschaftlich einschätzen?

Reale Fesseln

Heike Klarbeck hatte sich zusammen mit ihrem ersten Freund Armin ein neues Auto gekauft. Nach der Trennung bestand Armin darauf, das Auto weiterhin gemeinsam zu nutzen. Er führte gute Gründe dafür an, denen Heike sich nicht verschließen mochte: Beide hatten die Hälfte bezahlt, beim Verkauf würden sie einen Verlust machen, und da Armin nur zwei Straßen weiter gezogen war, könnten sie es beide auch in Zukunft bequem nutzen. Außerdem kennen sie sich jetzt über sechs Jahre, da würde doch wohl ein Car-sharing funktionieren.

Es dauerte nicht lange, bis Heike merkte, daß es Armin gar nicht um den Wagen ging, sondern um sie. Das Auto war lediglich das Alibi, um sie immer wieder zu sehen. Armin nutzte dafür jede Gelegenheit, und ein Auto bietet dafür eine ganze Menge: Reparaturen, Absprachen, wer das Auto wann benutzen kann, wer den nächsten Ölwechsel macht und so weiter. Ein Faß ohne Boden. Zudem beschlich Heike das Gefühl, daß Armin sie bespitzelte und versuchte, sie zu kontrollieren – immer unter dem Vorwand, es gehe ihm nur um den Wagen. »Das nahm einfach überhand. Als Armin noch anfing, mich jedesmal zu fragen, wo ich mit dem Wagen denn hinwill und ob er da nicht mitkommen könne, hatte ich die Nase gestrichen voll! Ich bestand darauf, daß wir das Auto verkaufen. Und dann war Ruhe.«

Manche Beziehungen brechen auseinander – und enden doch nicht. Auch wenn die Partner sich nichts mehr zu sagen haben, bleibt oft die Verbindung zwischen ihnen bestehen: Die unterschiedlichsten Abhängigkeiten schweißen sie zusammen. Hier geht es nicht um die Verflossenen, die irgendwann zu Freunden werden. Das ist etwas anderes, Freundschaft ist keine Fessel. Hier geht es um Paare, die sich getrennt und die Beziehung trotzdem nicht beendet haben. Immer wieder schaltet sich die Vergangenheit bei ihnen ein – zum Ärger oder Schaden von einem oder beiden. Die aufrechterhaltene Verbindung verhindert die notwendige Umstellung und hält die Beteiligten in einem Schwebezustand: Einerseits sind sie Singles, andererseits gibt es noch jemanden im Hintergrund.

Manchmal hält ein Ex-Partner bewußt eine bestimmte funktionale Abhängigkeit aufrecht.[42] Oder die beiden ehemaligen

Partner haben gemeinsame Kinder, auch dann bleibt der Verflossene präsent. Gemeinsamer Besitz oder Schulden können ebenfalls aneinander fesseln. Und wenn darüber auch noch ständig mit dem Verflossenen gestritten wird, ist das nicht nur nervenaufreibend, sondern beeinträchtigt vermutlich auch die neue Beziehung. Auf jeden Fall werden die realen Fesseln oft unterschätzt, wie das Beispiel von Heike Klarbeck zeigt. Zunächst glauben viele, daß der Verflossene sich auf jeden Fall korrekt verhalten werde, was die Kinder, das Wochenendgrundstück oder gemeinsame Geldanlagen angeht. Und dann kommt nicht selten das böse Erwachen. Gerade darüber wird versucht, weiter Einfluß auf das Leben des anderen zu nehmen.

Doch es gibt auch noch die anderen Fesseln: Schuld- und Verantwortungsgefühle, die einen nicht zur Ruhe kommen lassen – zum Nachteil aller. Und wenn Freunde, Bekannte oder Eltern die neue Eroberung nicht akzeptieren und den Ex weiterhin viel sympathischer finden, kann auch das zum Problem werden.

Der Ex kommt durch die Hintertür

Klaus Beck ist 34 Jahre alt und arbeitet als Koch in einem kleinen Restaurant in Berlin. Vor zehn Jahren ist er mit seiner damaligen Freundin Heidi nach Berlin gekommen. »Wir hatten am Anfang überhaupt keine Kohle und kannten hier auch niemanden. Es war eine ganz schön harte Zeit«, erzählt er. »Das hat uns zusammengeschweißt und eine feste Verbindung geschaffen. Da kam keiner zwischen.« Sie waren noch ein Jahr lang ein richtiges Paar, dann trennte sich Heidi von Klaus – vorübergehend. Sie hatte auf einem Konzert einen Rowdy kennengelernt: »Mit dem ist sie dann mitgezogen, auf die Tournee. Das ging aber nicht gut. Drei, vier Monate später war sie zurück.« Klaus und Heidi lebten wieder zusammen wie vorher – bis sie sich in einen Australier verliebte, der auf Berlin Besuch war. Mit dem zog sie dann mehrere Wochen durch Europa. Und so weiter und so fort – seit fast zehn Jahren. »Ich bin so was wie der Heimathafen für Heidi«, erzählt Klaus. »Wenn es ihr schlecht geht, wenn sie keine Power mehr hat und Ruhe braucht, dann steht sie vor der Tür. Sie hat ja auch noch den Wohnungsschlüssel. ›Ich hab doch nur dich‹, sagt sie immer, ›die anderen zählen gar nicht.‹ Heidi hat zwei Leben: ihr aufregendes, mit Drogen, Alkohol, Parties und anderen Typen. Und ihr anderes: das Leben mit mir. Und beide kann sie nicht lange aushalten, dann muß sie wieder weg.« Er zuckt mit den Schultern: »Was soll ich machen? So ist sie nun mal.«

Ist Klaus ein Single oder nicht? »Schwer zu sagen. Auf ihre Art hängt Heidi an mir. Sie braucht mich. Aber richtig zusammen sind wir wohl nicht. Zwischendurch hatte ich auch mal andere Frauen. Doch das ging nur so lange gut, bis Heidi wieder aufgetaucht ist. Wenn ich wollte, könnte ich schon mit einer anderen zusammen sein.« Könnte er – wird er aber wohl nie, solange seine Verflossene immer mal wieder durch die (Hinter-) Tür kommt. Und er sie eintreten läßt.

Es ist kein Wunder, daß manche Menschen nicht vom Verflossenen loskommen, wenn er gar nicht verflossen, sondern Teil ihrer Gegenwart ist. Wenn die Beziehung nicht wirklich beendet wurde oder die Trennung immer mal wieder rückgängig gemacht wird. Wenn die beiden noch zusammen wohnen – mal als Liebespaar, mal als gute Freunde, mal als WG-Mitbewohner. Ein ewiges Hin und Her: Sind sie jetzt noch – oder schon wieder – zusammen? Oder nicht? Auf diese Weise bleiben die Gefühle an den Ex-Partner gebunden. So drücken sich einige vor dem Abschied, vor der Endgültigkeit oder wollen sich alle Türen offenhalten.

Zudem bleibt der Status der Beziehung im unklaren: Was für den einen eine Partnerschaft mit Unterbrechungen ist, für die bestimmte Regeln gelten – Verbindlichkeit, Treue –, kann für den anderen ein loses Verhältnis, eine unverbindliche Affäre sein, die zu nichts verpflichtet.

Fragen und Anregungen

Was verbindet Sie noch mit Ihrem Verflossenen?
Spielt er in Ihrem gegenwärtigen Leben noch eine Rolle? Welche?
Würden Sie Ihr gegenwärtiges Verhältnis als freundschaftlich bezeichnen?
Ist das Verhältnis gleichberechtigt, oder hängt der eine mehr am anderen?
Stört es Sie, wenn Ihr Verflossener einen neuen Partner hat?

Fällt es Ihnen schwer, Ihrem Verflossenen zu erzählen, wenn Sie einen neuen Partner haben?
Überlegen Sie, ob Sie sich selbst noch eine Hintertür bei dem Verflossenen offenhalten! Wenn ja: Was könnte der Grund dafür sein?
Stellen Sie sich vor, Sie dürften ab sofort keinen Kontakt mehr zu Ihrem Verflossenen haben. Was empfinden Sie bei diesem Gedanken? Macht Ihnen der Gedanke vor einer endgültigen Trennung Angst?

Sex mit dem Ex

Problematisch wird diese Art der Beziehung – oder Nicht-Beziehung –, wenn man noch ein sexuelles Verhältnis mit dem Verflossenen hat. »Es war schon verrückt«, meint Norbert Haaf kopfschüttelnd. Er ist 23 Jahre alt und studiert Betriebswirtschaftslehre in Berlin. »Als Jana mich verlassen hatte, habe ich tagelang nur geheult und bin nicht vor die Tür gegangen. Nach einer Woche kam sie vorbei, weil ich noch ein paar Sachen von ihr hatte, die sie wiederhaben wollte. Und dann ging alles ganz schnell. Plötzlich lagen wir im Bett und vögelten, und das auch noch besser als jemals zuvor. Mir hat sich der Kopf gedreht, ich war total glücklich. Jetzt wird alles wieder gut, dachte ich, Gott sei Dank! Da stand Jana auf und zog sich an. Sie stopfte ihre Sachen in eine Tüte, gab mir einen Kuß, sagte ›Tschüs, mein Lieber‹ und ging. Ich blieb auf meinem Bett sitzen und wartete darauf, daß sie zurückkommt. Das tat sie aber nicht. Sie rief auch nicht an, gar nichts. Das war offensichtlich die Abschiedsnummer.«

Der Sexualpädagoge Theo Gilbers vom *Zentrum für Familienplanung und Sexualität Balance* in Berlin-Lichtenberg[43] betont, daß der Wunsch, noch einmal Sex mit dem Verflossenen zu haben, bei Männern und Frauen recht häufig auftaucht. »Aus verschiedenen Motivationen, je nachdem, ob man verlassen wurde oder selbst die Beziehung beendet hat. Der, der gegangen ist, möchte noch einmal das alte Gefühl mit seinem Verflossenen erleben, um sich richtig trennen zu können. Der, der verlassen wurde, denkt häufig: Noch einmal Sex, und dann kommen wir wieder zusammen. Wut und Rachephantasien können aber auch dahinterstecken: Der Verlassene malt sich aus, noch einmal mit seinem Ex ins Bett zu steigen und danach sofort aufzustehen und zu gehen. Das soll die Kränkung des Verlassenwerdens zurückgeben und soll zeigen: ›Dann hau doch ab! Ich brauche dich nicht!‹.«

Solange ein Partner noch ein Ziel mit dem Sex verfolgt – »Ich will ihn wiederhaben!« –, sind Schwierigkeiten vorprogrammiert: »Zu uns kommen viele Paare, die sich eigentlich trennen wollen, aber immer wieder im Bett landen. Die Paare sitzen zwischen Baum und Borke; beide wissen nicht, ob sie jetzt wieder ein Paar sind oder nicht und wie sie sich verhalten sollen«, erzählt Theo Gilbers.

Ist es wahrscheinlich, daß ein Paar durch Sex nach der Trennung wieder zueinanderfindet? Theo Gilbers ist da skeptisch. »Das kann sein, ist aber eher unwahrscheinlich. Die wiederaufgenommene – oder nicht wirklich beendete – Beziehung hält selten lange. Durch Sex wird eine Spannung ausgetragen, die durch die Situation – nämlich die Trennung – bedingt ist. Diese Spannung allein trägt aber keine Beziehung. Deshalb ist das Paar in der Regel innerhalb kürzester Zeit wieder an dem Punkt angelangt, an dem es sich damals getrennt hat.«

Fragen und Anregungen

Stört Sie der Gedanke, daß Ihr Verflossener Sex mit einem anderen Partner hat?

Phantasieren Sie manchmal, wie es wäre, den Ex wieder als Liebhaber zu haben?

Glauben Sie, daß Ihr Verflossener daran denkt, noch einmal mit Ihnen zu schlafen? Würden Sie sich wünschen, daß er solche Gedanken hat?

Wenn Sie die damalige Beziehung beendet haben: Wollen Sie vielleicht Sex mit dem Ex, um Ihren Verflossenen nachträglich versöhnlich zu stimmen, zu beschwichtigen und besser in seiner Erinnerung dazustehen?

Ist Sex für Sie das Mittel, Ihren Verflossenen an der langen Leine zu halten?

Nehmen Sie immer dann wieder die sexuelle Beziehung zu Ihrem Verflossenen auf, wenn er sich nach einem neuen Partner umsieht?

Verhängnisvolles Samaritertum

Hans-Günther Köhling leitet eine große Schule in Rostock und ist 48 Jahre alt. Vor drei Jahren hat er seine Frau Angelika nach 23 Jahren Ehe verlassen. Zuvor hatte er Sabrina kennengelernt, zu der er gleich nach der Trennung zog. Hans-Günthers Ehe mit Angelika blieb kinderlos. Er zahlt ihr Unterhalt, außerdem ist ihr das gemeinsame Haus geblieben, in dem sie wohnt. Doch obwohl die beiden nun schon seit drei Jahren getrennt sind, haben sie einander nicht wirklich losgelassen. Aus schlechtem Gewissen und »einer Art Verantwortungsgefühl« hält Hans-Günther weiterhin kontinuierlich Kontakt zu seiner Verflossenen. Auf ihr Drängen hin ließ er sich nicht von ihr scheiden – bis heute nicht, obwohl er und auch Sabrina das eigentlich möchten. »Ich habe es bis heute nicht fertiggebracht, einen eindeutigen Schlußstrich zu ziehen«, gesteht er. »Das Problem ist: Angelika hofft immer noch, daß wir eines Tages wieder zusammenkommen. Ich weiß genau, daß das nicht der Fall sein wird. Für mich ist unsere Ehe beendet, ganz eindeutig! An der Beziehung zu Sabrina gibt es nichts zu rütteln. Doch Angelika stellt es so hin, als würde ich sie betrügen. Sie sieht sich als liebende Ehefrau, die darauf wartet, daß ihr Mann sich endlich ausgetobt hat. So ein Unsinn.«

Alle paar Tage ruft Angelika bei Hans-Günther an: entweder, um ihm die Hölle heiß zu machen und ihn zu beschimpfen oder um sich zu beklagen und ihn anzuflehen, doch endlich Schluß zu machen mit »der anderen Frau«. Ob sie den Ernst der Lage – die Endgültigkeit der Trennung – nicht verstanden hat? Nach den Gesprächen mit ihr geht es Hans-Günther jedesmal schlecht: »Ich fühle mich dann wie ein Schwein, das seine Frau betrügt. Aber dabei betrüge ich sie ja gar nicht, es ist doch schon lange Schluß.«

Dieser belastende Kontakt zu seiner Verflossenen wirkt sich natürlich problematisch auf die neue Liebe aus. Anfangs versuchte er noch, seinen Ärger zu verbergen und die Probleme mit seiner Ex-Frau mit sich allein auszumachen. Er erzählte nicht, daß sie wieder angerufen und was sie ihm dieses Mal vorgeworfen hatte. »Meine Beziehung zu Sabrina sollte von meiner Vergangenheit unbelastet sein. Ich wollte ein völlig neues Leben beginnen. Aber so funktioniert das einfach nicht.« Angelikas Anrufe, Wünsche und Klagen wurden nach und nach zu einem Gesprächsthema zwischen Sabrina und Hans-Günther.

Sein schlechtes Gewissen, seine Schuldgefühle, verhindern bis jetzt eine klare Trennung. Doch sein ewiges »Verständnis« für seine Noch-Frau Angelika führt alle drei Beteiligten in eine beklemmende Situation, in der keiner von ihnen glücklich werden kann.

Die technische Zeichnerin Karla Manke erzählt von ähnlichen Gefühlen aus ihrer ersten Ehe mit Hans. Sie hatte sich die ganze Zeit über für ihn verantwortlich gefühlt. »Hans kam alleine schlecht zurecht, er fiel immer wieder in depressive Phasen. Wenn mal was nicht so lief, wie er sich das vorstellte, griff er zur Flasche und schüttete sich zu. Dann zog er einfach die Decke über den Kopf und ging nicht mehr ans Telefon. Aus Angst vor unangenehmen Briefen und Rechnungen öffnete er seine Post nicht. Während unserer Ehe habe ich ihm das alles abgenommen und versucht, ihm den Rücken frei zu halten.«

Auch nach der Scheidung kümmerte sich Karla weiter um Hans. Sie sorgte dafür, daß er pünktlich seine Rechnungen bezahlte, und erledigte regelmäßig einen Großeinkauf für ihn, damit in seinem Kühlschrank nicht nur Flaschen standen. »Ich dachte, er geht unter, wenn ich mich nicht mehr um ihn kümmere.« Erst viele Jahre später kann sie die Beziehung in einem anderen Licht sehen: »Eigentlich war Hans eher mein Sohn als mein Mann. Und einen Sohn läßt man nicht im Stich.«

Schuld- und Verantwortungsgefühle sind Fesseln, die verhängnisvoll an die Verflossenen ketten können. Viele Männer und Frauen trauen sich nicht, einen klaren Strich zu ziehen, weil sie den anderen für zu schwach halten. Mal gilt der Ex-Partner als zu unselbständig, mal als zu verwöhnt oder auch als gesundheitlich angegriffen. Gründe finden sich genügend. Oft sind sie jedoch vorgeschoben, weil ein Stück Vergangenheit und alte Gewohnheit behalten werden soll. So kümmern sich einige noch Jahre nach der Trennung weiter um die Angelegenheiten des anderen, kommen ab und zu auf einen Kaffee vorbei, um nach dem Rechten zu sehen, und regeln aus alter Gewohnheit nebenbei die Finanzen einschließlich der Steuererklärung.

Diese Haltung hat nicht selten einen eigennützigen Hintergrund. Solange der Ex-Partner einen weiterhin braucht und von einem abhängig ist, bestätigt er die eigene Wichtigkeit: »Ich bin unentbehrlich.«

Kaum jemand wird seinem Verflossenen einen Gefallen tun, wenn er sich aus falsch verstandenem Verantwortungsgefühl um ihn kümmert. Verhängnisvolles Samaritertum behindert nicht nur die neue Beziehung, sondern meistens auch die Entwicklung des ehemaligen Partners.

Fragen und Anregungen

Gibt es noch Dinge, die Sie für Ihren Verflossenen erledigen?
Fühlen Sie sich verantwortlich für ihn?
Was glauben Sie, würde passieren, wenn Sie die Aufgaben nicht mehr übernehmen?
Glauben Sie, daß Sie Ihrem Verflossenen durch Ihr Verhalten wirklich einen Gefallen tun?
Machen Sie sich klar: Jeder Mensch hat das Recht, seine eigenen Wege zu gehen, das heißt auch, einen anderen zu verlassen.

Freunde und Familienangehörige als Hindernis

Franz Seibold und seine Familie leben – wie schon erwähnt – in einer kleinen Taunusgemeinde. In dem Dorf kennt jeder jeden, und so weiß natürlich das ganze Dorf, daß Franz vor seiner Ehe lange mit Gabi zusammen war. Und da im Dorf nicht nur jeder jeden kennt, sondern auch alle alles mitbekommen, ist ebenfalls bekannt, daß Gabi weiterhin im Haus von Franz ein- und ausgeht: »Wir sind gute Freunde«, erzählt Franz. Seine Frau Christina mag Gabi, die beiden haben ein freundschaftliches Verhältnis. Auch Gabis Freund ist zwischendurch Gast bei Franz und Christina. Dieses gute Verhältnis hatten die Paare – fast – von Anfang an. »Wir haben überhaupt keine Probleme damit, befreundet zu sein«, sagt Franz, »aber Freunde und Bekannte von uns haben damit ein Problem. Die gucken schon ziemlich komisch und fragen sich, wie das geht, daß wir alle miteinander auskommen.« Da kann es dann schon einmal passieren, daß subtiler Druck von außen ausgeübt wird, wie: »Wie konntest Du bloß damals Gabi ziehen lassen? Und jetzt hast Du auch noch weiter mit ihr Kontakt. Mal ehrlich, bereust du das nicht?«

Manchmal haben die lieben Freunde und Verwandten einige Schwierigkeiten damit, neue Partner zu akzeptieren. Freunde, Eltern und Bekannte gönnen ihnen nahestehenden Menschen natürlich Partner, mit denen sie glücklich sind. Aber: Sie sollen sich doch bitte einen aussuchen, mit dem auch sie gut auskommen!

Das soziale Umfeld kann die neuen Partner aus verschiedenen Gründen ablehnen. Vielleicht mochten sie den Verflossenen besonders gerne und sind mittlerweile mit ihm befreundet. Nicht selten findet nach einer Trennung das *große Freunde-Aufteilen* statt: Wer gehört ab jetzt zu wem, wer ist nun wessen Freund? Dabei können oder wollen manche keine Stellung beziehen, weder für den einen noch für den anderen, und lassen so die Freundschaft einschlafen.

Für die anderen ist es überaus lästig, nicht mehr beide Partner zugleich einladen zu können. Es nervt, wenn sie immer darauf achten müssen, daß sich die Getrennten nicht über den Weg laufen. Besonders in einem Freundeskreis, wo schon viele Trennungen stattgefunden haben und viele deswegen nicht mit anderen klarkommen, kann die Koordination der Einladungen in Streß ausarten. Es erinnert manchmal an die Geschichte vom Wolf, der Ziege und dem Kohlkopf, die in einem Boot über einen Fluß gerudert werden müssen, in dem leider nur Platz für zwei ist. So wird es nicht selten zu einem verzwickten Logistikproblem, wer wann wen einladen kann.

Häufig befürchten Freunde auch, daß ein neuer Partner ihnen den Freund oder die alte Freundin wegnimmt. Diese Befürchtung ist nicht ganz unrealistisch, denn genau das kann passieren. Ausgelöst durch Trennung und neue Partnerschaft verändern sich viele Frauen und Männer. Sie entdecken neue Interessen, setzen andere Schwerpunkte, probieren Neues aus und streifen im Gegenzug alte Häute ab. Das irritiert die Freunde erst mal, sie sind skeptisch: Bleibt wenigstens sonst alles so, wie es war? Oder werden sie im Zuge der Entrümpelung gleich mit entsorgt? Solche Verunsicherungen und Verlustängste sind nicht selten der Hintergrund mancher Störmanöver von seiten der Freunde.

Vielleicht schauen die Freunde aber auch skeptisch auf den Neuen, weil sie Konkurrenz wittern. Nach dem Motto: »Wieso wird der uns eigentlich vorgezogen? So toll ist der nun wirklich nicht.« Und schließlich neigen frisch Verliebte dazu, sich erst mal abzukapseln, weil sie soviel Zeit wie möglich miteinander verbringen wollen. Alte Freunde werden vernachlässigt – und sind sauer: Wer hat sich schließlich wochenlang die schrecklichen Geschichten über die Trennung angehört, war jederzeit bereit, das Taschentuch zu zücken, sich die Nächte mit Gejammer um die Ohren zu schlagen? Die alten Freunde. Und kaum ist der Kummer vorüber, profitiert ein anderer davon! Schreiende Ungerechtigkeit!

Freunde sind ein kritisches Publikum, das seine eigenen Vorstellungen davon hat, wer zu wem paßt und vor allem wer nicht. In einer Studie von Eileen Simpson wurden Paare interviewt, die sich erst in älteren Lebensjahren kennen- und liebengelernt haben. Sie fand folgendes heraus: »Interessanterweise lehnen viele Freunde die neuen Partner ab, vor allem, wenn sie auffallend anders sind als ihre ›Vorgänger‹. Sie sehen nicht, daß 20- oder 30jährige andere Qualitäten an einem Partner schätzen als 50- bis 60jährige. Meine Interviewpartner betonten, daß sie sich mit 20 nicht ihren gegenwärtigen Partner ausgesucht hätten, ebensowenig wie sie sich ihren ersten Partner mit 60 oder 70 gewählt hätten.«[44]

Vor sieben Jahren heiratete der 35jährige Hannes Krollmann, ein selbständiger Schreiner, die gleichaltrige Stefanie. Vor drei Jahren verließ er sie wieder und lebt seitdem mit der – viel jüngeren – Nina zusammen. Er kennt seitdem den Streß und die Unruhe, die eine Trennung in den Freundeskreis bringen. Die schärfste Kritik an ihm kam von befreundeten Paaren, die schon lange verheiratet waren. Die Reaktionen waren viel heftiger und negativer, als Hannes erwartet hatte. »Vor allem fanden sie es absolut unmöglich, daß ich mich wegen einer soviel jüngeren Frau von Stefanie getrennt haben. Damit habe ich offensichtlich gegen ein ungeschriebenes Gesetz verstoßen.« Hannes erlebte strenge Ablehnung – und große Neugierde. »Die Freunde, die mein Verhalten am schärfsten kritisierten, wollten gleichzeitig auch am meisten wissen über mein neues Leben mit Nina. Irgendwie denke ich, sie müssen meine Entscheidung so bekämpfen, weil ich etwas gemacht habe, was sie sich selbst manchmal wünschen: sich trennen und mit jemandem anderen, jüngeren, neu anfangen. Da lebt jemand etwas vor ihrer Nase und zeigt damit, daß es geht. Daß es keine Phantasie bleiben muß.«

Manchmal bleiben aber auch Freundschaften nach einer Trennung auf der Strecke, weil sich eine Frau oder ein Mann bewußt von dem alten Freundeskreis abkapselt. Mitunter symbolisieren nämlich gerade die Freunde stark die gemeinsame Vergangenheit mit dem Verflossenen und lassen sie immer wieder von neuem auferstehen. Sie stehen dann für ein Leben, von dem sie sich distanzieren möchten oder von dem sie sich schon längst verabschiedet haben.

So kann es zu äußerst unangenehmen Situationen kommen. Heike Klarbeck erzählt zum Beispiel von einer Geburtstagsfeier ihrer Freundin: »Ich fuhr nach der Arbeit nichtsahnend zu Petra. Als ich in ihr Wohnzimmer kam, saß Armin auf dem Sofa. Sie würde nur im kleinen Kreis feiern, hatte mir Petra vorher gesagt. Nur die Freunde. Und dann hatte sie auch Armin eingeladen – ich hätte schreien können! Alle grinsten mich an. Am liebsten wäre ich sofort wieder gegangen. Ich kam mir total ausgetrickst vor.«

Daß alte Freunde Verflossene gemeinsam auf ein Fest einladen und womöglich versuchen zu kuppeln, ist nicht die Regel, aber auch keine Seltenheit. Schließlich haben Freunde und Verwandte ja nicht selten ein legitimes Interesse daran. Aber egal, ob aus Sorge, falsch verstandener Hilfe oder purer Sympathie für den Verflossenen, die manipulativen Versuche, Freunden den abgelegten Ex-Partner durch die Hintertür ins Leben zurückzuschicken, bedeuten vielfach, den anderen nicht in seiner Entscheidung – der Trennung – zu respektieren.

Fragen und Anregungen

Haben Sie den Eindruck, daß Sie sich zwischen Partner und Freundeskreis entscheiden müssen?

Können Ihre Freunde Sie konkret beeinflussen? Wie würden Sie reagieren, wenn Ihr Freundeskreis Ihren neuen Partner nicht akzeptiert?

Empfinden Ihre Freunde Ihren neuen Partner als Konkurrenten? Haben sie recht damit?

Machen Sie deutlich, daß Ihr neuer Partner zu Ihnen gehört und Sie deshalb erwarten, daß er akzeptiert wird!

Vernachlässigen Sie Ihre Freunde nicht, auch wenn Sie gerade im siebten Himmel schweben!

Kinder und finanzielle Zwänge

Horst Plenz ist 46 Jahre alt, ihm gehört eine Fahrschule im Südosten von Berlin. Als seine Frau Inge vor drei Jahren ihre Koffer packte und ging, hat sie nicht nur ihn verlassen, sondern auch die beiden schulpflichtigen Söhne. »Wir haben zwei Jahre zu dritt zusammengelebt, bis Inge plötzlich wieder auftauchte und die beiden zu sich nehmen wollte. Aber dagegen habe ich mich gewehrt, denn wir lebten inzwischen gut zusammen.

Doch am Anfang war das alles für mich die Hölle. Die Trennung, die Unsicherheit, das war schon schlimm genug. Aber plötzlich war ich auch ganz allein verantwortlich für die beiden Jungs. Ich mußte zig Dinge gleichzeitig auf die Reihe kriegen: Fahrschule, Einkaufen, Kochen, Wäsche – einfach alles. Es ging ja nicht anders. Andererseits habe ich mich dadurch schnell wieder gefangen. Ich konnte gar nicht in ein tiefes Loch fallen nach der Trennung. Die Kinder mußten ja versorgt werden.«

Horst mußte sich erst vieles mühsam aneignen. Während der Ehe hatte er sich weder um den Haushalt noch um die alltäglichen Probleme der Jungs gekümmert: »Bei uns war das klar getrennt, wer wofür zuständig ist. Anfangs war ich in sehr vielen Dingen hilflos, ganz klar. Ich wußte noch nicht mal, wie man die Waschmaschine bedient, das hat mir der Große gezeigt. Ich hatte keinen Schimmer, wo die Sommersachen liegen. Oder wie die beiden Klassenlehrerinnen der Jungs heißen. Da rief zum Beispiel mal eine Frau an und wollte etwas wegen einer Klassenfahrt wissen. Und ich wußte noch nicht mal was davon. Oder Impfungen, auch so ein Thema. Was wußte ich denn, wie viele und welche Impfungen die Kinder kriegen und wer sich darum kümmert.« Das größte Problem für Horst aber war Inge selbst. Nach und nach begann sie sich von außen in das Zusammenleben von Horst und den Kindern einzumischen. »Inge wollte unbedingt, daß die beiden zu ihr ziehen. Alles mögliche versprach sie den Jungs: neue Fahrräder, einen CD-Player und für jeden ein eigenes Zimmer. Doch die beiden wollten bei mir bleiben. Da fing Inge an, mich hintenrum bei den Verwandten und in der Schule bei den Lehrern schlechtzumachen, nach dem Motto: Ein Mann kann sich doch nicht richtig um die Kinder kümmern. Kinder gehören zu ihrer Mutter. Das war eine verdammt anstrengende Zeit.«

Es ist ungleich schwerer, mit der vorigen Beziehung abzuschließen, wenn es gemeinsame Kinder gibt. Allein ihre Präsenz führt einem den Verflossenen täglich indirekt vor Augen. Ist man auch noch gemeinsam für die Kinderbetreuung verantwortlich, wird es noch schwerer, einen klaren Schnitt zu machen. Ob bei Schulfesten, Geburtstagen oder Examensfeiern – immer wieder werden sich die Verflossenen über den Weg laufen und Absprachen treffen müssen.

Bevor das neue Kindschaftsrecht 1998 in Kraft trat, wurde das Sorgerecht für die gemeinsamen Kinder in der Regel den Frauen zugesprochen – eine Fessel für Männer. Diejenigen, die ihre Vaterrolle ernst nahmen, waren häufig dem Wohlwollen ihrer Ex-Frauen ausgeliefert. Diese saßen am längeren Hebel, die gemeinsamen Kinder konnten als Waffe gegen den Verflossenen eingesetzt werden.

Die entscheidende Fessel für Frauen ist nach einer Trennung häufig das Geld: Wenn sie von ihrem Mann finanziell abhängig waren, sind sie auf Unterhaltszahlungen angewiesen. Dies kann dann zur Waffe der Männer werden. Materielle Unabhängigkeit erleichtert daher eine Trennung. Herma Michelsen, die Leiterin der *Erziehungs- und Familienberatungsstelle Charlottenburg*, stellt immer wieder fest, daß Frauen in materiellen Dingen immer noch sehr »naiv« sind. Die Beziehung steht bei vielen Frauen so sehr im Vordergrund, daß an finanzielle Absicherung kaum gedacht wird.

Sie schildert die Geschichte von einer Klientin, die sich fest vorgenommen hatte, nie wieder zu heiraten. Ihre erste Ehe zerbrach sehr früh, die Scheidung war für sie äußerst schmerzhaft. Anschließend lebte sie mit einem zweiten Mann mehr als 20 Jahre lang zusammen – auf ihren Wunsch ohne Trauschein. Sie übernahm die üblichen Aufgaben – Haushalt und Kinderversorgung – und verdiente dabei natürlich kein Geld, während ihr Freund sehr gut verdiente. Die Folge: Nach 20 Jahren Arbeit hat sie keinen Anspruch auf Altersvorsorge. »Ich habe mich bei manchen Frauen schon häufig gefragt: ›Warum verläßt sie ihren Mann nicht, wenn es ihr in der Beziehung so schlecht geht? Warum macht sie das noch mit, anstatt sich zu trennen?‹«, berichtet Herma Michelsen. »Und dann stellt man fest: Das Geld ist der Grund, es hält die Frauen fest.«

Die materielle Abhängigkeit spielt für viele Frauen eine entscheidende Rolle. Auch nach der Trennung wollen sie verständlicherweise ihren Lebensstandard behalten. Aber die meisten wissen weder, ob sie einen geeigneten Job finden werden, noch ist es problemlos, eine geeignete und finanzierbare Betreuung für die Kinder zu organisieren. Und nur zirka ein Drittel aller geschiedenen Frauen erhält finanzielle Unterstützung vom ehemaligen Partner. Etwa die Hälfte der Väter zum Beispiel zahlen langfristig keinen Unterhalt für ihre Kinder.[45]

Wenn Verflossene weiterhin gemeinsam im gleichen Haus leben oder sich die Pflege des gemeinsamen Gartens oder Hundes teilen, wenn sie immer noch in der gleichen Firma arbeiten, gemeinsame Schulden abzahlen, dann ist es für beide enorm schwer, mit der Vergangenheit abzuschließen. Klare Trennungen können da helfen. Ist der gemeinsame Garten wirklich so wichtig? Wäre es nicht besser, endlich eine eigene Wohnung zu beziehen? Doch so einfach das klingt, es fällt vielen sehr schwer, sich aus den gewohnten Bahnen zu lösen. Und doch gibt es für die meisten kaum eine Alternative, um sich wirklich von dem alten Leben zu befreien.

Fragen und Anregungen

Welche konkreten Abhängigkeiten bestehen noch zwischen Ihnen und Ihrem Verflossenen?
Nutzen Sie die Abhängigkeit Ihres Verflossenen manchmal aus?
Oder umgekehrt: Hält Ihr Ex Sie an der langen Leine?
Prüfen Sie genau, von welchen realen Abhängigkeiten Sie sich am ehesten lösen können!
Holen Sie sich bei Bedarf Rat von Experten (Rechtsanwälte, Notare, Schuldnerberatungen etc.).

Mentale Fesseln

Sechs Jahre dauerte die Beziehung von Heike Klarbeck und Armin. In den letzten Monaten vor der Trennung häuften sich die Mißverständnisse und Streits. Beide gingen sich möglichst aus dem Weg, denn sobald sie aufeinandertrafen, ließ der nächste Krach nicht lange auf sich warten. Die Luft war raus aus der Beziehung. Es war nur noch eine Frage der Zeit, wann einer der beiden genug Mut aufbringen und die Trennung aussprechen würde. Zu diesem Zeitpunkt ging Heike bereits wieder auf Partnersuche: »Als es zwischen Armin und mir immer schlimmer wurde, habe ich angefangen, mich nach einem anderen Mann umzuschauen. Ich hatte nicht vor, Armin zu betrügen, und habe keinen Mann für eine Affäre gesucht, sondern eher einen Nachfolger für Armin. Ich habe die Männer in meiner Umgebung daraufhin angeschaut: Wer kommt in Frage? Wer gefällt mir? Wie reagieren sie auf mich?« Als Heike dann Michael kennenlernte, erzählte sie ihm, daß sie noch mit einem Mann zusammenwohnt, mit dem die Beziehung aber schon in die Brüche gegangen sei. Erst als sie sicher war, daß Michael mit ihr zusammensein wollte, verließ sie Armin.

Wenn Männer und Frauen unzufrieden in der Beziehung sind, passiert es leicht, daß sie sich in jemand anderen verlieben. Die Vorstellung ist verlockend: Auf einen Schlag sind die Probleme der Beziehung weg, und alle Last ist abgeschüttelt; alles Schwere läßt man hinter sich und startet verliebt und beschwingt mit einem neuen Partner Richtung siebter Himmel. Durch eine neue Beziehung wird auch versucht, dem Schmerz und der Trauer, die unweigerlich einer Trennung folgen, auszuweichen oder vorzubeugen. Sofort soll die Lücke gefüllt werden, die der ehemalige Partner hinterlassen hat.

Manche Männer und Frauen aber suchen nach der Trennung nicht irgendeinen neuen Partner, sondern einen Doppelgänger des Verflossenen. Ein möglichst ähnlicher Partner gestattet ihnen die Illusion, daß gar keine Trennung stattgefunden hat. Das ist äußerst praktisch, denn es erspart das Trauern. Häufig wird ihnen gar nicht bewußt, daß sie einen Zwilling des Verflossenen gefunden haben. Erst wenn Freunde über die Partnerwahl lächeln und entsprechende Andeutungen machen, fällt der Groschen – oder auch nicht. Die Autorin Regina Hamburger hat dieses Muster treffend in ihrem Buch »Wenn die Liebe geht« beschrieben: »Seltsamerweise ist der Mensch, von dem wir glauben, er sei uns ganz neu und auf noch nie dagewesene Art begegnet, häufig eine Variante unseres Noch-Partners. Die Ähnlichkeiten müssen dabei nicht groß sein; es kann sich um äußere Entsprechungen handeln, um einen ähnlichen ›Typ‹ von Mann oder Frau, es können auch gewisse Züge im Verhalten sein. Es ist, als werde unsere alte Beziehungsphantasie wiederbelebt.«[46]

Und wenn der Neue dem Verflossenen nicht ähnelt? Kein Problem! Dann wird er eben passend gemacht. Sprich: Am neuen Partner wird so lange herumgebastelt, bis er vom Original möglichst kaum mehr zu unterscheiden ist. Auch das ist eine Version, zu leugnen, daß überhaupt eine Trennung stattgefunden hat.

Last, but not least: Der Verflossene bleibt der ewige Maßstab. Jeder neue Partner kann sich bemühen, wie er will: In Gedanken bleiben nicht wenige ihrem Verflossenen treu und machen ihn zum Maß aller Dinge. Pech für den Neuen: Er bleibt zweite Wahl. Jede dieser Varianten kann zur Falle werden.

Das Double: Alten Mustern verhaftet

Stefan Krug hat gerade die Freundin seines Vaters kennengelernt. Der 37jährige Verlagsangestellte aus Lübeck kann es nicht fassen: »Sie ist haargenau der gleiche Typ Frau wie meine Mutter!« Das Spannende daran: Stefans Vater hatte seiner Mutter während ihrer langen Ehe immer wieder deutlich zu verstehen gegeben, daß er sie äußerlich alles andere als attraktiv findet. Stefans Mutter hatte über Jahrzehnte unter dem Komplex gelitten, für ihren Mann nicht attraktiv zu sein. »Außerdem hatte mein Vater ständig Affären neben der Ehe. Das wußten alle bei uns im Ort. Auch meine Mutter. Für sie war die Sache ganz klar: Er hat was mit anderen Frauen, weil sie nicht sein Typ ist.« Irgendwann ging es nicht mehr. Die Eltern von Stefan ließen sich scheiden. Zu diesem Zeitpunkt hatte Stefans Vater schon eine feste Freundin, zu der er auch gleich zog. Und die sollte Stefan jetzt kennenlernen: »Ich weiß nicht, wie ich mir diese Frau vorgestellt habe. Aber auf jeden Fall ganz anders als meine Mutter.« Als er sie jedoch zum ersten Mal sah, bekam er den Mund nicht mehr zu. Vor ihm stand ein Double seiner Mutter: klein, blond, mollig. Stefan und seine Geschwister, die Verwandtschaft und die Nachbarn – niemand konnte es fassen, daß der Vater wieder das gleiche Modell gewählt hatte, das er doch eigentlich gar nicht attraktiv fand.

Dabei ist es nicht ungewöhnlich, die Neuauflage des alten Partners zu wählen – ob äußerlich oder innerlich. Das kann extreme Formen annehmen. Die (Ex-)Frauen des Regisseurs John Derek beispielsweise – Bo Derek, Linda Evans, Ursula Andress –

könnten optisch Schwestern sein. Das gleiche Phänomen beim Filmschauspieler und Regisseur Roger Vadim. Zunächst war er mit der damals 17jährigen Brigitte Bardot verheiratet, dann mit der Dänin Annette Stroyberg, die 16 Jahre alt war, als sie ihn traf, und schließlich mit Catherine Deneuve, die ebenfalls 16 Jahre alt war, als sie sich kennenlernten. Und schließlich Jane Fonda. Immer der gleiche kindlich wirkende Typus Frau: gleiche Figur, gleiche Konturen, lange blonde Haare![47]

Diese Art der geklonten Partnerwahl bezieht sich nicht nur auf das Aussehen. Vielmehr bleiben solche Männer und Frauen konsequent beim gleichen Typus – auch wenn sie schon einmal (oder mehrmals) damit auf die Nase gefallen sind. Es ist wie die Neuauflage eines alten Traumes: Mit so einem Wesen muß ich einfach zusammensein! Einmal muß es doch gutgehen!

Der Psychologe Horst Meyerhoff untersuchte in den frühen sechziger Jahren die Übereinstimmungen und Abweichungen der Partnerwahl bei 245 wiederverheirateten Frauen. Er wollte wissen, ob der zweite Mann, den eine Frau wählt, ihrem ersten ähnelt. Er stellte auffallende Ähnlichkeiten fest: Sozialer Status, Alter, Kopf- und Gesichtskonturen, Frisur und selbst die Formen des Haaransatzes wiesen deutliche Übereinstimmungen auf. »Aber nicht nur Einzelmerkmale stimmen überein, eine ganze Reihe von Ganzkörperaufnahmen verrät, daß die Körpergestalt als Ganzes wiederkehrt in der Wahl des zweiten Partners.« Meyerhoff spricht von »Doppelwahl«. Er geht davon aus, »daß die Wahl von bestimmten Wunschbildern gelenkt wurde und der Zufall damit auf ein Minimum reduziert worden sei«.[48] Offensichtlich wählen und lieben die meisten Frauen und Männer das Bekannte und Vertraute, das, was sie in der Kindheit an Einflüssen erfahren haben.[49]

Gesine Papenberg kennt ein solches Verhalten aus ihrer Familie. Sie ist 29 Jahre alt und macht gerade ihr Referendariat in Sport und Biologie an einem Trierer Gymnasium. Gesine erzählt von ihrem acht Jahre älteren Bruder Fabian: »Er stritt sich jahrelang mit seiner Frau Karin. Beziehungsweise: Karin stritt mit ihm.« Gesines Ex-Schwägerin, ein Energiebündel, redete viel und laut, hatte keine Angst vor Streit und diskutierte ihr Gegenüber auch schon mal in Grund und Boden. »Fabian war oft total genervt von ihr. Er fühlte sich bevormundet, beherrscht und in die Ecke gedrängt.« Nach einigen Jahren verliebte sich Fabian in eine andere Frau und trennte sich von Karin. »Ich war natürlich sehr neugierig, was für eine Frau die Neue ist. Irgendwie hatte ich das genaue Gegenteil von Karin erwartet: ein sanftes, stilles Wesen, das zumindest nicht die Eigenschaften besitzt, die Fabian an Karin nicht mehr ertragen konnte.« Dann kam der Tag des Antrittsbesuches von Fabian und Cornelia. Gesine hatte sie zum Kaffeetrinken eingeladen. »Die Wohnungstür flog auf, eine Frau stürmt in meine Wohnung und sagt: ›Hallo, ich bin Cornelia, wo ist denn hier die Küche? Wir haben Kuchen mitgebracht! Wo kann ich den abstellen? Fabian, kommst du? Wo bleibst du denn?‹ Und das alles in einem Affenzahn. Und mein Bruder dackelte hinterher. Ich habe mich fast nicht mehr eingekriegt vor Lachen. Von wegen ein scheues Wesen, das Karin ganz unähnlich ist. Sie könnten Zwillingsschwestern sein.« Später fragte Fabian Gesine, was sie von seiner neuen Freundin hält. Als sie ihm sagte, wie überrascht sie sei, daß Cornelia seiner Ex-Frau so ähnlich ist, wußte er gar nicht, wovon sie sprach. »Aber sie sind doch ganz verschieden«, meinte er. Für Gesine bleibt es ein Rätsel: »Bis heute sieht Fabian keine Ähnlichkeiten zwischen den Frauen, obwohl er wieder das gleiche Leben führt wie während seiner Ehe mit Karin!«

Für viele scheint es äußerst schwierig zu sein, die Ähnlichkeit eines neuen Partners mit dem Verflossenen selbst zu bemerken. Keiner der Interviewpartner berichtete davon, selbst mal eine Art Klon gehabt zu haben. Aber interessanterweise kannten viele einen Freund, Kollegen oder Verwandten mit einem geklonten Double.

Fragen und Anregungen

Haben Sie sich auf einen bestimmten Typus Mann oder Frau festgelegt?

Können Sie sagen, was genau Sie an diesem Typus anzieht?

Was symbolisiert er für Sie? Sicherheit, Schönheit, Erotik, Erfolg, Sanftheit, Kraft, Klugheit, Verständnis?

Legen Sie die Photos Ihrer Verflossenen nebeneinander! Entdecken Sie Ähnlichkeiten?

Betrachten Sie die Bilder zusammen mit einem Freund oder einer Freundin! Nur Mut: Fragen Sie nach deren Eindruck!

Nennen Sie jeweils drei wichtige charakterliche Eigenschaften

Ihrer Verflossenen. Tauchen zufällig immer wieder die gleichen auf?
Wenn es mit diesem Typus mehrmals schiefgegangen ist, was hindert Sie daran, einen anderen auszuprobieren?

Wenn der neue Partner ein Abbild des Verflossenen werden soll

»Schon in den ersten Wochen ging es los, daß Henri mich verändern wollte. Stilistisch verbessern nannte er das,« erzählt Marianne Altenbek, die 54jährige Fachhochschullehrerin aus Stuttgart. Marianne ist eher ein sportlicher Typ. Schon als Teenager hat sie lieber Hosen getragen als Röcke. Sie glaubt, daß sie es an einer Hand abzählen kann, wie oft sie in den letzten Jahren einen Rock oder ein Kleid angezogen hat. Ihr Freund Henri mochte es nicht, wie Marianne sich anzog. Er schwärmte für elegant gekleidete Frauen. Und so schenkte er ihr lange Seidennachthemden, verschiedene Schals aus Brokat oder Samt, Broschen, elegante Blusen, zwei lange Kleider. »Wirklich schöne Sachen. Sehr geschmackvoll«, erinnert sich Marianne, »aber leider nichts für mich. Henri versuchte mich immer zu überreden, mir die Haare hochzustecken. Das gefiel ihm bei Frauen besonders gut. Aber bei meinen Haaren ... Ich sah unmöglich damit aus.«

Natürlich wollte Marianne ihrem Freund gefallen. Aber Komplimente und das Gefühl, daß sie attraktiv für ihn ist, gab es nicht ohne Vorleistung, sondern nur, wenn sie versuchte, seinem Geschmack zu entsprechen. »Manchmal habe ich ihm den Gefallen getan und die Klamotten angezogen. Aber ich habe mich darin nie wohlgefühlt, sondern immer verkleidet.«

Und dann fand Marianne ein Photo in Henris Wohnung, von einer Frau. Es war eine große schlanke Frau mit hochgesteckten Haaren, in einem langen, sehr eleganten Kleid. »Ich dachte: ›Genau, das ist es, was ihm gefällt, so hätte er mich gerne!‹ Und ich wußte sofort, daß die Frau auf dem Photo Isabella sein mußte, seine Verflossene.« Sie war es natürlich auch.

Es ist keine Seltenheit, daß ein Partner versucht, den anderen merklich zu verändern und umzumodeln. Theo Gilbers erzählt aus seiner Praxis: »Die Kleidungsfrage ist nur ein Beispiel dafür, wie der eine versucht, den anderen zu ändern. Wenn man nach der ersten Verliebtheit merkt, daß der Partner gar nicht so ist, wie man ihn gerne hätte, dann geht es los mit dem Ummodeln! Man schenkt ihm permanent etwas, was man gerne an ihm sehen möchte, oder will, daß er es trägt. Jedes Geschenk ist ein Hinweis darauf, wie der Partner sich ändern sollte. Und wenn er das, was man ihm geschenkt hat, nicht anzieht oder annimmt, reagiert man sauer. Dann merkt der Partner gleich, wo's langgeht. Mit Verhaltensweisen kann man natürlich das gleiche Spiel treiben.«

Was heißt das? Manche Frauen und Männer verteilen *Bonbons*, wenn sie zufrieden mit dem Verhalten des Partners sind, sprich: Komplimente, ein Lächeln, ein Lob. Aber wehe, er wagt es und legt Eigenschaften an den Tag, die sie nicht leiden können. Zur Strafe bekommen nicht wenige schlechte Laune, brechen schnell einen Streit vom Zaun oder lassen kurzerhand seine Lieblingstasse fallen.

Daß Menschen versuchen, ihren Partner umzugestalten, erlebt auch der Paartherapeut H.-J. Niemann in seiner Arbeit immer wieder: »Manche Menschen nehmen sich einen Partner und beginnen, ihn langsam umzuformen. Nicht immer steckt dahinter explizit die Absicht, ihn dem Verflossenen anzupassen.«

Solche Modellierungsversuche werden auf den verschiedensten Ebenen gestartet. Da schenkt einer plötzlich seiner neuen Freundin ein Abonnement des »Spiegel«, obwohl ihre Interessen im künstlerischen Bereich liegen. Da bekommt ein anderer von seiner Freundin elegante Hemden und einen grauen Anzug geschenkt, obwohl er sich seit Jahren weigert, auch nur eine Krawatte umzubinden. Wenn Verhaltensweisen antrainiert, Lebensentwürfe schlechtgemacht oder subtil umgearbeitet werden, können das erste gefährliche Anzeichen dafür sein, daß der Partner versucht, den anderen nach einem anderen Vorbild zu gestalten.

Beim Modellieren sind der Phantasie offensichtlich keine Grenzen gesetzt, wie ein Erlebnis von Stefan Krug zeigt. Der 37jährige Vertriebsfachmann arbeitet in einem Verlag; seine freie Zeit verbringt er am liebsten mit Büchern – sitzend, liegend oder an sein Stehpult gelehnt. Selbst wenn man ihn im Sommer zum Schwimmen oder Bootfahren mitnehmen will, zitiert er Churchills: »No sports!«. Doch das hielt seine Verflossene Frauke nicht davon ab, ihn mit Joggingschuhen, Hanteln und einem Gutschein für einen Anfänger-Fitneßkurs zu beglücken – zum Ärger von Stefan und zum großen Amüsement seiner Freunde.

»Frauke schwärmte mir immer vor, wie toll ich in wenigen Wochen aussehen würde. Ich hätte genau die richtigen Voraussetzungen dafür. Außerdem müßte ich langsam mal anfangen, was für meinen Körper zu tun, schließlich würde ich auch nicht jünger.« Erst viel später erfuhr Stefan, was Frauke dazu motiviert haben könnte, aus ihm – einem völlig ungeeigneten Objekt – einen Fitneß-Enthusiasten zu formen: »Ihr Verflossener war Vize-Landesmeister im Squash und hatte einen glänzend durchtrainierten Körper. Das gefiel ihr wohl sehr gut.«

Wenn sich das Heimchen am Herd in eine durchgestylte Karrierefrau verwandeln soll oder umgekehrt, wenn der sanfte Intellektuelle zum knallharten Geschäftsmann mutieren soll – das kann nichts werden! Doch anstatt zu begreifen, daß der Partner nie dem Bild entsprechen wird, das der andere von ihm entwirft, überwiegt oft die Enttäuschung. Direkt oder indirekt wird der Partner angeklagt: »Warum bist du nicht so, wie ich dich haben will?«

Hier sollte sich der Angeklagte erst einmal vergewissern, ob der andere wirklich diese Ansprüche an ihn stellt: Will mich mein Freund wirklich ummodeln? Oder langweilt er sich nur beim Joggen und will deshalb, daß ich mit ihm laufe? Die vermuteten Ansprüche sollten als Frage formuliert werden: »Kann es sein, daß es dir gefallen würde, wenn ich sportlicher wäre?« Ob man sich dem anderen zuliebe ändert oder sich dagegen verwahrt, diese Entscheidung kann nicht vom anderen erzwungen werden. Aber zuerst muß das Problem, der Sachverhalt ausgesprochen werden.

Das Vorbild aller Modellierer ist Pygmalion, der mythische Bildhauer und König Zyperns. Sein Meisterwerk, eine wundervolle elfenbeinerne Statue einer Frau, war ihm so gelungen, daß er sich unsterblich in sie verliebte. Er küßte, wärmte und umarmte die Statue so lange, bis die Liebesgöttin Aphrodite schließlich Erbarmen mit Pygmalion hatte und der Statue Leben einhauchte. Das sich an diesen Mythos anlehnende gleichnamige Stück von George Bernard Shaw »Pygmalion« wurde als Musical »My Fair Lady« weltberühmt. In diesem Stück wird ein einfaches Blumenmädchen in eine vornehme Dame umgemodelt, und zwar allein dadurch, daß man sie konsequent wie eine Dame behandelt.[50]

Und das ist der entscheidende Trick: Bestimmte Erwartungshaltungen setzen tatsächlich Prozesse in Gang, die genau das Verhalten erzeugen, was man von Anfang an erwartet hat.[51] Wird daher ein Mensch konsequent und lange genug wie eine Lady oder ein Gentleman behandelt – oder wie der letzte Depp oder die stinklangweilige Tranfunzel –, verhält er sich auch irgendwann so.

Fragen und Anregungen

Haben Sie konkrete Vorstellungen davon, wie Ihr Partner sein müßte, um Ihnen besser zu gefallen?

Haben Sie schon mal Versuche gestartet, Ihren Partner in eine bestimmte (Stil-)Richtung zu drängen?

Überlegen Sie, was Sie Ihrem Partner geschenkt haben. Trafen die Geschenke seinen Geschmack – oder paßten sie eigentlich besser zu jemand anderem?

Notieren Sie in Stichworten, welcher Typus Mann beziehungsweise Frau Ihnen am besten gefällt! Beschreiben Sie Ihren aktuellen Partner.

Wie wollen Sie mit den Unterschieden umgehen?

Der ewige Maßstab: Verklären des Verflossenen

Rainer Lüdemann ist 42 Jahre alt und lebt als Programmierer in Berlin. Er hatte seine Verflossene Marion eine Ewigkeit nicht mehr gesehen. Sie ist vor Jahren aus Berlin weggezogen. Das letzte, was er von ihr hörte, war die knappe Mitteilung, daß sie heiraten wird. Das erste Treffen mit ihr nach langer Zeit wurde aber zum Prüfstein für seine jetzige Beziehung zu Katharina, denn Marion war für Rainer nicht nur die erste, sondern überhaupt die Frau seines Lebens: »Sie geisterte mir jahrelang durch den Kopf und blieb mein Ideal. Unsere gemeinsame Zeit war einfach die Traumbeziehung an sich.«

Nervös wartete er auf den Tag des Wiedersehens. Nach anfänglicher Befangenheit redeten Marion und Rainer lange miteinander, auch über ihre damalige Beziehung. Zu Rainers großem Erstaunen hatte Marion die gemeinsame Zeit vollkommen anders wahrgenommen als er. Sie erinnerte sich vor allem an die weniger schönen Seiten. Im nachhinein fällt ihm auf: »Jeden Streit, jede Mißstimmung hatte ich total ausgeblendet. Auch daß mich ihr viel zu lautes Lachen schon damals furchtbar nervte, fiel mir erst beim Wiedersehen wieder auf.« Für Rainer haben sich die Schatten mittlerweile verflüchtigt. Die erneute Begegnung mit Marion korrigierte das Bild von seiner Idealbeziehung. Heute ist ihm klar: »Marion war ein wichtiger Mensch in meinem Leben. Heute ist es Katharina.« Rainer hat es geschafft.

Doch viele Männer und Frauen, die schon mal mit einem (scheinbar) idealen Partner zusammengewesen sind, können sich nur schwer auf das Normalmaß zurückbegeben. Wer reicht schon heran an die perfekte Frau oder den tollsten aller Männer? Niemand! Jeder Neue wird so automatisch zur zweiten Wahl. Eine gefährliche Falle.

Wenn eine Trennung nicht auch innerlich ganz vollzogen wird, ist es problematisch, sich auf eine neue Partnerschaft einzulassen. Alles, was früher gewünscht und erträumt wurde, wird nachträglich in die verflossene Beziehung projiziert, bis sie aus der Rückschau perfekt geworden ist. Auch Rainer hatte lange Jahre die Meßlatte hoch gelegt, zu hoch: Dagegen konnte zunächst keine neue Partnerschaft mit ihren Schwächen und Alltäglichkeiten konkurrieren, nichts kam an seine große Liebe heran. Schließlich hatte er die ideale Frau bereits kennengelernt und die perfekte Beziehung gelebt – alles andere und alle anderen blieben zwangsläufig zweite Wahl. Erst die erneute Begegnung mit Marion konnte sein Bild revidieren.

Nicht selten geben Männer und Frauen dem neuen Partner gegenüber nebenbei zu verstehen, daß sie eigentlich etwas Besseres verdient hätten. Schließlich könnten sie ein Traumwesen haben, wie es die Verflossene war. »Sei zufrieden, daß ich mich mit dir abgebe«, könnte die Haltung übersetzt werden. Was für ein Druckmittel! »Du bist zweite Wahl« – das verunsichert den Partner und wertet ihn von vornherein ab.

Wenn niemand gut genug ist, um dem Verflossenen auch nur das Wasser zu reichen, verhindert diese Haltung das wirkliche Einlassen auf eine neue Partnerschaft. Denn was ist die Folge? Auf der Suche nach dem Idealwesen lernen diese Männer und Frauen irgendwann eine Frau oder einen Mann kennen, der ihrer Idealvorstellung – scheinbar – entspricht. Sie verlieben sich. Endlich haben sie wieder einen Traummann oder eine Traumfrau gefunden. Doch dann kommt, was kommen muß: Das Traumwesen entpuppt sich als Normalsterblicher. Sie entdekken Schwächen an ihm, sogar Fehler.

Dieser Prozeß der Desillusionierung, der in jeder Partnerschaft auf die rosarote Periode folgt, wird hier zum besonderen Drama. Sobald sie festgestellt haben, daß der Angebetete nicht zum Volk der Fabelwesen gehört, wird sich schnell entliebt. Zurück bleibt zumeist tiefe Enttäuschung. Und da es bei jedem Menschen früher oder später Schwächen zu entdecken gibt, funktioniert der bewährte Mechanismus Verherrlichen – Verlieben – Enttäuscht sein – Trennung jedes Mal aufs neue.

Solche Idealisierungen sind ein überaus zweischneidiges Schwert. Zwar wirken sie vorübergehend schmeichelnd, zugleich aber machen sie blind gegenüber der Tatsache, daß die Beziehung letztendlich scheitern muß. Und für die idealisierte Person ist der Spaß schnell vorbei: Es ist unmöglich, auf einem Podest zu leben. Ein Ideal besitzt keinen noch so kleinen Spielraum, um Fehler machen zu dürfen.

Die Psychotherapeutin Susan Forward beschreibt dies in ihrem Buch »Liebe als Leid«: »Wenn sie schlechte Laune hat oder sich auf eine Weise verhält, die ihm mißfällt, betrachtet er das als Zeichen für ihre Unzulänglichkeit. Er hat sich eine Göttin zugelegt, und sie entspricht nicht seiner Erwartung. Seine Verachtung und Desillusionierung sind Grund genug, ihr keine Liebe mehr entgegenzubringen und sie zu kritisieren, zu beschuldigen und ihr Vorwürfe zu machen.«[52]

Ein Nebeneffekt dieser Idealisierungen besteht darin, daß viele sich selbst kleiner machen, wenn sie den verflossenen Partner anbeten, à la: »Er ging nur, weil ich nicht gut genug war, um ihn zu halten.« Sie suchen die Schuld ausschließlich bei sich. Die Einschätzung, daß der Verflossene zu perfekt war, um einen Beitrag zur Trennung zu leisten, ist niemals realistisch. Auch wenn es schwerfällt: Vom verklärten Bild des Verflossenen sollte man rechtzeitig Abschied nehmen.

Erste Liebe

Der erste Freund von Sarah Leisner hieß Jörg. Er war damals ihr absoluter Traummann: »Nachdem er mich verlassen hatte und aus der Stadt weggezogen war, habe ich drei Jahre lang an ihn gedacht – egal, ob ich einen Freund hatte oder nicht.« Und nach drei Jahren passierte etwas, wovon Sarah vorher nur geträumt hatte: Jörg kam zurück in die Stadt und auch wieder zurück zu ihr! Und – die große Liebe Teil Zwei? »Überhaupt nicht«, sagt Sarah. »Ich hatte mich sehr verändert in den drei Jahren, Jörg aber nicht. Er war noch genauso drauf wie vorher. Es funktionierte einfach nicht mehr mit uns! Ich habe mich total gelangweilt und die Beziehung schließlich beendet.«

Die ersehnte Fortsetzung der ersten großen Liebe funktioniert nur in wenigen Fällen: Denn diese Liebe gehört nun mal in einen anderen Lebensabschnitt. Und sie läßt sich nicht beliebig in eine andere Zeit übertragen.

Die erste große Liebe ist anfällig für Verklärungen. Das Hamburger *GEWIS Institut* fragte die Deutschen 1998 nach dem Einfluß, den die erste große Liebe im Leben eines Menschen hat. Dabei gaben 18 Prozent der Männer und 15 Prozent der Frauen an, ihre erste große Liebe auch heute noch zu lieben. Knapp ein Drittel der Männer und ein Viertel der Frauen hatten bei einem Wiedersehen mit ihm beziehungsweise ihr Schmetterlinge im Bauch.[53]

Diese Idealisierung der ersten Lieben kennt auch der Berliner Sexualtherapeut Theo Gilbers aus vielen Beratungsgesprächen: »Manchmal steht die erste große Liebe für jemanden noch nach Jahren als Traum da. Der erste Freund oder die erste Freundin ist in der Rückschau der ideale Partner – der beste, den man je hatte. Wenn es in der Realität aber dazu kommt, daß die beiden tatsächlich wieder ein Paar werden, stellen viele ernüchtert fest: ›Ich bin nicht mehr die Person von früher und mein Ex-Partner ist es auch nicht.‹« So besteht bei einer aufgewärmten Beziehung mit der ersten großen Liebe die hohe Wahrscheinlichkeit, daß das Ergebnis ziemlich enttäuschend sein wird.

Im Rückblick auf die perfekte Beziehung wird häufig vollkommen vergessen, wieviel Mühe und Arbeit es gekostet hat, um die Beziehung passend zu machen. Kaum einer will sich mehr an die großen Anpassungsleistungen – neudeutsch: Beziehungsarbeit – erinnern, die miteinander vollbracht worden sind. Denn am Anfang einer Beziehung ist die Übereinstimmung selten ideal. Sie wird passend, indem sich die beiden Partner aufeinander zubewegen – wenn man Pech hatte, bewegte sich nur einer. Da hatte der eine nie etwas übrig für Literatur, Kunst und Theater, und erst durch seinen Partner beginnt er, sich damit zu beschäftigen und begeistert sich schließlich sogar dafür. Für den anderen war Sport zeit seines Lebens ein rotes Tuch. Erst durch seinen sportlichen Partner findet er Geschmack daran, und entdeckt letztlich eine Sportart für sich, die er regelmäßig betreibt und der er – unabhängig von der Beziehung – treu bleibt. In solchen Fällen wird die Partnerschaft zur Bereicherung, das ist sozusagen Anpassung der gelungenen Art.

Der Rückblick auf die Beziehung formt aus solchen *erarbeiteten* Übereinstimmungen *naturgegebene* Gemeinsamkeiten, die beweisen, wie ideal man füreinander bestimmt gewesen sei. Entscheidend für die Übereinstimmung ist aber nicht unbedingt der Ausgangspunkt, das Kennenlernen und gemeinsame Starten, sondern der Verlauf der Beziehung: die Flexibilität und Bereitschaft der Partner, sich aufeinander zuzubewegen.

Dazu ein interessantes Forschungsergebnis. Für eine Studie wurden 600 Langzeitehen aus acht verschiedenen Kulturen untersucht.[54] In manchen Ländern ist es üblich, daß Eltern den Partner ihres Kindes aussuchen und die Ehe arrangieren. In anderen Kulturen – wie bei uns – gibt es das nicht. Alle Paare wurden fünf Jahre nach der Hochzeit gefragt, wie zufrieden sie in ihrer Ehe sind. Das verblüffende Ergebnis: Der Prozentsatz der zufriedenen Ehen war in den Kulturen mit arrangierten Ehen und in den mit nichtarrangierten Ehen (Liebesehen) annähernd gleich.

Fragen und Anregungen

Was war an Ihrem früheren Partner eigentlich so ideal? Welche Eigenschaften hatte er, die andere nicht haben?

Neigen Sie auch in anderen Bereichen zum Verklären der Vergangenheit (schöne Schulzeit, perfekte Kindheit usw.)?

Benutzen Sie Ihre Verflossenen manchmal als Waffe, die Sie Ihrem jetzigen Partner vorhalten?

Was würden Sie verlieren, wenn Sie die verklärte Vorstellung von Ihrem Verflossenen aufgeben würden? Mögliche Gründe für das Festhalten: romantische Phantasie von der großen Liebe, Traum von gelebter Perfektion, Zeichen eines besonderen (auserwählten) Lebens.

Erinnern Sie sich an mindestens drei unangenehme Dinge, die Sie ausschließlich Ihres früheren Partners wegen gemacht haben!

Was gefällt Ihnen am aktuellen Partner besser als am Verflossenen? Nennen Sie mindestens fünf gute Gründe!

Falsche Lehren

Vor eineinhalb Jahren lernte Stefan Krug Beate kennen. Nach dem Streß mit seinen letzten Frauengeschichten war er im siebten Himmel, vor allem, weil sie für ihn die gleichen intensiven Gefühle empfand. »Mit Beate war es von Anfang an anders als sonst. Es gab keine Spiele, kein blödes Abchecken, sich darstellen oder sonst was. Plötzlich war alles so einfach! Bei unserem zweiten Date haben wir uns gestanden, daß wir verliebt sind. Endlich mal keine komplizierte Geschichte, wo einer viel mehr will als der andere. Nicht mehr überlegen müssen: ›Rufe ich heute an, oder warte ich lieber noch einen Tag? Wie sieht das denn aus, hinterher denkt sie noch ...‹ Nichts davon.« Anfangs trafen sich die beiden in der Wohnung von Stefan.

Eines Tages nach der Arbeit fuhr Stefan dann das erste Mal zu Beate. Sie wollten zusammen zu Abend essen. Er hatte Wein und Blumen besorgt, freute sich auf den Abend und war neugierig auf ihre Wohnung. Doch als er bei ihr ankam und die Treppen zu ihrer Wohnung hinaufging, wurde er plötzlich nervös, ängstlich und aufgeregt. »Es war schrecklich, ich habe mich furchtbar gefühlt. Ich stand da im Treppenhaus und dachte plötzlich, daß Beate sich bestimmt nicht freut, wenn ich komme. Daß sie nur wollte, daß ich sie besuche, damit sie mir in Ruhe sagen kann, daß sie es sich mit mir anders überlegt hat. So blöd es klingt: Ich hatte rasendes Herzklopfen und wirklich Angst, die Treppen weiter hochzusteigen.«

Stefan begriff zuerst nicht, woher seine Panik kam. Ein paar Tage später fiel es ihm wieder ein: »Genau das hatte ich schon mal erlebt. Die Frau, die ich vor Beate kennenlernte, hat mich im Treppenhaus richtig abserviert. Wir waren bei ihr verabredet, aber sie hat mich gar nicht erst in die Wohnung gelassen. Ich begriff überhaupt nicht, was geschah. Ich hatte gedacht, sie sei auch verliebt, und dann das!« Nun kamen diese alten Gefühle plötzlich wieder hoch. Automatisch befürchtete Stefan, daß ihm mit Beate das gleiche passieren würde.

Aus jeder Beziehung nimmt man etwas mit: Erinnerungen und sogenannte Lehren. Schließlich will man beim nächsten Mal etwas klüger sein und nicht die gleichen Fehler begehen. Gebranntes Kind scheut das Feuer.

Aus dem Scheitern von Beziehungen werden Anschauungen abgeleitet, die sich oft zu wahren Glaubenssätzen verfestigen: Ich werde nur geliebt, wenn ich Stärke zeige. Oder: Sobald ich mich auf jemanden einlasse, werde ich verlassen.

Ob diese Glaubenssätze tatsächlich stimmen, wird in der Regel nicht hinterfragt. Sie gelten als gesichert. Diese Dogmen schlummern nicht sanft vor sich hin. Sie liegen auf der Lauer und warten auf ihren Einsatz.

Angenommen, eine Frau ist felsenfest davon überzeugt, daß sie früher oder später sowieso hintergangen und verlassen wird, so wird es vermutlich auch wieder passieren. Wenn sie daran glaubt, als sei es ein Naturgesetz, achtet sie konsequenterweise bei einer neuen Partnerschaft von Anfang an auf jedes kleine Zeichen, das auf ein – vermutetes – baldiges Lügen, Betrügen und Scheitern hinweist. Die Folge: Sie wird durch ihr ängstliches und mißtrauisches Verhalten eine sich selbst erfüllende Prophezeiung in Gang setzen.

Eine weitere beliebte Variante sind Generalisierungen à la: Kennste einen, kennste alle! Dabei werden Kategorien über *die* Männer oder *die* Frauen gebildet: Männer können nicht treu sein, oder: Frauen verachten sensible Männer – schließlich hat man es bisher so erfahren. Und derjenige, der durch diese Brille betrachtet wird, muß sich schon sehr ins Zeug legen, um das Gegenteil zu beweisen. Keine leichte Aufgabe für einen potentiellen neuen Partner! Und natürlich eine Fallgrube für den, der nur durch seine Raster schaut.

Einfluß der Verflossenen auf das Selbstbild

Andrea, Britta und Claudia, drei Frauen in den Dreißigern, haben das gleiche erlebt: Jede hat auf einem Fest einen Mann kennengelernt, der ihr sehr gut gefallen hat. Sie unterhielten sich, tanzten, flirteten, und sowohl Andrea als auch Britta und Claudia gewannen den Eindruck, daß ihr Gegenüber Interesse an ihnen hatte. Zum Abschied tauschten sie Telefonnummern aus. Alle drei Männer versprachen anzurufen.

Das ist der Stand der Dinge bei allen drei Frauen. Ein Tag ohne den ersehnten Anruf vergeht, noch ein Tag und schließlich der dritte. Die Männer rufen nicht an. Was jetzt? Die drei Frauen reagieren auf die Situation ganz unterschiedlich, ihre Sicht diktiert ihr Selbstbild, denn die drei haben eine andere Geschichte, was ihre Verflossenen angeht. Andrea hat mehrere gescheiterte Beziehungen hinter sich. Sie wurde bisher immer verlassen und ist sich sicher, daß das Scheitern immer nur an ihr gelegen hat. Britta ist selbstbewußt. Sie weiß, was sie will und wie sie wirkt. In ihren Beziehungen hatte sie immer den dominanten Part. Und schließlich Claudia, die Unabhängige. Nach einer schmerzhaften Trennung hat sie beschlossen, sich nichts mehr von den Männern gefallen zu lassen.

Wie reagieren nun die drei auf die gleiche Situation?

Andrea hat es gleich gewußt. Wieder einmal wurde sie versetzt, abgelehnt, nicht gewollt! Früher oder später passiert ihr das immer. Männer verlieren einfach schnell das Interesse an ihr, dieser hier sogar sofort. Was soll sie nur tun, daß ihr das nicht immer und immer wieder passiert, daß sie sich Hoffnungen macht, die dann jedesmal enttäuscht werden? Sie nimmt sich vor, beim nächsten Mal noch vorsichtiger zu sein, und bis ein Mann mal wieder ihre Telefonnummer bekommt, da werden Monate vergehen. Britta lehnt sich entspannt zurück und lächelt. Das hätte sie nicht gedacht, daß er so schüchtern ist und sich nicht traut. Dabei wirkte er doch ganz selbstsicher. Aber andererseits ..., bestimmt hat er die Blicke bemerkt, die ihr die anderen Männer auf der Party zugeworfen haben. Sie ist eben eine attraktive, selbstbewußte Frau. Das verschreckt manche Männer. Am besten ruft sie ihn gleich mal an, um ihn zu ermutigen, damit er weiß: Keine Angst, ich habe wirklich Interesse an dir.

Claudia tobt: Schon wieder so ein elender Feigling! Das darf doch nicht wahr sein. Es wird in dieser verfluchten Stadt doch wohl einen Mann geben – nur einen einzigen Mann! –, der nicht so ein Wurm ist und der den Mumm hat, ihr zu sagen, daß er kein Interesse hat. Oder daß er verheiratet ist oder was auch sonst. Aber nein! Versteckt sich wie ein kleines Kind, ruft nicht an. Na, dem wird sie gehörig die Meinung sagen. Nicht mit mir – ich bin keine Frau, die sich von Männern alles gefallen läßt.

Drei verschiedene Selbstbilder – drei völlig unterschiedliche Verhaltensweisen auf die gleiche Situation. Fazit? Im Sinne sich selbst erfüllender Prophezeiungen wurden die Erwartungen der Frauen bestätigt: Jede hat genau das angenommen, was sie schon vorher wußte. Dadurch kann auch alles beim alten bleiben. Die eigenen Ansichten wurden ein weiteres Mal bestätigt und werden von Mal zu Mal schwerer zu ändern. Auf die Idee, daß es auf der anderen Seite auch ganz andere Motive gegeben haben kann, die man nur erschließen muß, ist keine gekommen.

Jeder hat eine konkrete Vorstellung von sich selbst. Davon, was für ein Mensch er ist, welche Eigenschaften und Charakterzüge er hat, was er gut kann und was weniger gut. Diese Definition enthält auch Informationen darüber, was er sich wünscht und will. Das Selbstbild umfaßt zudem das jeweilige Rollenverständnis, was Partnerschaft und Ehe angeht: also wie die einzelnen als Partner agieren, welche Aufgaben sie bereit sind zu übernehmen und was ihrer Ansicht nach in einer Beziehung richtig und erforderlich ist. Auch ihre Sicht auf den Partner ist keine objektive Wahrnehmung, sondern entscheidend von ihrem Selbstbild gesteuert.

Negative Botschaften, die von nahestehenden Menschen – oft auch unausgesprochen – an einen herangetragen werden, können sich in das Selbstbild einschleichen. Die Scheidungsanwältin Anne Klein ist immer wieder erstaunt, was manche Mandanten in ihrer Kanzlei von ihren Fast-Verflossenen so zu hören bekommen. »Frauen sagen hier in der Kanzlei Sätze, die sie vorher – ohne die Anwesenheit einer neutralen dritten Person – nie zu ihrem Mann gesagt haben. ›Mit unserer Sexualität hat es noch nie funktioniert, das mußt du zugeben‹, das ist so ein Schlüsselsatz, da brechen die Männer reihenweise zusammen. Er verletzt die Wurzel ihres Selbstwertgefühls. Oder ein anderer Fall. Da sagt ein Mann zu seiner Noch-Frau: ›Aber du weißt doch selber, daß du noch nie in der Lage warst, dich gut zu kleiden und schön zurechtzumachen‹, sprich: Du bist unattraktiv.«

Von einem verhärteten Selbstbild ist es nicht weit zu sich selbsterfüllenden Prophezeiungen. Einer der bekanntesten Vertreter der Kommunikationstherapie, der Psychotherapeut Paul Watzlawick, erklärt, wie das funktioniert: Ein Mann liest in seinem Horoskop, daß allen, die das gleiche Sternzeichen haben wie er, an diesem Tag ein Unfall droht. »Zuerst erschrak er so, daß er den Kaffee verschüttete. Da dies seiner Ansicht nach aber ein nicht genügend ernster Unfall war, um die Welt wieder ins Lot zu bringen, beschloß er, heute nicht den Autobus zu benützen, sondern zu Fuß zur Arbeit zu gehen. Gehen ist zwar sicherer als Fahren, aber bekanntlich ist jeder 13. Schritt gefahrvoll, von der 13. Stufe einer Treppe ganz zu schweigen. Als er in der Fußgängerunterführung zu jener Stufe hinunterkam und sie überspringen wollte, stolperte er und schürfte sich das Knie auf. Das Horoskop hatte also recht.«[55]

Ähnlich ist es beim Umgang mit dem anderen Geschlecht. Bei einer Aussage wie »Frauen, die mir gefallen, finden mich todlangweilig« ist es völlig gleichgültig, ob diese Prämisse der Wahrheit entspricht oder nicht. Sobald jemand an sie glaubt, beginnt ihre Wirksamkeit. In dem Moment, da eine Frau auftaucht, die einem Mann mit oben genannter Prämisse gefällt, zieht er sich möglichst zurück und spricht nur wenig. Schließlich will er die Frau, die sich jetzt zu allem Überfluß auch noch an seinen Tisch gesetzt hat, ja nicht allzusehr langweilen. Zudem will er sich auch keine Abfuhr holen, denn schließlich hat er seinen Stolz. Je weniger er von sich zeigt und erzählt, nimmt er an, desto weniger konfrontiert er sie mit der Langeweile, die er verbreitet. Und wenn die Frau dann nach einiger Zeit tatsächlich aufsteht und gähnend weggeht, hat er wieder mal Recht gehabt. Die Prämisse wurde bestätigt: »Frauen, die mir gefallen, finden mich todlangweilig.«

Solche Verzerrungen – einmal ins Selbstbild integriert – machen vielen Menschen das Leben schwer, weil sie sich wieder und wieder in Situationen manövrieren, die diese sabotierenden Botschaften bestätigen, statt einmal zu wagen, genau das Gegenteil zu tun. Es ist ein Unterschied, ob ein Fehler, den jemand begangen hat, von ihm auch als Fehler bewertet wird oder ob er sich deswegen niedermacht und sich sagt, daß er total unfähig und eine richtige Niete ist.

Wenn der Partner einen schlechten Tag hat, kann der andere dessen Laune als persönlichen Vorwurf, Angriff oder Botschaft an sich auffassen: »Wenn du doch nur netter, einfühlsamer, weniger egoistisch, heiterer wärst, dann ginge es mir bestimmt besser.« Er kann aber auch fragen, was der andere hat und ob er ihm helfen könne. Eine häufige Methode, um schlechte Gefühle zu erzeugen, ist das Aufblähen einer Winzigkeit zur Katastrophe. Dann wird aus dem Versäumnis, den Partner nicht angerufen zu haben, das schwere Vergehen, den Partner vernachlässigt und die Beziehung durch Unzuverlässigkeit aufs Spiel gesetzt zu haben.

Schlechte Gefühle lassen sich mit Leichtigkeit erzeugen – bei einem selbst noch viel besser als bei anderen! Schließlich weiß jeder am besten, was ihn so richtig runterzieht und frustriert. Wie das funktioniert? Einfach alleine ins Kino gehen, aber es auf keinen Fall genießen. Amüsieren ist verboten! Statt dessen sollte eher an folgendes gedacht werden: »Niemand mag mich, ich muß sogar allein ins Kino gehen. Bestimmt zerbrechen sich alle im Kino schon den Kopf darüber, was mit mir nicht stimmt, daß ich allein hier sitze.« Heftiges Selbstmitleid ist ein nahezu unschlagbarer Weg.

Ein weiterer Vorschlag: Konzentration auf die negativen Dinge im eigenen Leben. Einfach den Rest ausblenden. Auf keinen Fall denken: »Es hat stark geregnet und mein Kollege hat mir netterweise seinen Schirm für den Nachhauseweg geliehen«, sondern: »Schon wieder so ein Sauwetter! Und morgen früh muß ich auch noch den Schirm mit mir herumschleppen«.

Und ein äußerst wirksames Mittel ist auch die jeweilige Sammlung aller negativen Eigenschaften, die ein anderer – am besten ein Verflossener während eines Streits – einem an den Kopf geworfen hat. Beharrlich sollte allen miesen Kleinigkeiten zugestimmt werden. Bei Beachtung dieser Techniken wird fast jeder Mensch schnell die gute Laune verlieren, und auch das eigene Selbstbild wird mittelfristig kräftig Schaden nehmen.

Fragen und Anregungen

Welche Etiketten (»Du bist ...«) hat Ihnen ein Verflossener – direkt oder indirekt – angeklebt? Haben Sie diese Urteile auch schon von anderen vernommen?

Bedenken Sie, daß manche Verflossenen Ihnen häßliche Dinge gesagt, Fehler angekreidet oder miese Eigenschaften unterstellt haben, um Sie zu kränken oder zu erniedrigen, und nicht unbedingt deshalb, um Ihnen »die Wahrheit« zu sagen.

Welche »Lehren« haben Sie aus den letzten Beziehungen gezo-

gen? Gibt es dafür auch Bestätigungen aus anderen Lebensbereichen?

Machen Sie sich klar, daß Ihr Selbstbild Ihr Verhalten zu Partnern beeinflußt. Schreiben Sie auf, wie Sie sich selbst sehen!

Notieren Sie, wie Ihrer Meinung nach andere Sie sehen!

Schauen Sie auf die negativen Anteile Ihres Selbstbildes. Sind die wirklich so negativ, wie Sie denken? Was halten Ihr Freunde davon?

Ungeprüfte Lektionen

Christoph Hessler, der Hamburger Barkeeper, weiß genau, warum ihn seine beiden letzten Freundinnen verlassen haben: »Ich bin eben nicht so der Karrieretyp.« Beide Frauen, Maja und Ann-Kathrin, hatten ihm zwar ganz andere Gründe für die Trennung genannt, aber eigentlich, da ist er sich ganz sicher, sind sie gegangen, »um was Besseres zu kriegen, einen Anwalt oder einen der Kreativen, Werbung und so«. Wenn Christoph eine Frau kennenlernt, die ihm gefällt, überlegt er immer zuerst, was sie wohl dazu sagen wird, daß er Barkeeper ist: »Und zwar nur Barkeeper! Die meisten denken nämlich, das sei keine richtige Arbeit, nur so ein Job für nebenbei. So machen es auch viele; die studieren ansonsten oder machen was Künstlerisches. Ich aber nicht.« Bier zapfen, Drinks mixen, Milch aufschäumen, Kekse neben die Tassen legen: So sieht sein Job aus. Christoph weiß immer schon vorher, wann die Frage kommt, die er haßt: »Und, was machst du sonst noch?« Resigniert erzählt er: »Frauen haben eben bestimmte Ansprüche. Und wenn sie sehen, ich bin nicht so der Ehrgeizige, dann springen sie ziemlich schnell wieder ab und suchen sich einen anderen.«

So kann es sein – aber auch ganz anders! Das ist Christophs Lehre, die er aus seinen Erfahrungen gezogen hat. Ob sie stimmt oder nicht, überprüft er nicht mehr. Warum auch? Dafür ist er sich viel zu sicher, daß sie wahr ist. Wie sollte ein Barkeeper auch eine Frau halten können …

Zu den unterschiedlichen Hinterlassenschaften der Verflossenen gehören besonders solche Lehren, die aus gescheiterten Liebesbeziehungen gezogen werden. So ist es zum Beispiel ganz typisch, wenn einer der ehemaligen Partner zu wissen glaubt, wie er die Beziehung hätte retten können, wenn er nur anders gewesen oder sich zumindest anders verhalten hätte.

Diese Vorstellung, ganz allein schuld am Scheitern einer Partnerschaft zu sein, ist eine nicht seltene Allmachtsphantasie. Aber natürlich liegt es niemals nur an einem, wenn eine Beziehung zerbricht – genausowenig wie es nur an einem lag, wenn sie funktionierte.

Es existieren ein paar richtige Klassiker unter den Lehren, die aus vergangenen Beziehungen gezogen werden können: »Ich werde nur geliebt, wenn ich ... bin/tue.« Oder: »Ich werde verlassen, wenn ich ... sage/tue/werde«. Solche fatalen Lehren unterstellen eine Zwangsläufigkeit, die es in menschlichen Beziehungen nicht gibt. Wenn Frauen und Männer wirklich glauben, daß sie verlassen wurden, weil sie zu dünn oder zu dick, zu alt oder zu jung, zu ausgeflippt oder zu spießig, zu gebildet oder zu dumm sind (beliebig zu ergänzen!), dann ist das in den allermeisten Fällen nichts weiter als ein Zeichen ihrer eigenen Unsicherheit.

Eine einzige Eigenschaft oder Macke reicht nun einmal nicht aus, um eine gut funktionierende Partnerschaft zu zerstören und den Partner für immer in die Flucht zu schlagen. Schließlich hat man dem anderen ja mal so gefallen, wie man ist – zu klein oder zu groß, fit oder unsportlich.

Wenn Flöhe husten

»Diejenigen, die verlassen worden sind, gehen oft nur noch mit hohen Antennen und aufgesetzten Sensoren neue Partnerschaften ein. Sie achten äußerst aufmerksam auf Zeichen und Andeutungen, die in eine bestimmte, ihnen wohlbekannte Richtung weisen könnten«, berichtet der Sexualtherapeut Theo Gilbers. »Mitunter kommt es dadurch zu einem Realitätsverlust: Man entdeckt Anzeichen, die man aus der letzten Beziehung kennt, die aber in der neuen Beziehung gar keine sind oder die einen ganz anderen Hintergrund haben und eigentlich gar nicht bedrohlich sind.«

Theo Gilbers erzählt die Geschichte eines Paares, das zu ihm in die Beratungsstelle kam. Die beiden standen kurz vor der Trennung, die Paarberatung war für sie der letzte Versuch, um die Beziehung zu retten. Die Frau schilderte, daß sie von ihrem Verflossenen verlassen worden war und daß er schon zwei Jahre vor der Trennung ein Verhältnis mit einer anderen Frau begonnen hatte. Das erfuhr sie erst im nachhinein. Ihr Ex-Mann hatte ihr immer erzählt, daß er sich mit Freunden trifft. Sie hatte sich deshalb nicht übermäßig gewundert, wenn er mehrmals in der Woche erst spät in der Nacht nach Hause kam.

Als sie dann erfuhr, was wirklich geschehen war, verletzte und verunsicherte sie das zutiefst. Und sie zog daraus verheerenderweise die Lehre: »Wenn ein Mann sagt, daß er sich mit seinen Freunden trifft, betrügt er mich.« Zwar war ihr diese Lehre gar nicht bewußt. Dennoch reagierte sie in ihrer neuen Beziehung entsprechend, ohne zu verstehen, wieso.

Ihr neuer Partner besaß – fatalerweise – einen großen Freundeskreis. Außerdem hatte er viele Hobbies und spielte leidenschaftlich gerne Bowling. Dadurch war er ständig auf Achse, häufig ohne sie. Sie aber konnte das kaum ertragen. Seine Alleingänge waren für sie absolut bedrohlich. Die Folge: Die beiden stritten sich heftig um jede Verabredung, um jeden Abend, den er ohne sie mit seinen Freunden verbringen wollte. Er hatte kein Verständnis für ihr Mißtrauen. Er sah nur, wie sehr sie klammerte und daß sie ihm jedes bißchen Freiheit – und womöglich auch seine Freunde – streitig machen wollte. Verständlich, daß er sich dagegen wehrte. Für sie sah die Situation ganz anders aus. Sie hörte die *Flöhe husten* und befürchtete: Er wird mich betrügen und dann verlassen. Was für eine belastende Situation für beide Partner, über die sie aber leider nie sprachen. So wußten beide nicht, was den anderen zu seinem Verhalten bewog. Ihr Problem wurde immer größer: Je mehr sie klammerte, desto heftiger wehrte er sich, desto bedrohlicher wurde die Situation für sie. Erst in der psychologischen Paarberatung lernten sie erkennen, welch verhängnisvolles Spiel zwischen ihnen lief. Erst als die falsche Lehre als solche erkannt war, konnte das sich aufschaukelnde Spiel gestoppt werden.

Fragen und Anregungen

Haben Sie eine konkrete Vorstellung davon, wie Sie frühere Trennungen hätten vermeiden können?

Wie hätten Sie sein müssen, daß Sie niemals von jemandem verlassen worden wären?

Erstellen Sie eine Liste mit Ihren ganz persönlichen Lehren aus den letzten Beziehungen!

Finden Sie heraus, welche Haltung Sie damit Ihren Partnern unterstellen!

Überdenken Sie die Richtigkeit dieser Leitsätze.

Stimmt Ihr bester Freund dieser Einschätzung zu?

Worauf achten Sie bei einem neuen Partner besonders? Gibt es dafür berechtigte Gründe aus der Beziehung selbst?

Wenn nein: Welche »falschen Lehren« könnten sich dahinter verbergen?

Männer sind Schweine – alles Schlampen außer Mutti: Aufbrechen von Pauschalurteilen

Anna Mayen ist 44 Jahre alt. Sie arbeitet als Kellnerin in einem Restaurant in der Innenstadt von Mainz und hat schon eine Reihe von Beziehungen hinter sich. Ihr ganz persönliches Fazit daraus lautet: »Männer sind einfach anders! Ich kann mir ehrlich gesagt nicht mehr vorstellen, noch mal mit einem Mann zusammenzusein. Irgendwie funktioniert das mit ihnen nicht.« Nach ihren letzten stressigen Beziehungen – ein »unreifer Mann« nach dem anderen – ist sie überzeugt: »Mir geht es viel besser, wenn ich alleine bin. Einen Mann fürs Bett – okay, das ist was anderes. Aber mit einem Mann zusammenleben – das funktioniert einfach nicht.«

So wie Anna Mayen haben nicht wenige ihre Lehren aus Beziehungen gezogen. Nicht selten glauben viele nach der Trennung, nicht nur zu wissen, was für ein Mensch der Partner war. Nein, sie sind davon überzeugt, daß sie etwas Grundsätzliches über die *Gattung Mann* oder *Frau* gelernt hätten. Anna glaubt, daß Frauen und Männer einfach nicht zusammenpassen. Häufig werden die Verflossenen als Prototyp ihres Geschlechts schuldig gesprochen und somit quasi auch alle anderen Vertreter in Sippenhaft genommen. »Alle Männer sind beziehungsunfähig« – »Alle Frauen sind nur scharf aufs Geld«: Nicht nur am Verflossenen wird kein gutes Haar mehr gelassen, sondern man hat gleich *alle* Männer oder *alle* Frauen bis oben hin satt.

Wie kommt es zu dieser Regelbildung? Das ist zunächst ein ganz alltäglicher und normaler Vorgang. Für alle Menschen ist es (über-)lebenswichtig, Regeln zu entwickeln. Das tun sie in allen Bereichen ihres Lebens. Grundlage bilden die Erfahrungen. Wenn zum Beispiel ein Kind gelernt hat, wie es eine Tür öffnen kann – nämlich durch Herunterdrücken der Klinke –, dann muß es nicht bei jeder neuen Tür lange herumprobieren. Das Kind wendet die gelernte Regel an: »Türen öffnet man durch Herunterdrücken der Klinke«. Das geht so lange gut, bis das Kind vor einer Schiebetür steht, die keine Klinke hat. Dann muß es lernen, daß es andere Türen gibt, die sich auf andere Weise öffnen lassen. Das heißt: Aus Erfahrungen werden Regeln abgeleitet, die auf möglichst viele ähnliche Situationen passen. Zugleich aber muß man flexibel mit ihnen umgehen können, muß erkennen, wo die Regeln verändert werden müssen und wo sie vollkommen fehl am Platz sind. Erschwerend kommt hinzu, daß die gleiche Regel in unterschiedlichen Zusammenhängen sinnvoll oder sinnlos sein kann. »Wenn ich meine Gefühle zeige, werde ich verletzt« – diese Regel ist vielleicht sinnvoll bei einem fiesen Kollegen, mit hoher Wahrscheinlichkeit aber überflüssig bis schädlich in einer neuen Beziehung. Doch dieses Unterscheiden und flexible Handeln fällt bekanntlich nicht immer leicht.

Uwe Rother ist 35 Jahre alt und fährt seit einigen Jahren in Hannover Taxi. Sechs Jahre ist die Trennung von Martina nun her, und es beschäftigt ihn noch immer. Die beiden hatten zwei Jahre lang zusammengelebt, bevor sie ihn verließ. Für Uwe kam die Trennung vollkommen überraschend: »Ich habe überhaupt nicht damit gerechnet, daß Martina mich verläßt. Es war wirklich schlimm! Als sie ihre Koffer packte, habe ich mich total verschlossen. Ich habe dichtgemacht.« Und er schreckt bis heute davor zurück, wieder aufzumachen. Seine neue Freundin Carola bekommt das intensiv zu spüren. Uwe vermeidet fast jede Art der Nähe. Sie soll ihm nicht zu nahe kommen. Es hat Monate gedauert, bis er sich dazu bereit erklärte, ihre Freunde kennenzulernen und zu ihren Eltern mitzukommen. Zusammenziehen ist für ihn kein Thema, von Heirat und Kindern will er erst recht nichts wissen. Uwe erzählt: »Ich habe Angst, daß mir das gleiche wie mit Martina noch einmal passiert, daß ich mich wieder so sehr auf jemanden einlasse, der mich dann im Regen stehen läßt. Nein danke! Dann würde ich wieder vor dem Nichts stehen. Ich werde nie wieder so leiden, nie wieder in so ein Loch fallen wie damals, das habe ich mir geschworen.« Uwe hat seine bittere Trennungserfahrung verinnerlicht und *seine*

Lektion gelernt: »Einer Frau kann man nie ganz trauen. Man muß immer auf das Schlimmste gefaßt sein.«

Lektionen, wie sie Anna und Uwe gelernt haben, erstaunen die Berliner Mediatorin Frauke Decker nicht. Sie weiß aus Erfahrung: »Um über eine Trennung hinwegzukommen, wertet man den Verflossenen erst einmal ab, und meistens gleich das ganze Geschlecht mit.« Das ist zunächst völlig normal. Problematisch wird diese Haltung, wenn sie sich im Laufe der Zeit nicht ändert und es dabei bleibt: Das Verhalten des Verflossenen wird verallgemeinert, es gilt von nun an und in Ewigkeit für alle Angehörigen seines Geschlechtes. Wenn Frauen dann zum Beispiel davon überzeugt sind, daß *alle* Männer feige und egoistisch sind, steht ein neuer Partner von Anfang an unter enormer Beweispflicht. Er muß zeigen, daß er – obwohl er ein Mann ist – weder feige noch egoistisch ist. Keine leichte Aufgabe.

Stereotype der Geschlechter – wie Männer sind, wie Frauen sind – werden von allen Menschen gebildet, um die Verhaltensweisen der Personen des anderen Geschlechts erklärbar und vorhersagbar machen zu können. Die meisten Menschen wollen schließlich wissen, was sie erwartet, und auch, was von ihnen erwartet wird. Besonders nach Trennungen aber werden aus Stereotypen leicht negative Pauschalurteile.

Manche Männer entwickeln zum Beispiel nach der Scheidung allen Frauen gegenüber feindselige Gefühle.[56] Auch einige Frauen behalten nach der Trennung eine mißtrauische, negative Haltung gegenüber Männern. Von Anfang an suchen sie nach Dingen, die an den Männern nicht stimmen. Doch was nützt es, darüber zu lamentieren, wie furchtbar *die* Männer und wie schrecklich *die* Frauen sind? Man kann ihnen im Leben nicht entgehen.

Die zum Teil unterschiedlichen Verhaltensweisen von Männern und Frauen tragen viel zu solchen Verallgemeinerungen bei. Oft ist es nicht immer einfach, die Angehörigen des anderen Geschlechts zu verstehen. Sie reagieren anders als man selbst und seinesgleichen. Beispielsweise beim Kennenlernen, während der *Balzphase*, wie die beiden Soziologinnen Cheryl Benard und Edit Schlaffer berichten: »In den Anfangsphasen einer Beziehung ist der Mann typischerweise sehr interessiert und sehr aufmerksam, während die Frau häufig etwas reservierter ist und abwartet. Daraus ziehen beiden Seiten dann den falschen

Schluß. Die Frau glaubt zu erkennen, daß dieser Mann sehr an ihren Gedanken und Gefühlen interessiert und sehr gesprächig ist. Der Mann glaubt zu erkennen, daß diese Frau eine angenehme Ausstrahlung von Distanz und Kühle hat. Beim Zusammenleben dann legen beide Seiten ihr Werbeverhalten ab: Die Frau wird gefühlvoller, und der Mann legt sein Interesse an Gefühlen und Empfindungen ad acta und geht zur Tagesordnung über.«[57] Das Fazit der Geschichte: Beide fühlen sich getäuscht und haben – mal wieder (!) – die Erfahrung gemacht, wie seltsam und unverständlich Frauen beziehungsweise Männer sind.

Kein Mensch ist allerdings so simpel gestrickt, wie es die Pauschalurteile suggerieren! Welche Eigenschaften – und in welchem Maße – von Männern und Frauen ausgeprägt werden, hängt von so vielen Umständen ab. Geschlechtsspezifisch ist manches davon, aber bei weitem nicht alles. Und schon gar nicht so eindeutig, wie es die Stereotypen vormachen. Daß an Vor- und Pauschalurteilen auch immer ein Gran Wahrheit ist, bedeutet nicht, daß sie generell wahr sind. Das ist zwar eine Binsenweisheit, die allen bewußt ist und die doch allzuschnell im Trennungsschmerz vergessen wird.

Zudem kann jede charakterliche Eigenschaft unterschiedlich bewertet werden. Angenommen, da ist ein Mensch, der viel erzählt und schnell in Kontakt zu anderen Menschen tritt. Mit welchen Eigenschaften kann er beschrieben werden – offen, kontaktfreudig und lebhaft oder eher aufdringlich, geschwätzig und oberflächlich? Selbstsicher und unbefangen oder egozentrisch und publicitygeil? Man hat die freie Wahl!

Fragen und Anregungen

Haben Sie aus Ihren vergangenen Partnerschaften Lehren gezogen, wie man am besten mit Männern oder Frauen umzugehen hat?

Welche Eigenschaften haben aus Ihrer Sicht ausschließlich Frauen oder Männer?

Worauf muß man bei »Männern« oder »Frauen« immer aufpassen?

Vervollständigen Sie die Sätze »Männer sind …« und »Frauen sind …«.

Suchen Sie die Ausnahmen – in Ihrer Erinnerung und im aktu-

ellen sozialen Umfeld! Welcher Mann beziehungsweise welche Frau verhält sich anders als seinesgleichen beziehungsweise ihresgleichen? Kennen Sie mehrere davon?

Mißtrauen blockiert

Gitte May war zwei Jahre lang mit Eckart zusammen. Nach einem Jahr zogen sie in eine gemeinsame Wohnung. Und damit begannen die Probleme. Von Anfang an gab es Ärger beim Zusammenleben: Fast täglich regte sich Gitte über Eckarts Schlampigkeit auf. Überquellende Mülltüten, Stapel von schmutzigem Geschirr in der Spüle, volle Wäschekörbe – das alles brachte ihn nicht aus der Ruhe. Überall in der Wohnung verstreut lagen Dinge von ihm: Socken, Bücher, Notizzettel, alte Zeitungen, Gürtel. Zum einen störte ihn die Unordnung wirklich nicht besonders, zum anderen erwartete er, daß Gitte sich darum kümmerte. Schließlich würde sie nur studieren und hätte viel mehr Zeit als er. So sehr sich Gitte auch über Eckarts Schlampigkeit und den Berg an Hausarbeit, den sie allein zu bewältigen hatte, ärgerte – Eckarts Einstellung dazu ärgerte sie viel mehr und brachte sie zur Weißglut: »Ich war das Aschenputtel und mußte seinen Dreck wegräumen. Und zur Versöhnung hat er mich ab und an zum Essen eingeladen – schließlich verdiente er viel mehr Geld als ich mit meinen Ferienjobs. Er fand die Regelung gerecht: Einer zahlt, der andere putzt. So deutlich hat er das natürlich nicht ausgesprochen, aber genauso lief es.« Hinzu kam, daß Gitte sich von Eckart extrem bevormundet fühlte. Zwischen ihnen bestand ein enormes Ungleichgewicht: Er war achtzehn Jahre älter als sie, verdiente gut, hatte bereits eine Ehe hinter sich und zwei Kinder. In allen Bereichen, in denen er glaubte, Gitte überlegen zu sein, ließ er sie das auf subtile Weise spüren.

Als die Beziehung zu Eckart zerbrach, nahm Gitte sich fest vor, nicht noch einmal das Aschenputtel für einen Freund zu sein: »In diesen Bereichen bin ich extrem empfindlich geworden. Das mache ich bestimmt nicht noch mal mit!«

Damit es gar nicht erst soweit kommt, stehen Gittes Sensoren permanent auf Empfang. Mißtrauisch lauert sie auf kleinste Anzeichen bei ihrem neuen Freund Conrad. »Conrad hält mir immer vor, daß ich das Gras wachsen höre, und vielleicht stimmt das ja auch. Wenn er in meiner Wohnung seine Socken auf dem Boden liegen läßt oder seine Kaffeetasse nicht wegräumt, kriege ich die Krise! Automatisch denke ich gleich zwei, drei Schritte weiter: Wenn er das jetzt schon macht, dann will er als nächstes, daß ich seine Hemden bügele. Dann habe ich Angst, daß er genauso ein Chauvi ist wie Eckart, bloß besser getarnt.«

Als Conrad Gitte fragt, ob sie nicht zusammenziehen wollen, stellen sich bei ihr die Nackenhaare hoch: »Bloß nicht!« Sie befürchtet, daß sie sich dann wieder allein um alles kümmern muß und zusätzlich ständig gemaßregelt wird. Schließlich ist auch Conrad um einiges älter als sie und verdient einiges mehr an Geld. Es ist Gitte klar, daß Conrad sich über ihr Mißtrauen und ihre Unterstellungen – »Bestimmt bist du genauso wie mein Verflossener!« – sehr ärgert. Trotzdem gelingt es ihr nicht, die Antennen einzufahren. Sie bleiben auf Empfang.

Gitte lebt nach dem Motto: »Wenn ich gut gewappnet bin, kann mir nichts passieren.« Doch solche Vorwegnahme von Erfahrungen – »Bestimmt wird es beim nächsten Mal wieder so!« – ist mehr als ärgerlich für den neuen Partner. Mißtrauische Menschen sind zudem auch meist Schwarzseher: »Sie suchen ständig nach Alarmsignalen dafür, daß die neue Beziehung genau wie die alte enden wird. Sie haben eine ›schwarze Liste‹ mit all den Verhaltensweisen ihres Expartners im Kopf.«[58] Solche Schwarzseher gehen mit der Gewißheit an die neue Beziehung heran, daß sie wieder zum Fiasko wird. Unablässig suchen sie nach Anzeichen, die dafür sprechen. Sie reagieren übertrieben auf alle Vorkommnisse, die ganz entfernt so aussehen könnten wie solche, die sich mit ihren Erfahrungen decken. Dabei prüfen sie nicht, ob das auch tatsächlich so ist: Sie setzen es voraus!

Der Therapeut H.-J. Niemann weiß aus seinen Gesprächen mit vielen Paaren, daß das Vertrauen nach einer Trennung häufig erst mal gestört ist: »Das kann dazu führen, daß ein Partner in einer nachfolgenden Beziehung zum Beispiel eifersüchtig ist, was er vorher nicht war. Vielleicht ist er skeptischer und hinterfragt nun eher, ob der andere nicht doch vielleicht eine Affäre nebenbei hat. Außerdem ist man wachsamer: Man denkt die Trennung eher mit als eine Möglichkeit, wenn man erfahren hat, daß der andere einen verlassen kann.«

Starkes Mißtrauen kann aber zu einem schweren Mühlstein werden, der Stück für Stück nach unten zieht und am Boden festhält. Nicht wenige sind durch schlechte Erfahrungen übervorsichtig und ängstlich geworden. Die Furcht, daß die Beziehung genauso scheitern könnte wie die letzte, lähmt. Wie das Kaninchen vor der Schlange starren sie auf jede Regung im Verhalten ihrer Partner und warten auf die nächste Enttäuschung oder Verletzung oder gleich auf den nächsten Schock. Großes Mißtrauen kann also zu Kontaktangst führen, wenn Nähe und Schmerz gleichgesetzt werden. Sobald Nähe zu einem anderen Menschen erlebt wird, kommt die Angst, und man erinnert sich: »Genauso ging es mir das letzte Mal – bevor ich so verletzt wurde. Also muß ich nun aufpassen: Schotten dicht, zurückziehen, fliehen!«

Manche erholen sich bald wieder, andere hingegen schleppen den Mühlstein Mißtrauen noch ewig mit sich herum. Das berichtet auch Herma Michelsen, die Leiterin der *Erziehungs- und Familienberatungsstelle Berlin-Charlottenburg*: »Manche Frauen wollen nach der Trennung überhaupt nichts mehr mit Männern zu tun haben. Sie haben eine solche Angst, daß ihnen das gleiche noch mal passiert, daß sie sich davor hüten, überhaupt jemanden kennenzulernen.« Eine fatale Konsequenz.

Fragen und Anregungen

Schreiben Sie einmal auf, was Sie mit dem Thema »Nähe« assoziieren. Woran kann es liegen, daß so viele negative Positionen dabei sind?

Gibt es Bereiche, in denen Sie übervorsichtig sind?

Überlegen Sie, ob Sie einen Grund oder Anlaß haben, Ihrem Partner nicht zu trauen.

Vergessen Sie nicht, daß Sie im Fall des Falles nicht wehrlos sind. Wenn der Partner Ihnen ernsthaften Schaden zufügt, können Sie jederzeit die Beziehung beenden.

Bedenken Sie: Niemand kann sich ganz davor schützen, auch mal verletzt zu werden! Man muß nur lernen, angemessen darauf zu reagieren.

Verflossene als Ausrede und Alibi: Selbstblockaden

Unglücklich verlaufene Liebesbeziehungen haben auch ihre scheinbaren Vorteile: Sie lassen sich wunderbar als Rechtfertigung für das momentane Verhalten heranziehen. Wie das geht, zeigen die folgenden Beispiele.

Astrid hat einen Mann kennengelernt, der ihr gut gefällt. Sie weiß aber noch nicht, inwieweit sie sich auf ihn einlassen will. Könnte sie sich eine Beziehung mit ihm vorstellen? Eine Affäre? Einen One-Night-Stand? Zu verbindlich soll es nicht sein, vielleicht läuft ihr ja noch jemand Besseres über den Weg. Einerseits will sie den potentiellen Partner nicht verlieren, andererseits Distanz aufrechterhalten. Doch den Spagat gesteht sie sich nicht ein. Statt dessen schiebt sie ihre vergangene Beziehung vor, die ihr nicht gestatte, eine richtige neue Beziehung einzugehen.

Benjamin schnüffelt mit Vorliebe in den persönlichen Dingen seiner Freundin herum. Er kann nichts dafür, sozusagen. Er hat eben ein Problem mit Vertrauen, weil seine Verflossenen ihn ständig hintergangen haben. Und damit ihm das nicht wieder passiert, baut er eben vor. Daß er niemandem mehr trauen kann, müsse sie verstehen.

David wurde von der Frau seines Lebens sitzengelassen. Sie hat ihre Koffer gepackt, und von heute auf morgen war sie weg. Und deshalb könne man doch wirklich nicht von ihm erwarten, daß er sich ernsthaft auf eine Beziehung einläßt. Schließlich weiß man ja nie … Und vom Zusammenziehen hat er endgültig die Nase voll!

Nicht wenige Männer und Frauen verstecken und verschanzen sich hinter ihren Erfahrungen. Sie nutzen die Verflossenen als Ausrede. So ist der Verflossene für die einen der Sündenbock, der für alles spätere Unglück in ihrem Leben verantwortlich ist, für andere muß der Verflossene dafür herhalten, daß man durch eine Prüfung gefallen ist oder das Studium nicht beendet hat. Schließlich mußte erst die Trennung verarbeitet werden.

Auch Unzufriedenheit mit dem eigenen Leben läßt sich auf das Schuldkonto des Verflossenen buchen. Eine Frau verkündet seit Jahren, daß sie die Stadt verlassen und sich einen neuen Job suchen will, doch bisher hat sie nichts davon in Angriff genommen. Die Trennung vom letzten Partner hat sie einfach zuviel Kraft gekostet. Sagt sie.

Fragen und Anregungen

Bei welchen Themen und in welchen Situationen sind Sie in Versuchung, Verantwortung auf den Verflossenen zu schieben?

Führen Sie manchmal, wenn Sie von einem Verflossenen erzählen, die mit ihm gesammelten Erfahrungen als »Beweis« oder Rechtfertigung an?

Glauben Sie, daß Ihr Leben viel besser verlaufen wäre, wenn Sie andere Partner gehabt hätten? Bedenken Sie, daß es Ihre Entscheidung war, diese Partner zu wählen und mit ihnen zu leben!

Neigen Sie auch in anderen Bereichen dazu, die Verantwortung abzugeben (zum Beispiel bei der Arbeit)?

Bis hierher und nicht weiter: Näheblockaden

Von ihrer letzten Beziehung will Marina Bethge nichts erzählen. Sie ist 25 Jahre alt, lebt in Potsdam und arbeitet in einem Geschenke-Shop. Sie sagt nur soviel: »Bei dem Mann dachte ich, das ist er! Ich habe mir das ganz romantisch vorgestellt: zusammenleben, gemeinsame Kinder und so weiter. Mit dem Mann wollte ich alt werden. Ich habe einfach nicht damit gerechnet, daß er das vielleicht anders sieht, oder daß er sich aus heiterem Himmel in seine Arbeitskollegin verlieben könnte.«

Seitdem hält sich Marina die Männer vom Hals, zumindest sorgt sie dafür, daß ihr keiner zu nahe kommt: »Wenn ich einen Typen kennenlerne, mache ich ihm erst mal klar, was läuft und was nicht. Bei mir übernachten gibt es zum Beispiel nicht. Das kann ich nicht ab, wenn ein Mann bei mir morgens aufwacht.«

Die Männer, die Marina kennenlernt, reagieren ganz unterschiedlich darauf. Viele sind sehr erstaunt, andere schreckt ihr Verhalten direkt ab. Marina erzählt: »Mit manchen ist es okay, die sind selber so drauf, daß sie Abstand brauchen. Und dann gibt es welche, die sagen zuerst, daß sie kein Problem damit haben und daß ihnen das sogar ganz recht ist, weil sie auch nichts Festes suchen. Aber früher oder später fragen sie dann doch, ob sie ihre Zahnbürste hierlassen können. Aber das läuft nicht.«

Bis hierher und nicht weiter! Durch die schmerzhafte Trennung von ihrem Freund hat Marina erfahren, wie gefährlich Nähe sein kann: Nähe macht verletzlich. Da ist es besser, jemanden gar nicht erst an sich heranzulassen. Gelernt ist gelernt! Nicht wenige Frauen und Männer verhindern nach solchen Erfahrungen Nähe zum anderen – ein Selbstschutz, der schnell zum Eigentor werden kann.

Es gibt zahlreiche Möglichkeiten, solch eine Distanz zu schaffen und aufrechtzuerhalten: So lassen sich manche ausschließlich auf kurzlebige, oberflächliche Flirts ein, andere haben immer mehrere Beziehungen parallel, wiederum andere trennen konsequent Freundschaft und Sexualität – mit dem einen geht man ins Kino, mit dem anderen ins Bett – oder warten auf den absoluten Traumpartner. Jeder dieser Wege schützt vor *gefährlichen Liebschaften.*

Auch innerhalb einer Beziehung existiert eine Vielzahl von möglichen Strategien, um den Partner auf Distanz zu halten: zum Beispiel kleine Affären, sexuelle Blockaden, hin und wieder ein Streit. Oft sind es vergangene Beziehungen, die noch in einem rumoren, so daß man nicht wirklich offen ist für eine neue Beziehung. Die Psychologin Judith Sills rät daher, vorab genau die Bereitschaft für eine neue Partnerschaft zu prüfen. Wenn Männer und Frauen sich immer genau dann einem Kontakt entziehen, wenn sie bemerken, daß andere an ihnen interessiert sind, deutet dies auf nichtbewältigte Altbeziehungen hin. Ähnlich ist es, wenn mitten in den schönsten Liebesbeziehungen plötzlich quälende Zweifel auftreten und einen lähmen oder wenn man regelmäßig solche Partner wählt, die sich nicht festlegen wollen, weil sie auf ihre Freiheit und Autonomie pochen.[59]

Trennungsschatten bergen die Gefahr, daß durch sie große Teile des Gefühlslebens prophylaktisch auf Eis gelegt werden. Dann fällt es schwer, auf andere zuzugehen oder sich auf eine Liebesbeziehung einzulassen. Das Abschotten, das zunächst mal eine Überlebensstrategie war, kann dazu führen, daß Männer und Frauen auf andere Menschen eine lange Zeit unnahbar wirken.[60]

Fragen und Anregungen

Suchen Sie nach Eigenschaften an Ihrem Partner, die Ihnen nicht gefallen?
Überlegen Sie, was Sie bestimmt irgendwann am anderen stören wird? Sind das entscheidende Eigenschaften?

Nutzen Sie Mittel, mit denen Sie Partner auf Distanz halten?
Erinnern Sie sich an Ihre letzten Beziehungen: Wie war das Verhältnis von Nähe und Distanz?
Wie beurteilen Sie dieses Verhältnis in Ihrer heutigen Beziehung?
Gibt es bestimmte Gründe, weshalb Sie eine größere Nähe meiden?

Mein (Schutz-)Panzer gehört mir: Harmonieblockaden

Bettina Aust, die als Goldschmiedin in Trier arbeitet, hat sich genau eingeprägt, was sie auf keinen Fall mehr in einer Beziehung tun darf: weichwerden oder nachgeben! Denn aus diesem Grund – glaubt sie – wurde sie damals von ihrem Freund verlassen. »Christian sagte, daß ich eingeknickt wäre. Genauso wie früher oder später jede Freundin von ihm. Von da an sei es jedesmal langweilig geworden für ihn – das sei das Todesurteil für eine Beziehung. Und immer auch sein Grund, zu gehen.«

Was meinte Christian damit, als er behauptete, daß Bettina eingeknickt sei? Bettina erzählt ihre Geschichte: »Am Anfang erscheinen die Frauen selbstbewußt und emanzipiert. Das macht Spaß, es ist aufregend. Man hat ein wirkliches Gegenüber, mit dem man sich auseinandersetzen kann. Doch irgendwann verzichten die Frauen darauf. Sie machen sich klein und passen sich an. Hauptsache Harmonie! Das ist langweilig, wenn sie zu allem ja und amen sagen, nur damit es keinen Streß gibt. Das war Christians Einstellung, und das hat er mir vorgeworfen. Den Frauen fehlt das Sportliche, hat er mir erzählt, der Spaß an der Auseinandersetzung. Sie knicken ein, halten den Widerstand nicht aus. Dadurch ist entschieden, nach wessen Nase es geht, wer sich durchsetzt, wer das Sagen hat, wer bestimmt und entscheidet. Die Frauen müßten einfach dabeibleiben und ihre Sache durchziehen. Entsprechend hat er sich auch über seine Verflossenen geäußert: abfällig und überheblich. Wahrscheinlich im gleichen Ton, in dem er jetzt auch über mich spricht.«

Bettina hatte sich nach der Trennung fest vorgenommen: Sie wird nie wieder einknicken. Doch: »Es ist ganz schön anstrengend, wenn man ständig aufpassen muß, daß der Partner nicht die Oberhand bekommt!« Und es ist nicht nur anstrengend, es schadet manchmal auch den eigenen Interessen. Als Bettina und ihr neuer Freund Karl sich ein Auto kaufen wollten, schlug Karl einen Wagentyp vor, der auch bei Bettina ganz oben auf der Wunschliste stand. Trotzdem schmetterte sie den Vorschlag ab: »Ich wollte nicht, daß Karl glaubt, er kann einfach etwas entscheiden, und ich stimme bloß noch zu!«

Solches Verhalten kommt nicht allzuselten vor, wie der Arzt und Psychologe Victor Chu zu berichten weiß. Nach einer Enttäuschung nehmen viele Männer und Frauen – aus guten Gründen – Schutzhaltungen an und geben sich spröde und unnahbar, selbst wenn sie den anderen nett finden und ihm nahe sein wollen. Andere klassische Muster sind auch, den anderen durch intellektuelle Gespräche auf Distanz zu halten oder ihn ständig auf die Probe zu stellen. Sie scheinen erst dann zufrieden zu sein, wenn er entweder in seinen Bemühungen aufgibt oder an den zu harten Prüfungen scheitert.[61]

Fragen und Anregungen

Wenn Sie an die letzten Streite denken: Haben Sie Ihre Meinung wirklich aus Überzeugung vertreten, oder wollten Sie vor allem die Gegenposition Ihres Partners einnehmen?

Beobachten Sie, in welchen Situationen Sie Streit anfangen. War die Stimmung zwischen Ihnen und Ihrem Partner vorher vielleicht besonders gut?

Glauben Sie an Sätze wie: »Wer nachgibt, hat verloren«, »Wenn man nicht aufpaßt, wird über einen entschieden« oder »Wer sich nicht wehrt, wird untergebuttert«?

Was würde passieren, wenn die Harmonie zwischen Ihnen und Ihrem Partner groß und ungestört wäre? Mögliche Ängste: Angst vor Symbiose/Verschmelzung, Angst, das Eigene zu verlieren, im anderen auf- und unterzugehen, dem anderen keine Grenzen setzen zu können und überrannt zu werden.

Vergegenwärtigen Sie sich die Unterschiede zwischen sich und dem Partner: In welchen Bereichen sind Sie ganz verschieden voneinander?

Achten Sie darauf, auch innerhalb der Beziehung genügend Eigenes zu haben: eigene Freundschaften, Interessen, Gewohnheiten, Vorlieben und Geschmack!

Fatale Nachwirkungen

Manchmal bleiben Rechnungen mit dem Verflossenen offen. Die Erlebnisse und Erfahrungen können nicht zu den Akten gelegt werden, die Wunden wollen und wollen nicht zuheilen. Man sinnt auf Rache: Wie du mir, so ich dir!

Doch anstatt den Verflossenen zu treffen – der ohnehin nicht mehr zu erreichen ist –, bekommt es der Neue ab, schließlich hat das ganze Geschlecht irgendwie schuld. Rache ist aber nicht nur ein Problem für das Opfer, sondern auch für den Täter: Wenn jemand sich festbeißt und nicht mehr loslassen kann, bleibt er ewig in der Vergangenheit gefangen.

Frauke Decker vom Berliner Mediationsverein *Zusammenleben im Familienkonflikt* hat die Erfahrung gemacht, daß »manche Menschen die Gerichte rauf und runter prozessieren, weil sie nachweisen wollen, daß ihr Verflossener ein Idiot ist.« So belasten sie damit nicht nur den anderen, sondern auch sich selbst, das eigene Portemonnaie und viele weitere Unbeteiligte.

Andererseits möchten Männer und Frauen in einer neuen Beziehung mitunter auch etwas gutmachen, was sie in der vorherigen Beziehung versäumt haben. Eigentlich ein Abschiedsgeschenk an den Ex, das aber der Neue bekommt.

Auch indirekte Botschaften an den Verflossenen sind beliebt. Aus guter Deckung wird da signalisiert: »Mir geht es total mies seit unserer Trennung!« Oder aber: »Guck mal, wie gut es mir geht und wie begehrt ich bin! Was warst du doch für ein Schwachkopf, mich gehenzulassen.«

Wenn dem Ex noch lange nach der Trennung das eigene Elend oder Glück unter die Nase gerieben werden muß, ist die Gefahr recht groß, noch in der Verflossenen-Falle zu stecken.

Rachegefühle

Der Berliner Fahrlehrer Horst Plenz hatte lange Zeit heftige Rachephantasien. Hauptdarstellerin darin war seine Ex-Frau Inge, die ihn und die beiden Kinder verlassen hatte. »In der ersten Zeit war es ganz besonders schlimm«, berichtet er, »ich konnte an ihr kein gutes Haar mehr lassen, egal, was mir einfiel. Aber eigentlich hatte ich von allen Frauen die Schnauze voll. Die können mir alle den Buckel runterrutschen, die Weiber, habe ich gedacht. Und wenn man so drauf ist, dann trifft man andere Männer, die genauso denken, denen etwas Ähnliches passiert ist. Was habe ich damals hergezogen über Frauen! Ich mußte immer aufpassen, daß sich das nicht auf meine Fahrschülerinnen überträgt.« Nicht nur seiner Verflossenen Inge hatte er die Pest an den Hals gewünscht. »Die nächste Frau wird nur verarscht, das hatte ich mir vorgenommen. Kennenlernen, freundlich sein, und sobald sie angebissen hat: abservieren! Einfach fallenlassen. Und dann die nächste.«

Die Vorstellung, noch einmal die Chance zu haben, den Verflossenen schlecht zu behandeln oder ihm eins auszuwischen, kann mitunter erhebend oder sogar befreiend sein. Und womöglich sogar Spaß machen. Kritisch wird es aber immer dann, wenn die Rachegefühle nicht aufhören. Wenn sich diese Gefühle nicht nur auf den Verflossenen erstrecken, muß der neue Partner dafür zahlen. Der Paartherapeut H.-J. Niemann bestätigt, daß man »manchmal auf Verhaltensweisen übertrieben reagiert und dann feststellen muß, daß man eigentlich den alten Partner gemeint hat. Doch der neue Partner hat es abkriegt.«

Von ganzem Herzen haßte Tatjana Müller ihren Verflossenen Martin. Drei Jahre lang lebte die 25jährige Schauspielschülerin mit ihm in seiner Wohnung in Köln zusammen. Ihre Beziehung wackelte von Anfang an. Beide hatten kaum Geld, und unsichere Arbeitsverhältnisse erschwerten ihr Zusammenleben zusätzlich. »Nach der Trennung schmiß Martin mich einfach aus seiner Wohnung. Als ich dann dastand und nicht wußte, wohin mit meinen Sachen, habe ich plötzlich rot gesehen! Ich wollte mich an Martin rächen. Ich habe seinen Freunden irgendwelche Geschichten erzählt, um ihn schlechtzumachen. Und dann habe ich ihn auch noch beim Finanzamt angeschwärzt. Martin schrieb nebenbei für Zeitungen und zahlte nie Steuern.« Tatjana versteht ihr damaliges Verhalten selbst nicht mehr so recht, es ist ihr heute ziemlich peinlich. »Bestimmt ein Jahr lang habe ich ihn torpediert, wo es nur ging. Er sollte dafür bezahlen, mich verlassen zu haben. Die Liebe war bald weg, aber mein Stolz, der konnte es nicht verschmerzen.«

Mitunter ist die Kränkung, daß der andere einfach Schluß gemacht hat, viel schlimmer als das Ende der Beziehung. Er ist einem zuvorgekommen, hat über das eigene Leben entschieden, ohne zu fragen. Das schmerzte Tatjana besonders, da sie selbst schon des öfteren überlegt hatte, Martin zu verlassen. Sie brauchte eine lange Zeit, um darüber hinwegzukommen: »Allmählich habe ich dann gelernt, etwas entspannter an Martin zu denken. Ich habe versucht, mich in seine Situation hineinzudenken, warum er so gehandelt hat und wie er sich wohl dabei gefühlt hat. Daß er sich von mir trennen wollte, war schon lange offensichtlich. Und eigentlich wollte ich es ja auch. Für uns beide war es wahrscheinlich auch das beste. Diese andere Sicht half mir, meinen Zorn zu besänftigen. Aber mich so schnell aus der Wohnung rauszuschmeißen, das mußte trotzdem nicht sein! Martin hätte auch noch warten können, bis ich was Neues gefunden hatte.«

Fragen und Anregungen

Haben Sie noch Wut im Bauch, wenn Sie an einen Verflossenen denken?
Woran kann es liegen, daß Sie nach all der Zeit Ihren Groll noch nicht los sind?
Wünschen Sie diesem Verflossenen möglichst viel Schlechtes?
Machen Sie sich bewußt, wem die Rache gilt – und wen Sie damit treffen!
Überlegen Sie, wie Sie die bitteren Gedanken und Rachegefühle loswerden könnten. Versuchen Sie einmal, die Perspektiven zu wechseln.
Wie hätten Sie – damals – in der Situation des Partners gehandelt?
Haben Sie jemanden mal für etwas zahlen lassen, was eigentlich auf der Rechnung des Verflossenen stand?
Summieren Sie, was Ihnen die Trennung an Positivem gebracht hat. Summieren Sie nicht das Negative!
Bedenken Sie: Jemanden schlecht zu behandeln ist kein Zeichen von Stärke. Das gilt für den Verflossenen – und auch für Sie.

Wiedergutmachen im zweiten Anlauf

Nach dem Ende der Beziehung mit Doris machte Klaus Reinecke sich große Vorwürfe. Immer wieder hatte sie sich während der Beziehung bei ihm beklagt, daß sie zuwenig Aufmerksamkeit erhalte und wenig Entgegenkommen spüre. Klaus, der 42jährige Journalist aus Freiburg im Breisgau, war es gewohnt, seine Sachen einfach durchzuziehen. Als er sich für eine mehrmonatige Weltreise entschieden hatte, stellte sich für Doris nur die Frage, ob sie mitfahren wollte oder nicht. Alles andere stand nicht mehr zur Debatte.

Im nachhinein wurde Klaus dann klar, daß er mehr auf Doris' Sorgen hätte eingehen müssen. Er nahm sich vor, »der nächsten Frau mehr Zeit und Aufmerksamkeit zu widmen und viel kompromißbereiter zu sein«. Was Klaus damals noch nicht konnte, davon profitiert nun seine neue Freundin Simone.

Nicht selten wollen Menschen in der aktuellen Beziehung etwas *wiedergutmachen*, was sie in der vergangenen Partnerschaft versäumt haben. Manchmal treiben sie dazu Schuldgefühle, aber auch die Vorstellung, daß die Beziehung vielleicht gar nicht zerbrochen wäre, wenn sie nur etwas Bestimmtes *mehr* getan hätten: sich mehr um den Partner gekümmert, mit ihm zusammengezogen, ihn geheiratet oder gemeinsam ein Kind in die Welt gesetzt. Nicht in jedem Fall muß der neue Partner davon profitieren. Wenn diese Selbstvorwürfe sehr stark sind, können sie mitunter die nächste Beziehung belasten. Manchmal kann der neue Partner allerdings doch profitieren: Er bekommt prompt die Aufmerksamkeit, Dinge oder Kompromißbereitschaft, um die sein Vorgänger erfolglos gekämpft hat.

Gerd Hollstedt, ein 55jähriger Rechtsanwalt aus Cottbus, hat vier Kinder: Seine ältesten – aus erster Ehe – sind 28 und 30 Jahre alt, und mit seiner zweiten Frau Julia hat er Zwillinge, die gerade neun Jahre alt geworden sind. Gerd erzählt, daß er sich in seiner ersten Ehe kaum um die Kinder gekümmert hat: »Ich muß zugeben, daß ich mich sehr wenig für den ganzen Kinderkram interessiert habe. Das mußte Renate, meine Ex-Frau, eigentlich alles allein erledigen. Und ich war auch ganz froh darüber. Ich hatte keinen richtigen Bezug zu den Kindern, irgendwie stand ich immer außen vor. Mit den Zwillingen ist das ganz anders!« In seiner zweiten Familie verfolgt Gerd nun aufmerksam, wie die Kinder heranwachsen. Er sorgt sich um sie, spielt mit ihnen und hat gelernt, sie zu versorgen. »Man kann schon sagen, daß Julia in dieser Hinsicht das bekommt, was Renate sich gewünscht hat. Sie wollte immer, daß ich ein richtiger Vater bin. Ich habe das damals nicht verstanden. Ich dachte, ich mache doch alles, was geht.« Während der ersten Schwangerschaft seiner Ex-Frau Renate hatte Gerd Tag und Nacht gearbeitet, um Geld für die Familie heranzuschaffen. Gleichzeitig begann er, ein Haus zu bauen: alles für die Familie. Seiner Ex-Frau wäre es viel lieber gewesen, wenn er mehr Zeit mit ihr verbracht hätte. Sie fühlte sich vernachlässigt und warf ihm schon wenige Wochen nach der Geburt des ersten Kindes vor, ein miserabler Vater zu sein. »Ich wußte damals nicht, was sie meint. Ich habe ihr gesagt: ›Aber das mache ich doch alles nur für dich und die Kinder!‹ Heute ist mir klar, was sie wollte. Seit wir die Zwillinge haben, teile ich meine Arbeitszeit anders ein, damit ich möglichst viel Zeit mit ihnen verbringen kann.«

Hat sein neues Engagement als Vater auch mit den Vorwürfen seiner Verflossenen zu tun? »Bestimmt. Das ist sicher auch ein Grund: Ich will jetzt ein guter Vater sein, um mir und den Kindern sowie meiner Ex-Frau zu beweisen, daß ich kein miserabler Vater bin. Diesen Vorwurf will ich loswerden, er paßt auch nicht mehr zu mir. Aber das ist nicht der einzige Grund. Ich habe einfach auch dazugelernt und sehe jetzt manches anders als damals.«

Fragen und Anregungen

Worüber hatte Ihr Verflossener immer geklagt? Was wollte er gern von Ihnen haben, ohne es richtig zu erhalten?

Bekommt ein neuer Partner genau das nun von Ihnen, was der Verflossene haben wollte? Ist es auch tatsächlich das, was sich der neue Partner wünscht?

Wenn Sie in einer nächsten Beziehung etwas nachholen wollten: Was wäre das?

Haben Sie das Gefühl, daß Sie etwas wiedergutzumachen haben?

War der damalige Vorwurf berechtigt?

Wenn ja, wie gehen Sie mit diesem Problem heute um?

Akzeptieren Sie, in der vergangenen Beziehung Fehler begangen zu haben.

Strafende und indirekte Botschaften an den Verflossenen

Dorothea Fiedler hat lange gebraucht, um sich wieder zu berappeln und auf die Beine zu kommen. Die Scheidung hat sie damals sehr mitgenommen. Und das sollte ihr Ex-Mann auch spüren. Die 57jährige Potsdamerin, Besitzerin eines kleinen Blumenladens, berichtet: »Wenn ich wußte, daß mein Ex-Mann kommt, habe ich mich nicht geschminkt, nicht frisiert und irgendeinen alten Fummel angezogen. Ich wußte, daß ihn das schockieren würde, weil ich sonst immer großen Wert darauf gelegt habe, gepflegt auszusehen. Ich habe die Wohnung nicht aufgeräumt, nicht abgewaschen und noch nicht mal die Vorhänge aufgezogen. In der ersten Zeit nach der Trennung war das keine Schauspielerei. Da ging es mir wirklich so schlecht, daß mich das alles nicht interessiert hat, wie ich aussehe, in welchem Zustand die Wohnung ist. Aber dieser Dämmerzustand war auf Dauer nicht durchzuhalten. Irgendwann bin ich dann langsam wieder herausgekommen aus dem Sumpf. Bloß wenn mein Ex-Mann vorbeikam, habe ich so getan, als hätte sich nichts geändert und als würde ich immer noch durchhängen. Ich wollte, daß er erfährt, wie dreckig es mir geht, und daß er schuld ist daran. Die Vorstellung, mir geht es schlecht und er vergnügt sich mit meiner Nachfolgerin – das war zuviel für mich. Er sollte auch leiden. Ich wollte, daß er dafür büßt, mich sitzengelassen zu haben.«

Thomas Schneider berichtet etwas ganz Ähnliches von der Zeit nach der letzten Trennung: »Ich habe gehofft, daß sie es sich noch mal überlegt. Wenn sie sieht, wie furchtbar die Trennung für mich ist, dann kommt sie vielleicht zu mir zurück. Ich habe mich wochenlang nicht rasiert und immer die gleichen Klamotten angezogen. Und versifft, wie ich war, bin ich in ihren Stammkneipen aufgetaucht. Alle sollten mein Elend sehen – aber vor allem sie.«

Das Maximum, was in einem solchen Fall von seinem Verflossenen herauszuschlagen wäre, ist ein Freundschaftsangebot. Die *Laß-uns-gute-Freunde-bleiben-Nummer* ist eine der prominentesten Vorstellungen, wie sich ehemalige Partner nach einer Trennung verhalten sollten. Doch ist dies keineswegs unproblematisch. Denn so kann es unter Umständen noch länger dauern, bis die beiden ehemaligen Partner über die Trennung hinwegkommen. Gerade wenn sich einer der beiden weiterhin Hoffnungen macht, daß aus der Freundschaft doch noch einmal mehr wird, behindert dies eine klare Ablösung und die Öffnung für einen neuen Lebensabschnitt.

Für eine Freundschaft zum Verflossenen sind viele kurz nach der Trennung einfach noch nicht reif – das ist ganz normal. Denn dazu braucht es Zeit und eine deutliche Abgrenzung. Erst wenn sie es ertragen können, mit ihm oder ihr befreundet zu sein, auch wenn er oder sie einen neuen Partner hat, ist der Boden dafür bereitet, daß es den ehemaligen Partnern gelingt, tatsächlich richtige Freunde zu werden.

Nachdem Carsten sich von ihr getrennt hat, legte Mara Gessel sich ins Zeug! Die 26jährige, die bei einem Stadtmagazin in Berlin arbeitet, wollte ihm zeigen, daß ihr die Trennung nicht viel ausmacht, daß sie im Gegenteil richtig aufblüht ohne ihn. Dafür hatte sie einiges unternommen: »Ich habe mir viele neue Klamotten gekauft, war beim Friseur und ging dreimal in der Woche ins Fitneß-Center. Leisten konnte ich mir das alles nicht, aber das war egal! Zum einen habe ich das gebraucht, weil es mir guttat. Und zum anderen wollte ich so gut wie möglich aussehen, wenn ich Carsten treffe.«

Sie ging genau auf die Parties und in die Clubs, wo Carsten ziemlich sicher auch auftauchen würde. Immer gut gelaunt und herausgeputzt – und am besten in männlicher Begleitung –, ließ sie sich sehen. Carsten sollte erkennen, was für ein Trottel er doch war. »Ich habe die Abende bis ins Kleinste organisiert. Wo kann ich ihn treffen? Welchen Typen nehme ich mit? Aber damit nicht genug! Wenn ich Carsten dann in einem Club sah, ging die Show erst richtig los. Ich habe geflirtet auf Teufel komm raus und dabei so getan, als ob ich gar nicht wüßte, daß Carsten mich beobachtet. Und es tat mir verdammt gut, zu sehen, daß mein Flirten nicht spurlos an ihm vorüberging. Er sollte leiden, der Kerl. Aber irgendwie hatte ich ja doch gehofft, daß er dann irgendwann mal angekrochen käme. Das war aber eine Fehlrechnung.«

Es ist überhaupt nicht selten, daß Männer und Frauen ihren Verflossenen – und der ganzen Welt und nicht zuletzt sich selbst (!) – beweisen wollen, daß sie attraktiv und begehrenswert sind und daß die Ex-Partner spielerisch leicht zu ersetzen sind. Vielleicht, so lautet die heimliche Hoffnung, merken sie dann endlich, mit was für einem tollen Menschen sie zusammen waren. Doch daß der Verflossene daraufhin reumütig zurückkommt, ist eher selten.

Fragen und Anregungen

Legen Sie sich eine Strategie zurecht, wenn Sie wissen, daß Sie Ihren Ex-Partner treffen werden?
Was genau wollen Sie damit bezwecken?
Ist Ihr Ziel realistisch?
Glauben Sie, Ihren Verflossenen dadurch wiederzugewinnen, oder wollen Sie ihm eher ein schlechtes Gewissen machen?
Bedenken Sie, daß Sie nicht frei und offen für neue Menschen und Erfahrungen sind, solange Sie noch am Vergangenen kleben!
Überlegen Sie, was Ihnen guttut, wie Sie sich am besten fühlen! Das gibt Ihnen mehr Souveränität, dem Verflossenen entspannter zu begegnen.
Schreiben Sie Ihrem Verflossenen einen Brief, den Sie aber nicht abschicken! Oft hilft es bei der Klärung, wenn man seine Gedanken auf Papier bringt. Schreiben Sie auf, was Sie ihm noch sagen wollten und was er wissen muß: wie sehr Sie das Verlassenwerden gekränkt hat oder daß er Sie sowieso nicht verdient hat. Betrachten Sie diesen Brief als Abschluß Ihrer inneren Auseinandersetzung mit ihm. Unterdrücken Sie auf jeden Fall den Impuls, diesen Brief abzuschicken! Er dient lediglich Ihrer eigenen Auseinandersetzung.

Verflixte Vorgänger: Die Verflossenen des Partners

»Marleen, eine von uns beiden muß nun gehn«
(Marianne Rosenberg)

Die meisten Menschen haben schon jemand anderen geliebt, bevor sie sich für den aktuellen Partner entschlossen haben. Nun gut, das können die meisten akzeptieren, aber erinnert werden möchte möglichst keiner daran. Wie soll man sich auch idealerweise verhalten, wenn der Partner noch zu seinen Verflossenen Kontakt hat? Wieviel sollten Menschen über ihre Vorgänger wissen, sollten sie nach ihnen fragen, um sich ein genaueres Bild zu machen? Oder ist es besser, die Vorgänger einfach zu ignorieren?

Es gibt viele Wege, mit den verflixten Vorgängern umzugehen. In vielen Fällen kann es sogar sinnvoll sein, die Vorgänger kennenzulernen, behauptet die Psychologin Frauke Decker: »Die Verflossenen haben die Angewohnheit, ein Schatten zu sein und ein Schatten zu bleiben. Das Kennenlernen verwandelt diesen Schatten in eine reale Person. Dadurch wird einem bewußt, daß der Vorgänger ein ganz normaler Mensch und kein Superwesen ist. Das kann den Schatten, den er wirft, weniger beherrschend machen.«

Robert hat eine Angewohnheit, die seiner Freundin Gesine extrem auf die Nerven fällt. Immer wieder findet er eine Gelegenheit, um von den Kochkünsten seiner Ex-Freundin Mascha zu schwärmen. Dann erzählt er lang und breit, was sie damals gekocht hat für ihn: asiatisch, afrikanisch, französisch. In keinem Restaurant hätte er jemals so gut gegessen wie damals bei Mascha. »Immer, wenn Robert anfängt, von den Kochkünsten seiner Verflossenen zu schwärmen, koche ich auch – vor Wut!«, erzählt Gesine. »Schließlich kann er froh sein, daß ich überhaupt für ihn koche. Statt dessen gibt er mir das Gefühl, daß er aber was anderes gewohnt sei, etwas Besseres, versteht sich.«

Gesine fragt sich, welche Bedeutung dieser ewige Vergleich hat. Geht es ihm lediglich nur um die Unterschiede beim Kochen? »Reicht das jetzt nicht mehr, wie ich bin und was ich kann? Muß ich mich in diesem Punkt ändern? Akzeptiert er mich eigentlich, so wie ich bin?«

Solche Vergleiche können unter Umständen immer dann auf fruchtbaren Boden fallen, wenn einer von beiden unsicher ist oder wenn die Beziehung sich gerade in einem Tal befindet. Zudem ist es einfach verletzend, zu hören, um wie vieles attraktiver, leidenschaftlicher, erfolgreicher, sprich: besser doch der Vorgänger war. Selbst bei nebensächlichen Themen ist der offene Vergleich des Partners problematisch. Man sollte nicht vergessen: Alle Verflossenen sind heimliche Konkurrenten. An ihnen werden die aktuellen Partner gemessen.

Sie existieren eben, die Männer und Frauen, die mit dem aktuellen Partner Jahre des Lebens verbracht haben – ohne daß man selbst dabeigewesen ist und beurteilen kann, was da wirklich gelaufen ist, wie toll oder stressig, wie aufregend oder langweilig die Beziehung war. Die meisten Menschen sind auf die paar Brocken angewiesen, die ihnen ihr Partner erzählt. Den Rest erledigt die Phantasie. Und je nach Stärke und Selbstbewußtsein malt sie die Vorgänger in Rosarot oder Dunkelgrau.

Wie sollten sich Männer und Frauen zu den eigenen Vorgängern verhalten? Müssen sie abgewertet, bekämpft, muß über sie hergezogen werden? Oder sollte ganz entspannt zugehört werden, wenn die anderen von ihnen erzählen?

Am Anfang einer Beziehung sind die Verflossenen meistens noch kein Thema. Die frische Verliebtheit überlagert zunächst alles. Erst im Lauf der Partnerschaft, wenn sich der Alltag einstellt, ziehen die Vergleiche auf. Dazu bemerkt der Sexualtherapeut Theo Gilbers: »Wir sind Meister im Verdrängen. Selbst wenn eine Beziehung schrecklich ablief und endete, ab einem gewissen Zeitpunkt fallen einem nur noch die guten Seiten ein. Dann erinnert man sich an das, was schön war, an gemeinsame Urlaube und ähnliches – eben an alles, was mit dem alten Partner gut lief. Besonders natürlich an solche Dinge, die in der neuen Beziehung nicht so gut klappen. Dann kann es passieren, daß die alten Bilder wieder auftauchen und Maßstäbe setzen. Fatal für die Beziehung wird es, wenn man denkt, daß es früher mit dem anderen Partner grundsätzlich besser war.«

Christoph Hessler, der Hamburger Barkeeper, und seine ehemalige Freundin Ann-Kathrin waren knapp ein Jahr zusammen. Fast von Anfang an hatten sie Probleme beim Sex: Mißverständnisse, erfolglose Versuche, unbefriedigende Erlebnisse. Beide waren unzufrieden mit der Situation, im Laufe der Beziehung wurden die Auseinandersetzungen immer heftiger. Christoph erzählt: »Ann-Kathrin hatte ganz genaue Vorstellungen davon, wie was im Bett abzulaufen hat. Vor allem erwartete sie immer, daß ich die Initiative ergreife. Ich bin aber nicht der stürmische Draufgänger, sondern eher zurückhaltend und passiv. Damit konnte sie überhaupt nichts anfangen. Als wir uns einmal deswegen gestritten haben, warf Ann-Kathrin mir an den Kopf, daß ich überhaupt keine Ahnung von Frauen habe. Daß ich nicht wüßte, was sie sich sexuell wünschen. Ihre früheren Liebhaber wären da ganz anders gewesen, mit denen hätte es mehr Spaß gemacht. Ich war wie vor den Kopf gestoßen.«

Besonders bei der Sexualität sind Vergleiche verheerend. Die Angst, im Bett schlechter abzuschneiden als der Vorgänger, ist groß. Nach den Erfahrungen von Theo Gilbers sind solche Ängste besonders stark bei Männern ausgeprägt: »Sie fragen sich: War ihr Exfreund ein besserer Liebhaber? Hatte er öfter Lust oder länger andauernde Erektionen? Besonders, wenn es in der aktuellen Beziehung im Bett nicht so gut funktioniert, stellt man sich diese Fragen.« Der Sexualtherapeut erklärt weiter: »Wenn man systematisch verglichen wird, kann einen das völlig demoralisieren. Hellhörig sollte man werden, wenn der Partner von Anfang an permanent über seinen Verflossenen redet, wenn sein Ex-Partner sozusagen immer anwesend ist. Dann kann es sein, daß er noch gar nicht offen ist für eine neue Beziehung, auch wenn er das gerne möchte.«

Theo Gilbers rät dazu, sich konsequent von solchen Vergleichen abzugrenzen: »Sagen Sie sich und Ihrem Partner: Ich bin anders als meine Vorgänger, und jetzt bist du mit mir zusammen. Dazu braucht man Kraft und Selbstbewußtsein!«

Neid auf frühere Gemeinsamkeiten

Alte Bindungen können mißtrauisch und neidisch machen. Und doch: Fast alle Menschen müssen akzeptieren, daß ihre Partner nun mal ebenfalls Verflossene haben.

Schwierig kann es werden, wenn sie mit ihnen noch befreundet sind. Sylvia Gelbert, 29jährige Finanzbeamtin in Stuttgart, ist mit Gerd verlobt. Gerds Ex-Freundin Brigitte ist heute seine beste Freundin. Das war lange Zeit ein wunder Punkt für Sylvia, eine Kröte, die sie schlucken mußte. »Als beste Freundin von Gerd ist Brigitte natürlich ständig irgendwie präsent. Die beiden telefonieren mehrmals in der Woche miteinander, zu allen Festen bei uns wird sie eingeladen. Gerd schickt ihr Urlaubskarten, und ich glaube, er wünscht sich, daß sie die Patin unseres Kindes wird.« Inzwischen sei das alles kein Problem mehr für sie, erzählt Sylvia, aber anfangs hat sie sich sehr schwergetan, diese Freundschaft zu akzeptieren. »Obwohl ich mir ganz sicher bin, daß zwischen den beiden wirklich nichts mehr läuft und sie einfach gute Freunde sind, machte es mir was aus.« Sylvia hatte es zunächst regelmäßig einen Stich versetzt, wenn sich Gerds Freunde nach Brigitte erkundigten. »Zwischen den beiden gab es eine große Vertrautheit, die Gerd und ich noch nicht miteinander hatten. Gerd und Brigitte verbanden viele Interessen, Erinnerungen an Reisen, an Feste, so vieles. Da konnte ich doch gar nicht mithalten.« Brigitte war für sie *die* Konkurrentin. Sylvia war eifersüchtig auf die Vergangenheit, auf die gemeinsame Zeit, die Brigitte mit Gerd erlebt hatte. Manchmal fällt es ihr auch heute noch schwer, die Freundschaft der beiden zu akzeptieren, aber: »Ich muß mich daran gewöhnen, daß Gerd eine Vergangenheit hat. Schließlich habe ich die ja auch.«

Viele Menschen wünschen sich, alles mit dem aktuellen Partner neu zu erleben: Jedes Land und jede Stadt, die man ohne ihn gesehen hat, soll nun noch einmal mit ihm bereist werden. Man will ihm alle Lieblingsorte zeigen, die Plätze, an denen man als Kind gespielt hat, das Haus, in dem die erste eigene Wohnung war.

Sarah Leisner kann sich gut an eine Situation erinnern, als sie fast geplatzt wäre vor Ärger und Neid: Ihr Mann Sebastian schwelgte in idyllischen Erinnerungen an sein früheres Leben – gemeinsam mit einer Verflossenen. Sarah erzählt: »Eine Ex-Freundin von Sebastian war bei uns zu Besuch. Und die ganze Zeit haben sie nur von der Vergangenheit geredet. Ein ganzes Wochenende lang! Das war das einzige, worüber sie sprachen: Was sie damals alles unternommen haben, mit wem sie befreundet waren und so weiter. Sie rollten ihre ganze gemeinsame Zeit auf, samt geschmacklosen Anekdoten à la: ›Weißt du noch, die

Nacht, als das Bett zusammengekracht ist?‹ Ich stand vollkommen außen vor. Als sie dann endlich weg war, bin ich ausgerastet. Ich habe zu Sebastian gesagt: ›Die kommt uns nicht noch mal ins Haus! Und das meine ich ganz ernst.‹«

Logischerweise haben nahezu alle Männer und Frauen schon ein Leben vor ihrem jetzigen gehabt. Genau wie ihre Partner haben auch sie wichtige, schöne, aufregende Erlebnisse mit anderen Menschen geteilt. Was im Kopf klar ist, fällt im unmittelbaren Erleben trotzdem oft schwer. Man muß es erst lernen, dies auch emotional zu akzeptieren. Und dennoch: Manchmal fällt es einfach schwer, die Vergangenheit des Partners zu akzeptieren.

Carsten Siebert, der Leipziger Krankenpfleger, erzählt von seiner letzten intensiven Liebesbeziehung. Er war lange Zeit mit Ute zusammen. Sie hatte eine sehr enge Bindung zu ihrem Vater, der aber starb, bevor Carsten ihn kennenlernen konnte. Das macht ihn neidisch auf seine Vorgänger, die ihn alle kannten. »Er war der wichtigste Mensch in Utes Leben. Auch jetzt, nach seinem Tod, wird noch viel über ihn geredet. Ute soll ihm sehr ähnlich sein. Ihre alten Freunde sprechen von ihm, und wenn wir ihre Mutter oder ihre Schwester besuchen, dann ist er immer Thema. Da fühle ich mich schon etwas außen vor. Es war ihr Ex-Freund, mein Vorgänger, der an Utes Seite stand, als ihr Vater starb. Er – und nicht ich – hat alles mit ihr durchgestanden, sie in dieser schlimmen Zeit getröstet. Das ist etwas, was sie ihm heute noch hoch anrechnet.« Carsten bedauert, daß er Ute zu dieser Zeit noch nicht kannte. Er weiß, daß es wichtige verbindende Momente im Leben gibt, die big points, die man im Idealfall gern zusammen durchsteht. »Aber manche Dinge, die kann man eben nicht nachholen. Dafür haben wir anderes zusammen erlebt, was sonst niemand mit ihr teilen kann.«

Zu den meisten Vorgängerinnen hat Iris Borchardt ein entspanntes Verhältnis. Aber eine Geschichte liegt ihr seit Jahren schwer im Magen. Ihr Freund Lars hat mit seiner Verflossenen Sabine eine kleine Tochter, die von Zeit zu Zeit bei ihnen beiden in Magdeburg lebt. Iris stellt zunächst etwas Grundsätzliches klar: »Ich habe kein Problem mit Sabine als Mensch, aber als Faktum. Sie hat ein Kind mit dem Mann, von dem ich mir wahrscheinlich ein Kind gewünscht hätte. Dadurch, daß Lars mit ihr ein Kind hat und nicht mit mir, bin ich oft traurig. Und ich bin eifersüchtig darauf. Immer wenn ich Lars' Tochter anschaue, denke ich automatisch an Sabine. Ich kann diesen Platz in seinem Leben nicht mehr einnehmen – die Geburt seines ersten Kindes hat er mit einer anderen Frau erlebt.« Iris muß sich damit arrangieren, daß ein großer Teil der Gefühle ihres Freundes seiner Tochter gehören. Das fällt ihr verständlicherweise nicht gerade leicht. Sie beschreibt das mit einem treffenden Szenario: »Angenommen, wir wären zu dritt auf einem Schiff, Lars, seine Tochter und ich. Wenn das Schiff kentern würde, haben beide Elternteile normalerweise wohl keinen anderen Gedanken, als zuerst ihr Kind zu retten. Bei uns wäre das anders. Für Lars steht seine Tochter an erster Stelle, für mich ist Lars am wichtigsten. Vielleicht ist es ein gemeiner Gedanke«, sagt Iris, »aber genau das spüre ich: Ich habe diesen Mann nicht zu hundert Prozent, sondern nur zu fünfzig. Die anderen fünfzig Prozent sind bei seiner Tochter. Intellektuell kann ich das natürlich nachvollziehen, aber emotional wäre es mir lieber, wenn es mein Kind wäre.«

Fragen und Anregungen

Was neiden Sie Ihren Vorgängern? Welche Eigenschaften und Erlebnisse sind es besonders?

Glauben Sie, daß Ihr Partner diese Eigenschaften und Erlebnisse für genauso bedeutsam hält wie Sie? Vielleicht waren andere Dinge aus seiner ehemaligen Beziehung für ihn viel wesentlicher.

Welche besonderen Erlebnisse verbinden Sie bereits mit Ihrem aktuellen Partner?

Gibt es schon genügend einmalige Ereignisse, die Sie mit Ihrem aktuellen Partner verbinden?

Schaffen Sie neue starke Erlebnisse, die nur Sie beide teilen! Was könnte das zum Beispiel sein?

Versuchen Sie nicht, sich mit Vergangenem zu messen! Diese Episode ist unwiederbringlich vorbei und abgeschlossen. Konzentrieren Sie sich auf die Gegenwart und die Zukunft – Ihre Beziehung findet jetzt statt!

Vergleich mit den Vorgängern

»Irgendwie stellte es das Einmalige unserer Liebe in Frage, daß ich nicht die erste und einzige war, die Jens geliebt hat«, erzählt die Berliner Krankengymnastin Dagmar Nolte. »Manchmal ertappe ich mich bei dem Gedanken, daß vielleicht doch nichts Besonderes ist zwischen uns. Wenn ich überlege, daß er schon drei anderen Frauen vor mir geschworen hat, daß er sie liebt und mit ihnen alt werden will, dann wird mir ganz anders. Denn alle drei hat er trotzdem verlassen! Ich meine, wer sagt mir, daß das nicht wieder passiert? Man fragt sich automatisch, ob er das mit einem nicht genauso macht, früher oder später.«

Nicht wenige Männer und Frauen wünschen sich insgeheim, der einzige im Leben des Liebsten zu sein – und selbstverständlich der Beste, Klügste, Schönste, und überhaupt: einfach unvergleichlich. Die Vorgänger stellen diesen Wunsch nach Einzigartigkeit jedoch immer wieder in Frage. Schnell können Selbstzweifel aufkommen: »Ist unsere Liebe wirklich so besonders, wie mein Partner immer sagt, wo er doch vor mir schon andere geliebt hat? Hat er ihnen die gleichen Komplimente gemacht und womöglich auch kleine Zettel mit Liebesbotschaften auf den Frühstückstisch gelegt? Ist unsere Liebe nur eine unter vielen?« Dies ist vielleicht der Preis für das freiere Leben, daß Männer und Frauen heute leben können. Die emotionalen, über viele Generationen gewachsenen Prägungen basieren noch mehrheitlich auf der lebenslangen Einehe, doch die Praxis ist in den letzten Jahrzehnten eine andere geworden.

Automatisch die Nummer Zwei?

Für Thomas Schneider wäre die Existenz eines Vorgängers überhaupt kein Problem, so sagt er. Aber: »Mit einem bestimmten Vorgänger hätte ich keine Schwierigkeiten. Aber mit ihrer Anzahl! Meine letzte Freundin hat extrem viele Verflossene. Irgendwie hat es mich schon nach kurzer Zeit nervös gemacht, einer unter so vielen zu sein. Wenn wir zusammen ausgingen und Bekannte von ihr trafen, war jedesmal mindestens ein Mann dabei, mit dem sie mal was hatte. Eine längere Beziehung, eine Affäre, einen One-Night-Stand – was auch immer.«

Doch die Probleme mit den Vorgängern können auch dramatischere Formen annehmen. Britta Gayer hat eine kleine Tochter von drei Jahren. Sie selbst ist 35 Jahre alt und arbeitet als PR-Beraterin in Köln. Vor zwei Jahren lernte sie Philipp auf einer Fortbildung kennen. »Er war sehr in sich gekehrt, als ich ihn kennenlernte und wirkte niedergedrückt und traurig. Irgendwie kamen wir miteinander ins Gespräch, und da erzählte er mir, daß seine Freundin ihn gerade verlassen hat«, berichtet Britta. Am Ende der Fortbildung tauschten sie Telefonnummern aus und beschlossen, miteinander in Kontakt zu bleiben. Zuerst telefonierten sie häufig, dann trafen sie sich regelmäßig, gingen spazieren, redeten viel und unternahmen Ausflüge zu dritt mit Brittas Tochter. Aus ihrer Freundschaft wuchs eine Beziehung. Sie lebten ein Jahr lang zusammen – bis Philipps Ex-Freundin Ina plötzlich aus dem Nichts wieder auftauchte. »Und mit einem Schlag wurde alles anders zwischen uns«, erzählt Britta. »Ich merkte sofort, daß Philipp sich veränderte. Er zog sich zurück. Wenn ich ihn fragte, was denn los sei, ob er Probleme bei der Arbeit hätte, sagte er immer nur: ›Es ist nichts‹. Dabei traf er sich zu dem Zeitpunkt schon längst wieder mit Ina.« Eines Abends rückte Philipp dann mit der Wahrheit heraus. Er trennte sich von Britta – und ging wieder zurück zu seiner Verflossenen. Ein schwerer Schlag für Britta. »Ich fühle mich auch heute noch ausgenutzt, wenn ich daran denke. Als es ihm schlecht ging, war ich gut genug für ihn. Und kaum taucht seine Ex wieder auf, läßt er mich fallen wie eine heiße Kartoffel.«

Die Befürchtung, daß die Beziehung für den anderen einen viel geringeren Stellenwert besitzt, bekommt in so einem Fall Nahrung. Die Psychologin Frauke Decker kennt vergleichbare Fälle aus ihrer Beratungspraxis. Mitunter wird »das Schreckgespenst zur Wahrheit. Wenn man befürchten muß: ›Er hat mich gar nicht geliebt. Er hat mich nur deswegen genommen, weil er die andere nicht mehr haben konnte, um sich zu trösten.‹ Das ist ein bitteres Erlebnis, denn es stellt in Frage, ob man überhaupt gemeint war, ob man wirklich geliebt wurde. Das fragen sich Paare bei der Trennung sowieso regelmäßig, das gehört dazu. Aber in solchen Fällen macht die Frage wirklich Sinn. Da muß man schwer mit seinem Ego kämpfen, um das zu verkraften.«

Vor allem, so Frauke Decker, sollte man aber endlich die »heimliche Vorstellung, der erste und einzige« zu sein, begraben.

Das ist eine romantische Phantasie, mehr nicht. »Man muß akzeptieren, daß man einen gebrauchten Mann oder eine gebrauchte Frau hat.«

Wie konntest Du nur so jemanden lieben?
»Natürlich war ich neugierig, als Karl erzählte, daß Kati zu Besuch kommt«, erzählt Bettina Aust. Der Freund der Trierer Goldschmiedin war viele Jahre mit Kati zusammengewesen. Sie hatten auch zusammengewohnt. Kati war seine wichtigste Beziehung vor Bettina. Und sie war die erste Verflossene von Karl, die sie kennenlernen sollte. »Kati hatte einen Arbeitstermin hier in der Stadt und wollte die Gelegenheit nutzen, Karl zu besuchen. Von ihr war damals die Trennung ausgegangen. Karl hatte daraufhin aus Frust oder Trauer alles, was er von ihr besessen hatte, weggeschmissen. Ich hatte also noch nicht mal ein Photo von ihr gesehen. Das einzige, was ich wußte, war, daß sie ein ähnlicher Typ wie ich sein sollte. Das hatte Karl mir gesagt. Und daß wir uns bestimmt gut verstehen würden.« Bettina lacht bei der Erinnerung an das erste Treffen: »Es war wie in einer schlechten Soap! Ich glaube, ich habe wirklich den Mund nicht mehr zugekriegt, als sie in die Wohnung kam. Eine aufgetakelte, schrille Frau, die mich gleich ans Herz drückte, als seien wir alte Freundinnen, die sich seit Jahren nicht gesehen hätten. Und ständig klopfte sie Karl kumpelhaft auf die Schulter. Ich dachte: ›Das ist nicht Kati. Das nicht! Karl kann diese Frau niemals geliebt haben. Ich weigere mich, das zu glauben.‹ Aber so war es.« Was Bettina zusätzlich irritierte, waren die Reaktionen von Karl: Er verstand gar nicht, worüber sie sich aufregte. Er blieb dabei, daß die beiden Frauen sich doch wirklich ähnlich seien, vom Äußeren mal abgesehen. Herzlich, warm und aufgeschlossen. Beide seien Menschen, denen andere gerne das Herz ausschütten, bei denen man sich schnell wohl und aufgehoben fühlt. »Ich war tödlich beleidigt«, sagt Bettina, »ich dachte: Oh mein Gott! Wie sieht er mich bloß? Zwischen dieser Frau und mir liegen doch Lichtjahre.«

Wie kannst du bloß *so jemanden* geliebt haben? Viele schütteln über ihre Vorgänger nur verständnislos den Kopf, andere sind empört und gekränkt, wenn sie mit ihnen verglichen werden.

Eine häufig praktizierte Methode in dieser Situation ist es, den Vorgänger einfach abzuwerten, auch wenn dem anderen dabei wenig Gerechtigkeit widerfährt. Oder sie suchen nach anderen Gründen, um die Vorgänger nicht als Konkurrenten betrachten zu müssen.

Der Sozialarbeiter Franz Seibold beispielsweise betont regelmäßig die Schwächen seiner Vorgänger, wenn die Sprache auf sie kommt: »Ich kenne die Geschichte von Christinas letztem Verflossenem. Er war psychisch krank und litt an Verfolgungswahn. Ich habe mit dieser Geschichte von ihr keine Probleme. Und ein anderer Typ, den Christina wollte, bekam sie nicht, und als er dann wollte, war ich schneller gewesen. Ich empfinde nur tiefes Mitleid mit dem Idioten, der diese tolle Frau ziehen ließ!«

Auch Klaus Reinecke, der 42jährige Journalist aus Freiburg, hat ein probates Mittel gefunden, mit den Verflossenen seiner elf Jahre jüngeren Freundin umzugehen. »Von Simones Vorgeschichte weiß ich ziemlich viel, wir haben ausführlich darüber gesprochen. Ich bin ihre erste stabilere Beziehung, davor war sie nie länger als zehn Monate mit einem Mann zusammen. Ihre früheren Freunde kenne ich nicht. Damals hat sie mit dem einen Schluß gemacht und ein paar Tage später mit dem nächsten eine Beziehung anfangen. Und es war immer Simone, die Schluß gemacht hat. Irgendwie nehme ich alle die Geschichten, die sie vor mir hatte, nicht ernst.«

Bei einigen Gegenüberstellungen mit ihren Vorgängern wundern sich manche Männer und Frauen mitunter doch sehr, was ihre Partner zeitweise für einen eigenwilligen Geschmack hatten. Und selbst wenn die Vorgänger der aktuellen Partner einem heute seltsam, suspekt und komisch erscheinen sollten, darf nicht vergessen werden, daß die Verflossenen zu einer bestimmten Zeit und unter besonderen Lebensumständen mit ihnen zusammen waren. Denn damals waren sie offensichtlich für sie genau die richtigen Partner. Im umgekehrten Fall würden auch die aktuellen Partner vermutlich ziemlich erschrecken, wenn sie die Ex-Lieben von einem selbst kennenlernten.

Verflossene als Konkurrenten

Für Anke Lentzer, eine 30jährige Übersetzerin aus Bonn, war die Verflossene ihres Ex-Freundes Jonas ein rotes Tuch: »Sie war eine Art Überfrau. Jonas hat mir immer erzählt, wie toll und aufregend das Leben mit ihr gewesen sei. Diese Frau, Carina, kannten damals alle in der Stadt. Sie war bekannt wie ein bunter Hund, fast so eine Art Star. Eben etwas ganz Besonderes. Ihre Mutter war Künstlerin, ihr Vater stinkreich. Alle kannten die Familie. Mein Leben kam mir im Vergleich zu ihrem ganz schön langweilig vor.« Zwischen Anke und Carina entwickelte sich eine ausgewachsene Fehde um Jonas. »Als ich mit Jonas zusammenkam, hat sie Terror gemacht und wollte ihn plötzlich wiederhaben. Ich war irre eifersüchtig. Ich glaube, sie ist der einzige Mensch, den ich jemals aus tiefstem Herzen gehaßt habe! Sie hat mit allen möglichen Intrigen versucht, mich in der Stadt unmöglich zu machen. Fünf Jahre später, als wir beide schon lange nicht mehr mit Jonas zusammen waren, haben wir uns zufällig getroffen. Und wir haben beide immer noch vor Wut gezittert und konnten kaum ein normales Wort miteinander sprechen.«

Es ist nicht so ungewöhnlich, daß ein Verflossener in Beziehungen als Ideal auftaucht – und vor allem so präsentiert wird. Wenn jemand seinem Partner mit leuchtenden Augen erzählt, wie geistreich sein Vorgänger war, wie belesen und gebildet und was nicht alles, wird es schwer, nicht dagegen zu wüten. Es kränkt einfach! Schließlich will man als eigene Person wahrgenommen werden, mit eigenen Stärken und Schwächen, und nicht in erster Linie in Bezug zu einem anderen Menschen.

Die Vergleiche zu den Vorgängern stellen die meisten Menschen ohnehin von sich aus an, gerade im Falle deutlicher Unterschiede. Sie fragen sich, ob sie konkurrenzfähig sind und ob sie besser abschneiden als der Ex des Partners. Wenn seine erste große Liebe klein, dunkelhaarig und schüchtern war, man selbst aber groß, blond und selbstbewußt ist, kommt schon die Frage danach auf, nach welchen Kriterien man wohl ausgesucht worden ist. Es ist schon nervig genug, daß man von solchen Gedanken geplagt wird, aber vom Partner den Vergleich aufgedrückt zu bekommen, das ist ärgerlich, und dagegen sollte man sich auch wehren. »Wir lassen uns immer wieder verführen, Menschen und Beziehungen miteinander zu vergleichen, also auch den aktuellen Partner mit dem Verflossenen«, sagt dazu die Psychotherapeutin Anne Deckert. »Die Tendenz, die beiden miteinander zu messen, ist schädlich – sowohl für den, der mißt, als auch für den, der gemessen wird. Wenn man den neuen Partner mit dem Verflossenen vergleicht, dann kann es entweder zur Idealisierung des Neuen und zur Entthronung des alten Partners kommen oder umgedreht.«

Verflossene als Joker

Vorgänger lassen sich auch prima als Joker benutzen. Männer und Frauen setzten den Vorgänger an Stellen ein, wo sie ihren Partner beeinflussen, verändern, aber auch verletzen wollen. Dann schwärmt man ausführlich von ihnen und erzählt seinem Partner, wie toll es mit dem Ex gewesen war. So schafft man Konkurrenz, und der Ex wird zur Bedrohung.

Der Sexualtherapeut Theo Gilbers berichtet von einem Paar, das ins *Familienplanungszentrum Balance* zur Beratung kam. Die Frau war vorher mit einem Unternehmer zusammen, ihr aktueller Partner ist arbeitslos. Der Lebensstandard der Frau war dadurch niedriger als zuvor, worauf sie immer wieder zu sprechen kam. »Der Frau war gar nicht bewußt, was sie da machte. Sie fand ihre Bemerkungen überhaupt nicht schlimm. Sie hatte mit ihrem früheren Leben abgeschlossen. Für sie waren ihre Sticheleien zu den Finanzen eine Art Spiel. Offensichtlich merkte sie gar nicht, wie sehr sie ihren Partner damit kränkte und schachmatt setzte.«

Bei solchen Vergleichen haben die wenigsten eine Chance. Wenn man bewußt oder unbewußt mit Eigenschaften der Verflossenen konfrontiert wird, bei denen man unterlegen ist, wirkt das nur frustrierend. Wenn der Vorgänger je nach Bedarf immer mal wieder wie ein Joker aus dem Ärmel gezogen wird, schafft das eine starke Konkurrenz.

Iris Borchardt zum Beispiel weiß sehr wohl, daß sie zuweilen ihre Verflossenen entsprechend einsetzt. »Wenn ich zum Beispiel mit Lars Tee trinke, und es mich nervt, daß er sich immer zuerst einschenkt, dann sage ich schon mal: ›Paul hat mir immer zuerst Tee eingegossen.‹ Dann geht es manchmal ganz schön los bei uns. Lars kann es überhaupt nicht leiden, mit einem meiner Verflossenen verglichen zu werden. Er empfindet es so, als ob ich manchmal meine Verflossenen als Waffe gegen ihn einsetze. Ich mache das nicht bewußt, aber letztlich ist es manchmal wohl doch so.«

Damoklesschwert Verflossene
Sarah Leisner erzählt zum Thema Konkurrenz mit der Vorgängerin von einer Verflossenen ihres Mannes Sebastian, die sie bis heute nur »diese Amerikanerin« nennt. »Da gibt es noch diese Amerikanerin, die immer noch in meinen Mann verliebt ist. Ich habe angefangen, ihre Briefe zu lesen. Sebastian meint, ich könnte das ruhig tun, er hätte kein Problem damit. Natürlich hat er kein Problem damit, es schmeichelt ihm wahnsinnig. Sie schreibt ihm Dinge wie: ›Ich werde immer auf dich warten. Sag mir, wenn du dich von Sarah trennst.‹ Selbst auf ihre blöden Karten schreibt sie: ›I still love you‹. Irgendwann hat es mir gereicht. Ich habe zu Sebastian gesagt: ›Entweder *du* schreibst ihr einen Brief, daß sie damit aufhören soll, oder *ich* schreibe ihr.‹ Das Wissen, da ist jemand, der lauert auf ihn, die würde ihn zurücknehmen, unter jeder Bedingung – das hat mich wahnsinnig genervt und unsicher gemacht.« Eine Verflossene im Hintergrund zu wissen, die jederzeit bereit ist, wieder in den Vordergrund zu treten, belastet jede Beziehung. »Allein durch ihre Existenz stellte diese Amerikanerin lange Zeit eine Bedrohung für mich dar. Ich war super empfindlich. Sie kam aus Jamaika und war schwarz – was ich nicht bin. Irgendwann habe ich Photos von ihr entdeckt. Sie hatte zugegebenermaßen klasse Beine. Doch als Sebastian sagte: ›Solche Beine hast du doch auch‹, habe ich zurückgeblafft: ›Nein, ich habe viel bessere!‹« Sarah hat die Photos genauestens betrachtet und ihre Vorgängerin auf Schwachstellen untersucht. Als sie Photos fand, auf denen sie unmögliche Klamotten trug, hat sie sich diebisch gefreut und die Photos ganz nach oben gelegt, damit Sebastian – sollte er die Bilder mal anschauen – die zuerst findet. »Ich habe nach allem gesucht, was ich an ihr blöd finden konnte. Und irgendwann habe ich mitgekriegt, daß sie sich seit neuestem E-Mails schicken. Das hat er mir nicht erzählt. Da bin ich ausgerastet. Ich muß zugeben: Es nervt mich zu Tode, daß es diese Frau gibt.«

Manchmal aber wird die Konkurrenz auch nicht durch das Verhalten des Partners ausgelöst, sondern es sind eigene Minderwertigkeitsgefühle, die einem einflüstern, daß man dem Vorgänger nicht das Wasser reichen kann. Die Mediatorin Frauke Decker weiß: »Wenn man denkt, daß der Vorgänger ein Supermann oder eine Superfrau war, an den man nie heranreicht, dann wird er zum *Damoklesschwert*, das über einem schwebt.« Sie erzählt die Geschichte einer Frau, die noch nach vielen Jahren Ehe Probleme mit der Verflossenen ihres Mannes hat. »Wenn diese Frau ins Spiel kam, wenn sie zum Beispiel anrief, dann hat sie das jedes Mal zerrissen. Jeder Funken Kontakt rief bei ihr schlimme Eifersuchtsanfälle hervor. Sofort wurde die ganze Beziehung zu ihrem Mann in Frage gestellt – und das nach 20 Jahren Ehe! So heftige Reaktionen haben in der Regel eher mit einem selbst zu tun. Es sei denn, der Partner dreht daran, das heißt, er sorgt dafür, daß man immer unter Spannung steht, und benutzt den Verflossenen als Machtmittel. Aber auch dann hat es mit einem selbst zu tun, weil man es sich gefallen läßt.«

Nicht wenige Männer und Frauen sind neidisch auf ihre Vorgänger, was kein Grund ist, sich deswegen zu schämen oder vor Wut auf den Boden zu stampfen. Denn am Gefühl Neid läßt sich auch viel Gutes entdecken. Da ist eine Frau neidisch auf ihre Vorgängerin, weil sie reiten kann oder wunderbare Feste organisiert. Da hat ein anderer Vorgänger eine steile Karriere gemacht, vier Kinder gezeugt und sieht immer noch aus wie Paul Newman in seinen besten Zeiten. Na und? Neidgefühle sind nicht nur negativ: Sie offenbaren einem, was man sich wünscht, wo es bei einem hapert und woran man arbeiten sollte.

Dieser Aspekt ist der Psychotherapeutin Anne Deckert sehr wichtig. Sie bemerkt dazu: »Wenn einen die Vorgänger verunsichern, sollte man sich fragen, warum. Wenn mein Partner zum Beispiel davon erzählt, daß seine Ex-Freundin fünf Sprachen fließend spricht, und ich merke, ich kann das gar nicht mit anhören, ich werde eifersüchtig und neidisch, dann muß ich mich fragen, ob mir womöglich etwas in der Beziehung, ob mir etwas an meinem Partner fehlt. Vielleicht kann ich es ja deshalb nicht aushalten, weil meine Vorgängerin immer noch etwas von ihm bekommt, was ich nicht kriege, in dem Fall Bewunderung.«

Fragen und Anregungen

Stört es Sie manchmal, daß Sie Vorgänger haben? Was genau stört Sie daran?
Oder gefallen Ihnen Ihre Vorgänger? Was von Ihnen hätten Sie auch gern?

Erinnern Sie sich an Ihre Verflossenen! Hätte Ihr Partner Grund, eifersüchtig auf seine Vorgänger zu sein?
Denken Sie an die Pläne und Träume, die Sie mit anderen Partnern hatten! Verringert das Ihre momentane Liebe?
Wie würden Sie die Vorgänger wohl finden, wenn Sie sie unter anderen Umständen kennengelernt hätten?
Denken Sie an Ihre eigenen Verflossenen. Wollen Sie mit denen wirklich heute noch zusammensein?
Vergleichen Sie sich manchmal mit Ihren Vorgängern? Wer schneidet besser ab – Sie oder die anderen?
Überlegen Sie, was Sie in die Konkurrenz zu einem Vorgänger treibt! Sind es eigene Unzulänglichkeiten, oder ist es das Verhalten des Partners, der Sie immer wieder darauf stößt?
Akzeptieren Sie, daß man unterschiedliche Menschen in verschiedenen Lebensphasen auch aus unterschiedlichen Gründen lieben kann!

Ärger mit den Vorgängern

Es gab eine Zeit im Leben von Rüdiger Wichmann aus Saarburg, da begegnete ihm Manfred, der Ex-Freund seiner damaligen Frau Sonja, ständig. Er gehörte zum Bekanntenkreis des 44jährigen Graphikers. Alle paar Tage lief Manfred Rüdiger über den Weg. Was ihn verdammt ärgerte, aber ändern konnte er es nicht. »Lange Zeit konnte ich mit Sonjas Ex-Freund überhaupt nicht umgehen. Es störte mich schon, wenn er irgendwo auftauchte, selbst wenn ich ihn nur von weitem sah. Zwischendurch rief er auch bei uns zu Hause an. Wenn wir ihn in unserer Stammkneipe trafen, konnte ich ihn nicht ansehen. Wir saßen da meistens mit anderen an einem großen Tisch, auch Manfred! Ich habe mich immer so hingesetzt, daß ich ihn weder neben mir hatte noch daß er mir gegenübersaß, so daß ich ihn nicht ständig im Blickfeld hatte. Ich habe immer vermieden, mich mit ihm zu unterhalten.«

Die Hannoveraner Pastorin Marlies Ahlers kennt diese Probleme gut aus ihrer seelsorgerlichen Arbeit: »Manche Paare nutzen nach der Trennung weiterhin das Auto gemeinsam, andere haben einen Garten, um den sich beide noch kümmern. Dabei kann es immer wieder zu Schwierigkeiten kommen, vor allem, wenn einer der beiden eine neue Partnerschaft eingeht. Denn für den neuen Partner ist es meist schwierig, wenn sein Vorgänger weiterhin präsent ist.«

Besonders heikel kann es werden, wenn ein neuer Partner noch mit der oder dem Verflossenen befreundet ist. Dann ist das Thema Eifersucht schneller auf der Tagesordnung als gedacht. Erst muß man den anderen besser kennenlernen, muß genügend Vertrauen gewachsen sein, um einschätzen zu können, was die beiden Ehemaligen wirklich noch miteinander verbindet, und ob ihre Treffen tatsächlich so harmlos sind, wie sie immer versichern. Unsicherheit ist ein idealer Nährboden für die eigenen Ängste und Phantasien.

Freundschaft zwischen ehemals Liebenden – ist das eine Frage des Geschlechts? Nach den Erfahrungen von Frauke Decker tun sich Männer meistens viel schwerer, ein gutes Verhältnis zu ihrer Ex-Frau zu behalten, selbst wenn sie es wollen. Sie erklärt sich das wie folgt: »Frauen halten es schlechter aus, wenn ihre Freunde noch mit der Ex befreundet sind. Sie sehen das als Konkurrenz, viel häufiger, als Männer das tun. Männer halten es besser aus, wenn ihre neue Frau ein gutes Verhältnis zu ihrem Verflossenen hat. Sie fühlen sich dadurch nicht so leicht bedroht.«

Aber warum ist das so? Für Frauke Decker ist das eine Frage des Selbstbewußtseins und der Orientierung: »Frauen sind immer noch viel zu sehr auf Männer orientiert. Ihr Selbstbewußtsein hängt stark davon ab, ob ein Mann sie gut findet und liebt. Sie tun viel zuviel dafür, um einem Mann zu gefallen und ihn zu halten.« Mit Konkurrenz scheinen sie daher das größere Problem zu haben.

Fragen und Anregungen

Haben Sie auch schon einmal versucht, den Kontakt zwischen Ihrem Partner und seinem Ex-Partner zu unterbinden? Was war der Anlaß? Gibt es dafür auch heute noch Gründe?

Besprechen Sie in Ruhe mit Ihrem Partner, wie wichtig ihm seine Verflossenen sind, warum sie noch Bedeutung für ihn haben.

Machen Sie sich Ihre Position klar! Sie sind mit Ihrem Partner zusammen. Ihr Partner hat sich für Sie entschieden, und das aus gutem Grund. Achten Sie darauf, nicht Ihre Ängste auf die Beziehung zu projizieren!

Wenn der Partner seinen Ex vergöttert

Karla Manke berichtet von ihrer ersten Ehe mit Hans. Hans war vor ihr mit Anke verheiratet, die sich nach fünf Jahren Ehe von ihm scheiden ließ. Karla lernte diese Frau nie kennen, aber dafür hörte sie um so häufiger von ihr – in Hymnen und Lobliedern, die Hans auf sie sang. Für Karla wurde Anke damit zum erheblichen Problem: »Es war kaum auszuhalten. Hans schwärmte in einem fort von seiner Anke. Was für eine tolle Frau das gewesen sei. Was die alles wußte, konnte und gemacht hat. Seiner Beschreibung nach muß sie eine perfekte Mischung aus Hillary Clinton, Mutter Teresa und Miss Universum gewesen sein. Es hing mir ehrlich gesagt sehr bald zum Hals raus, von seiner Ex-Frau zu hören.« Karla wehrte sich gegen die Vergötterung. Sie stichelte und fragte Hans, warum Anke ihn denn verlassen hätte, wenn es zwischen ihnen doch immer so toll gewesen sei. »Und bei unserer Trennung mußte ich ihm noch mal eine verpassen deswegen. Ich hatte mich einfach zu oft darüber geärgert. Am Tag, als ich von meinem Anwalt kam, bei dem ich gerade die Scheidung eingereicht hatte, sagte ich zu Hans: So, jetzt habe ich endlich was mit Anke gemeinsam. Ich lasse mich auch von dir scheiden!«

Wenn man in der Beziehung das Gefühl hat, nur zweite Wahl für den anderen zu sein, kann das daran liegen, daß man in Ausnahmefällen auch nur die zweite Wahl ist, also eine Ersatzfunktion hat. Aber viel häufiger liegt es daran, daß Männer und Frauen nicht selbstbewußt genug sind. Statt die ewigen Vergleiche zurückzuweisen, nehmen sie an sich selbst plötzlich Defizite wahr.

Aus der Sicht des Paartherapeuten H.-J. Niemann hängt die Tatsache, wie sehr man Konkurrenz oder Eifersucht für seine Vorgänger empfindet, sehr davon ab, wie der Partner von ihnen erzählt. »Schwierig wird es, wenn man dabei merkt, daß der Partner noch Interesse an seinem Ex hat. Wenn man mitbekommt, daß es da noch Bindungen gibt – womöglich sogar erotische.« Je nach Typus rebellieren oder resignieren die Betroffenen, werden wütend oder traurig. Und früher oder später kommt es dann meist zum Streit, denn sie verkneifen sich nun gehässige Bemerkungen oder schnippische Anspielungen nicht mehr. Warum auch? Jetzt schlägt das unsensible Vorgehen des einen vom anderen zurück.

Es raubt vielen Menschen den Schlaf, wenn sie sich fragen müssen: Muß ich genauso werden wie der vergötterte Ex? Bin ich ebenbürtig? (Offensichtlich nicht!) Würde mein Partner mich mehr – intensiver, für immer – lieben, wenn ich meinem Vorgänger ähnlicher wäre? Die unseligen Vergleiche haben damit einen Schatten über die Beziehung gelegt, der die Unbefangenheit der Anfangszeit zerstört und noch dazu ein Stück des Selbstbewußtseins eines Beteiligten langfristig beschädigen kann.

Altar für die Toten

Manchmal geht eine Liebesgeschichte zu Ende, ohne daß beide es verhindern können: wenn ein Partner stirbt. Der Tod verhindert häufig, daß der übrigbleibende Partner wirklich Abschied nehmen und die Beziehung bewußt lösen kann. Hinzu kommt, daß Tote schnell verklärt werden. Was immer sie an Schwächen und Fehlern hatten, was immer man an ihnen nicht leiden konnte, worunter man litt – all dies wird vergeben! Die schönen Seiten und Erinnerungen schieben sich in den Vordergrund, das übrige wird unter den Teppich gekehrt. Manch totem Partner wird ein Altar errichtet.

Welche Hürden damit für eine neue Beziehung entstehen, hat Dorothea Fiedler aus Potsdam erleben müssen. Die 57jährige ist schon seit vielen Jahren geschieden, hatte hin und wieder einen Partner, aber »nie was Ernstes«. Das sollte sich ändern. Sie gab eine Bekanntschaftsanzeige auf und lernte auf diesem Weg Herbert kennen. Er ist Witwer, seine Frau Anna war vor sechs Jahren gestorben. Alles fing gut an, doch dann scheiterte Dorotheas Beziehung zu Herbert an den Schatten der Vergangenheit – an seiner früheren Ehe mit Anna. »Überall in Herberts Wohnung standen Bilder von seiner Frau herum. Alles war voll mit Erinnerungen an sie. Nichts durfte verändert oder umgestellt werden. Wie in einem Museum«, erzählt Dorothea. Herbert schwärmte den ganzen Tag von seiner verstorbenen Frau: »Nach seiner Beschreibung war das keine Frau, sondern ein Engel. Wenn ich bei ihm war, hörten wir Annas Lieblingsmusik, die natürlich auch seine Lieblingsmusik war. Wenn wir in eine Ausstellung gingen, wartete ich schon immer auf den Moment, an dem Herbert mir erklärte, welche Maler Anna besonders mochte. So eine Konstellation ist nicht zum aushalten«, sagt Dorothea, »wir waren ja praktisch zu dritt! Anna war immer dabei.« Herbert unterhielt zudem weiterhin engen Kontakt zur Familie von Anna. Er verbrachte Weihnachten mit Annas Bruder und dessen Familie und fuhr auch mit ihnen in den Urlaub. »Da war gar kein Platz für mich«, sagt Dorothea, »ich verstehe überhaupt nicht, warum er eine neue Partnerin gesucht hat.« Die Verstorbene stand auf einem Podest. Dorothea spürte, daß sie die zweite Wahl war und dies auch bleiben würde. Sie entschloß sich zu gehen. Die Entscheidung hat sie nicht bereut: »Wenn man ständig mit einem Ideal verglichen wird, schneidet man zwangsläufig schlecht ab.«

Fragen und Anregungen

Könnte es sein, daß Sie die Schwärmereien für den Verflossenen in die Aussagen Ihres Partners erst hineininterpretieren, vielleicht aus eigener Unsicherheit? Das könnte zum Beispiel dann der Fall sein, wenn Sie in jeder Partnerschaft den Eindruck haben, der andere vergöttert noch den Verflossenen.

»Im Zweifel für den Angeklagten«: Vielleicht ist Ihrem Partner tatsächlich nie aufgefallen, wie er über seine Verflossene redet. Weisen Sie ihn darauf hin!

Machen Sie Ihrem Partner klar, daß er mit Ihnen zusammen ist – und hoffentlich auch bleiben will! Erklären Sie ihm, was Sie an seiner Haltung kränkt – und was er in Zukunft besser lassen sollte.

Könnte es sein, daß Ihr Partner von seiner Ex-Beziehung schwärmt, um sich selbst aufzuwerten und in ein besseres Licht zu setzen? Vielleicht benutzt er die Vergötterung nur, um vor Ihnen als attraktiver Partner dazustehen.

Überlegen Sie, ob Ihr Partner Sie auf Distanz halten will! Die Vergötterung des Verflossenen wäre dazu nämlich ein taugliches Mittel. Dann sollten Sie ihn daraufhin ansprechen und nach den eigentlichen Ursachen forschen.

Wenn der Partner seinen Ex schlechtmacht

Auf dem Geburtstag eines Freundes lernte Manfred Werner, der Bibliothekar aus Duisburg, Marlies kennen. Sie verstanden sich auf Anhieb gut und unterhielten sich angeregt den ganzen

Abend. Marlies gefiel ihm, und so lud er sie wenige Tage später zum Abendessen ein. »Wäre ich bloß zu Hause geblieben«, sagt Manfred im nachhinein, »ich hätte es mir schön in der Badewanne gemütlich machen können. Aber nein! Statt dessen habe ich einen ziemlich anstrengenden Abend erlebt.« Von den drei Stunden, die Manfred und Marlies im Restaurant verbrachten, redete Marlies zwei Drittel der Zeit über ihr Lieblingsthema: ihren Ex-Mann, das Schwein. »Schon nach der ersten Stunde war ich über die wichtigsten Details unterrichtet: Daß er nie pünktlich Unterhalt für die beiden Kinder zahlt. Und wenn, dann nicht genug. Daß sie seinetwegen ständig Scherereien mit den Ämtern hat. Daß sie kaum mit dem Geld auskommt. Wo soll sie denn auch Arbeit finden mit zwei Kindern? Daß er natürlich wieder eine neue Frau hat. Und sie? Wer nimmt schon eine Frau mit zwei kleinen Kindern? Er mache sich ein schönes Leben, und die Verantwortung bliebe einzig und allein an ihr hängen.« Und so ging das Gezeter den ganzen Abend weiter.

Wenn einen das unstillbare Verlangen treibt, über seinen Verflossenen herzuziehen und in die ganze Welt hinauszuposaunen, was für ein mieser Typ das ist, kann man davon ausgehen, daß man mindestens noch mit einem Fuß in der Beziehungsfalle steckt. Ganz klar: Kurz nach einer Trennung macht das Sinn. Da klagt man über dessen Fehler, unmögliche Einstellungen und gräßliche Eigenarten. Das hilft, um sich innerlich von ihm zu lösen. Doch nicht selten können Männer wie Frauen einfach nicht damit aufhören, sich im Ärger und vor allem im Selbstmitleid zu wälzen. Und damit behindern sie sich selbst und verschrecken zudem potentielle neue Partner. Für Manfred waren die Würfel bald gefallen: »Spätestens, als ich den Eindruck hatte, gemeinsam mit ihrem Ex-Mann und allen anderen Lebewesen der Spezies Mann auf der Anklagebank zu sitzen, war bei mir der Ofen aus.«

Potentielle neue Partner gehören in der Regel dem gleichen Geschlecht an wie der Verflossene, über den man nach allen Regeln der Kunst herzieht. Der interessierte Kandidat bekommt also Meinungen und Einschätzungen über seinesgleichen um die Ohren gehauen, was selbst für weniger zartfühlende Seelen meist unangenehm ist. Plötzlich steht der andere unter Beweiszwang und muß zeigen, daß er vollkommen anders ist, als der verfluchte, verhaßte, verwünschte Verflossene. Daß er nicht zu den *bösen* Männern oder den *gemeinen* Frauen gehört. Was für eine Ausgangslage, wenn man sich gerade kennenlernt!

Manfred jedenfalls erzählt, daß er während des Treffens mit Marlies immer stärker unter Beschuß geriet. »Hinterher dachte ich, wer weiß, wie sie jetzt über mich redet. Da würde ich gerne Mäuschen spielen, wenn sie ihren Freundinnen von unserem Treffen erzählt. Was ich befürchte? Daß sie einen Typen kennengelernt hat, der einmal mit ihr ausgegangen ist und sich dann nie wieder gemeldet hat. Und zwar, weil sie wenig Geld und zwei Kinder hat und weil er eben ein Mann und damit zugleich ein Idiot ist. Etwas in der Art.«

Vielleicht treiben einen ja ehrenwerte Absichten, wenn man anderen sofort vom letzten Beziehungsalptraum erzählt: Man möchte offen und ehrlich sein, alle Karten auf den Tisch legen und dem anderen einen Einblick ins eigene (Vor-)Leben geben. Doch dieser Schuß kann nach hinten losgehen! Er überfordert zumeist potentielle Kandidaten.

Manfred beispielsweise fühlte sich nicht nur stark unter Druck gesetzt, sondern zugleich auch auf Herz und Nieren geprüft: »Marlies achtete genau auf meine Reaktionen beim Erzählen, das ist mir aufgefallen. Es kam mir vor wie ein Test, nach dem Motto: Erträgst du mich mit meinem Kummer und meinem Zorn, oder läufst du weg? Hilfst du mir aus meinem Chaos? Ich muß sagen, mich hat es eingeschüchtert und abgeschreckt, einem Bündel von Problemen, Sorgen und einer großen Portion Wut gegenüberzusitzen.«

Viele Männer und Frauen, die ihrem neuen Partner sofort beim Kennenlernen die schlimmen Geschichten ihrer letzten Beziehung erzählen, suchen Mitgefühl, Trost und Verständnis. Sie wollen hören, daß sie diesen Kummer nicht verdient haben, daß es ungerecht und gemein war, was ihnen angetan wurde. Doch anstatt Mitgefühl, werden sie zumeist nur vornehme Zurückhaltung ernten. Der andere spürt in der Regel, wie sehr sie noch in der alten Beziehung gefangen und wie verbittert und auf sich selbst bezogen sie sind. Gründe genug, um schnell das Weite zu suchen. Oder um es von der sportlichen Seite her zu nehmen: Fiese Bemerkungen und Haßtiraden über den Ex signalisieren einen schlechten Verlierer, einen starken Mangel an Souveränität.

Außerdem stehen Männer und Frauen keineswegs vorteilhaft

da, wenn sie kein gutes Haar an ihren Verflossenen lassen: Wenn der Verflossene so ein Idiot war, wieso haben sie ihn dann gewählt oder es nicht früher bemerkt? Wer soll einem auch glauben, daß man Monate und Jahre mit so einem Menschen verbracht hat, der nichts anderes im Sinn hatte, als einem zu schaden, einen von vorne bis hinten zu betrügen und auszunutzen? Hier ist Vorsicht geboten. Denn wer alles in Grund und Boden stampft, wertet damit auch einen Teil seines eigenen Lebens ab.

Feindbild Verflossener

Der bekannte Schweizer Paartherapeut Jürg Willi legt Wert darauf, daß man auch den positiven Aspekt der Verunglimpfung sieht: »Wie präsent die frühere Beziehung bleibt, zeigt sich in der Intensität, mit welcher sie im späteren Leben zum Thema gemacht wird. Auch negative Erinnerungen sind Erinnerungen. Für den Bestand der neuen Beziehung ist es oftmals fast Voraussetzung, die alte zu verunglimpfen, um damit die neue in strahlendem Licht erscheinen zu lassen.«[62]

Das *Feindbild Verflossener* hilft übergangsweise, sich vom Ex-Partner zu lösen. Denn wenn Männer und Frauen kein gutes Haar an ihm lassen, ist es schließlich auch kein Wunder, daß sie nicht mehr mit ihm zusammen sind: Wer würde schon so einen Menschen als Partner haben wollen ...? Auch im Rückblick lassen sich immer genügend Indizien dafür finden, daß der Verflossene ein Idiot, Fiesling oder unreifes Kind war. Sie haben eine Fülle von Informationen über ihn, so können sie beliebig Fakten sortieren, herausstellen oder ausblenden.

Die Soziologin Diane Vaughan, die über einhundert Männer und Frauen zu ihren Trennungsgeschichten befragt hat, stellte fest, daß man das Bild der Beziehung rückblickend immer wieder verändern kann, weil Menschen grundsätzlich alle Geschehnisse, die ihr Leben ausmachen, ständig neu bewerten. Sobald sich Partner aus einer Beziehung lösen, interpretieren beide nachträglich den Prozeß des Verliebens und Zusammenfindens ganz anders. Die Gründe, wieso sie zusammenkamen, wer sich zuerst in wen verliebt hatte und so weiter, werden neu geordnet. Und vieles, was nicht nach bloßem Zufall, reiner Pragmatik oder dummem Irrtum aussieht, wird heruntergespielt oder aus der Erinnerung gelöscht.[63]

Eine ausschließlich negative Haltung zur eigenen Vergangenheit mit dem Verflossenen sollte aber dennoch irgendwann überwunden werden. Wer dieses Stadium nicht hinter sich lassen kann, wird sich wahrscheinlich weiter mit solchen Problemen herumschlagen müssen.

Fragen und Anregungen

Lästern Sie gerne über Ihre Verflossenen – besonders über einen bestimmten? Können Sie sich immer noch in Rage reden über ihn?

Versuchen Sie herauszufinden, woran das liegen kann. Gibt es hier vielleicht noch ein ungelöstes Problem?

Erinnern Sie sich daran, was Sie gerade an diesem Verflossenen mal gemocht haben.

Aus welchen Gründen hatten Sie sich damals für die Partnerschaft mit ihm entschieden?

Wie beurteilen Sie den Beginn, den Verlauf und das Ende der Beziehung, und wie würde wohl Ihr Verflossener das beschreiben?

Gibt es einen unabhängigen Dritten, den Sie nach seinem Eindruck fragen könnten? Tun Sie es.

Erzähl doch mal – schweig: Verflossene als Gesprächsthema

»Ich wollte gerne viel hören über die Verflossenen von Lars«, erzählt Iris Borchardt. »Wenn er Negatives über sie erzählt hat, konnte ich mir das gut anhören. Na klar, es hat mich und meine Stellung gestärkt. Aber wenn er von anderen Dingen berichtete, schönen Erinnerungen, Positivem, dann konnte ich das schlecht aushalten. Ich wurde eifersüchtig. Und dann habe ich Lars gesagt: Okay, das reicht jetzt!«

Nicht wenige Frauen und Männer werden unruhig, fühlen sich plötzlich unwohl und haben das starke Bedürfnis, gleich den Raum zu verlassen oder ihrem Partner den Mund zu verbieten, wenn er von seinen Verflossenen erzählt. Oder sie schreiben innerlich mit und notieren in Gedanken jedes Wort. Alle Fehler, Schwächen und Vergehen des Verflossenen kommen auf die Minus-Liste – sprich: Finger weg! Bloß nicht tun! – und alle Vorzüge und Stärken auf die Plus-Liste – sprich: Ebenfalls tun! Ausprobieren und bessermachen! Oder sie lauschen aufmerksam, wenn das Thema auf ihre Vorgänger kommt, fragen nach, erkundigen sich nach den unwichtigsten Details und beenden dann abrupt das Gespräch mit einem verärgerten: So genau wollte ich das gar nicht wissen.

Erzähl doch mal – schweig! Es ist eine Gratwanderung: Einerseits wollen die meisten soviel wie möglich über ihre Partner wissen, und dazu gehören auch deren Verflossene. Andererseits ist das, was sie zu hören bekommen, nicht immer leicht verdaulich. Sie schwanken zwischen Neugierde und Angst, Interesse und Kalkül.

Was hofft man zu erfahren – und was befürchtet man zu hören? Thomas Schneider zum Beispiel versuchte, auf diese Weise seine Partnerinnen besser kennenzulernen: »Wenn ich meine Freundinnen über ihre Verflossenen ausgefragt habe, dann aus dem einzigen Grund, um etwas über meine Freundinnen zu erfahren. Schließlich sagt es ja was über einen Menschen, mit wem er zusammen war und wie es so lief.«

Von ähnlichen Interessen berichtet Karla Manke: »Bei beiden Ex-Männern wollte ich wissen, mit wem sie vorher zusammen waren. Dabei haben mich die anderen Frauen gar nicht so brennend interessiert. Was ich wissen wollte, war, warum die Beziehungen gescheitert sind. Ich dachte, wenn ich das weiß, dann kann ich dem vorbauen. Außerdem lernt man jemanden auch besser kennen, wenn man weiß, wie seine vorherigen Partnerschaften gelaufen sind.«

Die Krankengymnastin Dagmar Nolte ist regelrecht süchtig danach, ihre Partner nach den Verflossenen auszuquetschen. Bei jedem neuen Mann, den sie kennenlernt, sind dessen Ex-Frauen ihr Lieblingsthema. Sie stürzt sich sofort auf seine Vergangenheit und sucht beunruhigt nach Antworten, die sie doch nur quälen werden: Warum hast du dich damals in sie verliebt? Was war eure schönste Zeit? Was hast du besonders an ihr gemocht? Abgesehen davon, daß diese Fragerei früher oder später jedem Mann auf die Nerven fällt, verunsichert es Dagmar selbst zunehmend. Sie erzählt: »Wenn er sagt, daß seine letzten beiden Freundinnen blond waren, denke ich sofort, daß ihm das bestimmt besser gefällt als meine braunen Haare. Und dann glaube ich ihm nicht, wenn er etwas anderes erzählt.«

Hinter Dagmars Fragen verbirgt sich große Unsicherheit. Sie will nicht nur mehr über ihren Partner erfahren, sondern sie sucht nach Indizien: Liebt er mich so, wie ich bin? Sollte ich lieber anders sein? Gibt es eine Frau, die ihm besser gefällt? Kann ich konkurrieren? Nimmt er mich nur, weil er die andere nicht bekommen hat? »Was immer er über seine Ex-Frauen erzählt, sofort stelle ich Vergleiche an: Mache ich das genauso wie sie oder anders? Was gefällt ihm wohl besser? In welchem Ton spricht er von ihnen?«

Nach den Erfahrungen von Theo Gilbers können solche Vergleiche, die aus einer großer Unsicherheit heraus gestellt werden, zuweilen fatale Folgen haben. Er erläutert das an einem Beispiel: »Angenommen, meine Partnerin erzählt, daß ihr Ex-Freund sich meistens schwarz kleidete und daß sie das toll fand. Spätestens wenn ich mir etwas Schwarzes zum Anziehen kaufe – was ich vorher nicht gemacht habe –, sollte ich stutzig werden und mich fragen: Mache ich das für meine Partnerin, weil ihr das gefällt? Oder trete ich in Konkurrenz zu meinem Vorgänger? Versuche ich vielleicht sogar, den Vorgänger zu imitieren?« Denn auch das kann passieren und kommt nicht selten vor, daß Männer und Frauen versuchen, eine perfekte Kopie ihrer Vorgänger zu werden.

Von sich aus erzählen?

Hannes Krollmann hat sehr schlechte Erfahrungen damit gemacht, allzu offenherzig über seine Verflossenen zu reden. Für ihn ist seither klar, daß man dem aktuellen Partner nicht »lang und breit jedes Detail von den Vorgängern erzählen sollte«. Er hatte den Fehler begangen, seiner Ex-Frau von einer früheren Freundin zu erzählen, die seine große Liebe war. Und dann hatte er unvorsichtigerweise hinzugefügt, daß in einer Ecke seines Herzens ein intensives Gefühl für diese Frau zurückgeblieben sei, das mittlerweile zu ihm gehört und sich auch nicht auflösen wird. Eine ehrliche Haltung, mit der aber viele Menschen nur schlecht umgehen können. Seine Ex-Frau konnte es nicht; seit der Offenbarung ihres Mannes fühlte sie sich von ihrer Vorgängerin bedroht.

Je ehrlicher desto besser? Nicht immer! In den Köpfen der

meisten Menschen mögen noch so sehr die Ideale einer offenen Beziehung herumspuken, in der man dem Partner jedes bißchen, was man im Herzen trägt, auch erzählen sollte. Die Erfahrung lehrt jedoch, daß dies vielleicht der ehrlichste, aber mit Sicherheit nicht der klügste Umgang mit dem Pulverfaß Ex-Beziehung ist.

Hannes Krollmann hat mittlerweile eine pragmatische Haltung entwickelt. »Es erspart einem eine Menge Kittarbeit, wenn man nicht alles von seinen Verflossenen erzählt. Man macht sich und dem anderen nur unnötige Scherereien damit. Wenn ich heute von einer Ex-Freundin berichte, lasse ich sie absichtlich unbedrohlich erscheinen, das heißt, ich rede über die Trennung oder stelle irgendwas anderes Negatives in den Vordergrund. Wenn man der aktuellen Partnerin etwas von ihrer Vorgängerin erzählt, sollte man ausreichend viele Gründe aufzählen können, warum es mit ihr hundertmal schöner ist als mit der Verflossenen.«

Für Anne Deckert, Psychotherapeutin bei *Pro Familia*, ist es ganz wichtig, daß sich die Partner vorher klar darüber sein sollen, was sie wissen wollen und welche Intention sie beim Fragen oder Erzählen haben: »Der Verflossene sollte nicht zur dritten Person in einer Beziehung werden, nicht als Dritter mit im Bett liegen. Wenn man seinem neuen Partner vom Vorgänger erzählt, dann weder mit Verklärung noch mit Abwertung! Wenn man jedoch bemerkt, daß man dem gegenwärtigen Partner allzuviel vom Verflossenen erzählt, sollte man sich fragen, warum man das tut! Geschichten vom Ex-Partner eignen sich nämlich gut, um Distanz in die aktuelle Beziehung zu bringen oder um den neuen Partner zu verletzen.«

Niemand weiß letztlich genau, welche Phantasien und Gefühle beim Gegenüber losgetreten werden, wenn über die Verflossenen erzählt wird. Niemand kann genau vorhersehen, wie viele und welche Informationen der andere verdauen kann. Zudem kann der Partner mit den Informationen machen, was er will. Er wird sie auf seine Weise interpretieren, bearbeiten, sortieren. Und der Ausgang ist ungewiß.

Aus diesen Gründen plädiert der Paartherapeut H.-J. Niemann sehr dafür, »dem neuen Partner nicht alles von seinen Ex-Beziehungen zu erzählen. Vor allem sollte man nicht zu sehr ins Detail gehen. Weder die besonders schönen Dinge noch die häßlichen Geschichten aus der Ex-Beziehung gehen den neuen Partner etwas an. Aber daß man überhaupt von seinen Verflossenen erzählt, muß der Partner aushalten können.«

Fragen und Anregungen

Was ist Ihre Motivation, wenn Sie nach den Verflossenen Ihres Partners fragen? Wenn Sie dadurch mehr über Ihren Partner erfahren wollen, fragen Sie ihn direkt!

Bedenken Sie, daß Sie die Aussagen Ihres Partners interpretieren! Das, was er sagt, und das, was Sie hören, ist in der Regel zweierlei. Ihre Interpretation kann von Ihren Ängsten und Unsicherheiten beeinflußt sein.

Niemand kann bis ins letzte Detail genau erklären oder begründen, warum er sich in eine bestimmte Person verliebt hat. Erwarten Sie deshalb keine hundertprozentig »richtigen« oder »wahren« Antworten Ihres Partners, er wird Sie Ihnen nicht geben können – genausowenig, wie Sie in der Lage dazu wären.

Ein allzu großes Interesse an den eigenen Vorgängern läßt auf Unsicherheit schließen. Überlegen Sie, was Ihnen mehr Sicherheit geben könnte (zum Beispiel ein eindeutiges Zeichen Ihres Partners, daß er zu Ihnen steht)!

Altlasten entsorgen: Wie man unangenehme Nachwirkungen überwinden kann

»Time is on my side«
(Rolling Stones)

Britta Gayer saß vor einigen Wochen in Köln zusammen mit ihrer Freundin Judith. Sie stöberten in Brittas Photokiste. »Plötzlich fragte mich Judith: Seit wann trägst du eigentlich keine hohen Schuhe mehr? Sie hatte einige alte Aufnahmen von mir gefunden, auf denen ich mit höheren Absätzen zu sehen war«, erzählt Britta, »auf neueren Photos dagegen war ich nur mit flachen Schuhen zu sehen. Wir wühlten uns durch den Berg von Bildern, und da fiel es mir wieder ein: Ich hatte so lange hohe Absätze getragen, bis ich John traf.«

Mit John, einem waschechten New Yorker, war Britta gerade mal ein knappes Jahr zusammen: »Keine lange Zeit, aber eine besonders intensive.« Sechs Jahre ist das jetzt her. Britta suchte alle Photos, auf denen sie mit John zu sehen war, und legte sie nebeneinander: Auf jedem der Bilder trug sie flache Sandalen oder Turnschuhe. Auch auf sämtlichen aktuellen Photos war sie nur mit flachen Schuhen zu sehen. »Ich habe mich selbst gewundert, als Judith mich darauf aufmerksam machte. Aber in der Zeit mit John habe ich mir die höheren Schuhe völlig abgewöhnt. Barfuß waren wir nämlich gleich groß, und er konnte es überhaupt nicht leiden, wenn ich größer wirkte.« Allmählich verschwanden alle entsprechenden Paare aus ihrem Schuhregal. »Dabei hatte sich mein Geschmack eigentlich gar nicht geändert«, sagt sie. »Aber wenn ich mir neue Schuhe kaufen wollte, habe ich nicht mehr überlegt, sondern automatisch zu flachen gegriffen.«

Es ist keineswegs selten, daß sich zum Beispiel Frauen abgewöhnen, die Fingernägel zu lackieren, weil der Verflossene »rote Krallen« häßlich fand. Oder daß Männer ihre Eß- und Trinkgewohnheiten radikal ändern, weil die Ex-Freundin sich über den Geruch des Limburgers vehement beschwert hatte. Der Spuk der Ehemaligen kann lange auf den unterschiedlichsten Ebenen anhalten.

Britta war überrascht, wie sehr ihr Verflossener John offensichtlich immer noch nachwirkte. Und sie ist keine Ausnahme. Die *Risiken und Nebenwirkungen* von Verflossenen sind weitreichend – mal nicht belastender als ein Schnupfen, mal schwerwiegend wie eine Operation am offenen Herzen. Die Erfahrungen und Erinnerungen an den *unsichtbaren Dritten* können dabei zu Fallstricken und Stolpersteinen werden.

Welche Möglichkeiten es gibt, um das zu verhindern, und was man tun kann, um das Gespenst Ex-Partner zu bannen, soll im folgenden gezeigt werden.

Vergangenheit klären

Carsten Siebert, der 42jährige Krankenpfleger aus Leipzig, litt sehr unter der Trennung von Maria. Als sie ihn verließ, brauchte er lange, um wieder auf die Füße zu kommen. »Und irgendwann dachte ich, jetzt habe ich Maria erfolgreich verbannt, endlich spielt sie keine Rolle mehr in meinem Leben«, berichtet Carsten. Eines Abends – die Trennung von Maria lag mehr als zwei Monate zurück – bekam er Besuch von seinem Kollegen Dirk, um gemeinsam mit ihm die Sportschau zu sehen. Die Kollegen hatten sich in der schwierigen Zeit sehr um ihn gekümmert. Carsten freute sich über die Abwechslung, holte ein paar Biere aus der Küche und führte Dirk ins Wohnzimmer. Dann schloß er akribisch alle Türen der Wohnung. Carsten lacht und erzählt: »Ich wurde richtig unruhig und nervös. Bis Dirk mich fragte, was ich denn habe. Ob ich keine Lust auf Fußball hätte?«

Carstens Verflossene Maria fand nicht nur Fußball dämlich, sondern auch alle, die sich sowas gerne anschauten. Um nicht ganz auf das Vergnügen verzichten zu müssen, verzog sich Carsten jedesmal ins Schlafzimmer vor einen alten Fernseher, oder er drehte den Ton ganz leise und schloß die Türen in der Wohnung, in der Hoffnung, nicht erwischt zu werden. Er war es leid, sich wieder und wieder dafür rechtfertigen zu müssen, daß er Spaß an solchen Sendungen hatte. »Es ist mir gar nicht aufgefallen«, sagt Carsten, »aber in der ersten Zeit nach der Trennung bin ich immer noch unruhig und fahrig geworden, wenn ich mir die Sportschau angesehen habe.« Um dies zu überwinden, mußte sich Carsten zunächst einer Situation bewußt werden und zu ihr Distanz gewinnen. Vor allem aber mußte er lernen, die Punkte und Situationen zu finden, in denen Maria noch in seinem Leben herumspukte.

Wenn es die Verflossenen noch schaffen, sich störend bemerkbar zu machen, wenn der eine oder die andere noch im Untergrund rumort, kann ein Perspektivenwechsel helfen. Der Versuch, den anderen zu begreifen, ist ein Schritt in Richtung Vergangenheitsbewältigung. Dazu muß man sich zunächst eingestehen, daß man sich mit manchen Erinnerungen schwertut und sich ab und zu verhakt. Der Paartherapeut Theo Gilbers empfiehlt, mutig Rückschau zu halten, gerade dann, wenn die Beziehung in die Brüche gegangen ist: Was ist überhaupt passiert? Wie kam es zur Trennung?

»Es ist wichtig, für sich selbst einen Abschluß der Beziehung hinzubekommen. Man sollte sich fragen: Wo war mein Anteil daran? Ein Beispiel: Niemand wird jahrelang von seinem Partner betrogen, ohne es hätte merken zu können. Auch daran hat man Anteil, indem man sich weigert, es wahrzunehmen. Doch man braucht Abstand, um das zu erkennen. Das Klären ist eine Art Reinigungsprozeß.« Sich noch einmal anzuschauen, was damals eigentlich gelaufen ist, hilft zu verhindern, daß sich die gleichen Fehler wiederholen.

Diese Art der *Tabula rasa* bedeutet zweierlei: zu erkennen, welche Überbleibsel aus alten Liebesbeziehungen wirklich Ballast sind und abgeworfen werden können, und gleichzeitig zu akzeptieren, daß manche Spuren auch bleiben werden.

Ist die Vergangenheit lebendig begraben worden, beginnt sie manchmal, in der Gegenwart herumzuspuken, meint der Psychologe Victor Chu.[64] Zu *unsichtbaren Dritten* werden häufig jene Verflossenen, die einen verlassen haben oder die man – vielleicht übereilt – selbst verlassen hat. Hierbei kommen dann später oft Zweifel auf, ob die Entscheidung richtig war, denn vieles ist unausgesprochen geblieben.

H.-J. Niemann empfiehlt daher, intensiv Rückschau zu halten: »Man sollte sich die Zeit dafür nehmen, um den Verlauf der Partnerschaft und der Trennung vor dem inneren Auge vorüberziehen zu lassen. Dabei zählen Verletzungen und Kränkungen wie auch schöne Zeiten. Der Partner ist in der Regel nicht nur böse oder nur gut. Enttäuschte Hoffnungen und Wünsche sind ebenso einzubeziehen wie erlittene Täuschungen und Verletzungen. Dies kann ein Ansatz sein, den Verflossenen nicht zur Leiche im Keller werden zu lassen. Manchmal gelingt es sogar, mit dem Verflossenen über die vergangene Beziehung zu sprechen.«

Für alle Beteiligten ist es entscheidend, sich über einige Fragen Klarheit zu verschaffen: Wie war die Beziehung, die noch ab und zu dazwischenfunkt? Zu welcher Phase des Lebens gehörte sie? Wer hatte woran Anteil – an den Streiten, aber auch an den schönen Erlebnissen?

Falscher Partner oder falscher Zeitpunkt?

Eine der zentralen Fragen, die die meisten Menschen sich immer wieder stellen, ist: Woran lag es letztlich, daß die Beziehung auseinanderging?

Ein Grund könnte sein, daß ein Mensch einfach nur zum falschen Zeitpunkt auf den Partner getroffen ist. So ging es jedenfalls der 33jährigen Karen Willems aus Fellbach in Baden-Württemberg. Sie ist Lektorin in einem Fachverlag. Kurz nach ihrem 30. Geburtstag lernte sie Dennis kennen. »Das war eine seltsame Zeit für mich damals. Ich glaube, ich hatte so was wie eine vorgezogene Midlifecrisis. Alle in meinem Alter hatten schon irgendwas erreicht, so kam es mir jedenfalls vor. Nur ich nicht! Einige Freunde hatten nach dem Studium promoviert, zwei Freundinnen hatten mittlerweile Kinder, eine andere war für ein Jahr in Amerika gewesen. Und ein Verflossener von mir hatte geheiratet und war dabei, sich ein Haus zu bauen. Das war total frustrierend für mich, denn ich stand immer noch mit leeren Händen da.« Karen überlegte, wie dem abzuhelfen sei. Sie entschied sich für ein Kind. Da sie zu diesem Zeitpunkt in keiner Beziehung lebte, begab sie sich auf Partnersuche. Dabei fiel ihr auf, daß sie Männer plötzlich anders anschaute als vorher. »Ich betrachtete Männer in erster Linie danach, ob sie verläßlich und solide wirkten, schließlich war ich auf der Suche nach einem Vater für mein Kind.« Das war eine neue Perspektive: Ob ein Mann solide wirkte, war bis dahin so ziemlich das letzte, was Karen an einem Mann interessiert hatte. Doch der Zufall machte ihr einen Strich durch die Rechnung: Sie lernte

Dennis kennen. Und Dennis was alles andere als solide und verläßlich. Aber er gefiel Karen ungemein, und sie verliebte sich in ihn. Dabei paßten ihre Vorstellungen von Zukunft überhaupt nicht zueinander. Heute sagt Karen dazu: »Ich hätte es damals schon wissen können, daß beides zusammen nicht geht. Entweder eine Beziehung mit Dennis oder ein Kind mit einem anderen Mann. Jedenfalls nicht Dennis als Vater.«

Dennis wollte damals unter keinen Umständen eine verbindliche Beziehung und gab deutlich zu verstehen, daß ihn die Vorstellung einer *Mutter-Vater-Kind-Beziehung* abschreckte. Doch Karen ließ nicht locker: »Ich war total verliebt in ihn und ich wollte ein Kind. Ich sah nicht ein, daß ich mich hätte entscheiden müssen. Ich dachte, Dennis wird sich schon noch ändern.« Doch Dennis war der falsche Partner zu diesem Zeitpunkt. Je stärker Karen auf Zusammenleben und Familiengründung drängte, desto stärker wurde Dennis' Drang nach Unabhängigkeit. Schließlich zerbrach ihre Beziehung an den unvereinbaren Bedürfnissen.

»Das war ein totales Drama für mich«, sagt Karen heute, »es hat lange gedauert, bis ich begriffen habe, daß die Trennung nicht zu vermeiden war oder nur zu einem Preis, den ich nicht bereit war zu zahlen.« Diese Einsicht hat Karen geholfen, über die alte Enttäuschung hinwegzukommen. Sie hat gelernt, das Scheitern der Beziehung anders einzuschätzen und zu akzeptieren. Inzwischen hat sie die Beziehung zu Dennis innerlich abgeschlossen und in ihr Leben integriert.

Eine ähnliche Geschichte hat Holger Schäfer erlebt. Er ist 27 Jahre alt und arbeitet in einem Copyshop in Hannover. Eigentlich studiert er Germanistik und Soziologie, aber sein letzter Uni-Besuch ist schon eine ganze Weile her. Er erzählt von seiner letzten Freundin Hanna. Sie ist acht Jahre älter als er und besitzt eine kleine Boutique, in der sie selbstentworfene und -genahte Modekollektionen für Männer verkauft. Er erzählt: »Hanna hat immer total viel gearbeitet. Modelle gezeichnet, Stoff eingekauft, die Sachen genäht, das Schaufenster umdekoriert und so weiter. Und verkauft natürlich. Und das alles mit nur einer Angestellten! Ich kann im nachhinein schon verstehen, daß es sie manchmal genervt hat, daß ich so wenig gemacht habe. Wenn sie mich angerufen hat, so um zehn, elf Uhr, dann hatte sie schon ein paar Stunden gewerkelt, und ich hatte gerade mal ein Auge aufgemacht und noch nicht mal Kaffee getrunken.« Und abends, wenn Holger aktiv wurde und mit Hanna um die Häuser ziehen wollte, war sie müde oder mußte noch bis weit in die Nacht hinter der Nähmaschine oder am Schreibtisch sitzen. »Wir hatten einfach einen total anderen Lebensrhythmus. Es konnte gar nicht gutgehen.«

Gesine Papenberg, die Referendarin aus Trier, lebt schon seit drei Jahren mit Robert zusammen. Die beiden haben einen zweijährigen Sohn. Lange Zeit, so erzählt Gesine, auch als sie schon mit Robert zusammen war, spukte ihr Ex-Freund Markus ihr immer noch im Kopf herum. Mit ihm hatte sie während des Studiums eine längere Beziehung. Gesine erinnert sich: »Markus war ein ganz anderer Typ als Robert. Unbeständig, launenhaft, man wußte nie, woran man bei ihm war.« Damals war er genau der Typ Mann, den sie suchte. »Es war immer was los mit ihm. Wenn irgendwo in der Nähe ein Fest war, wußte Markus es mit Sicherheit. Ich habe in der Zeit mit ihm viele neue Leute kennengelernt, wir waren ständig auf Achse. Markus kam auf die verrücktesten Ideen. Zum Beispiel fragte er mich einmal nachts, ob ich nicht Lust hätte, auf den Champs-Elysées Kaffee zu trinken. Natürlich habe ich sofort ja gesagt. Und dann haben wir uns in seinen klapprigen Renault gesetzt und sind einfach losgefahren.«

Am Ende ihres Studiums begann die Beziehung zu bröckeln. Gesines Examen spannte sie zunehmend ein. Sie wurde unflexibler, so meint sie heute. Vor allem aber änderten sich ihre Vorstellungen von einer Partnerschaft. Ihre Wünsche richteten sich mehr und mehr auf Beständigkeit: »Anfangs hatte ich Angst, daß ich jetzt total spießig werde«, erzählt sie lachend. Sie sehnte sich nach einer anderen Art von Zweisamkeit, nach einer Lebensgemeinschaft mit gemeinsamer Wohnung, gemeinsamem Alltag, gemeinsamen Kindern. »Markus war überhaupt nicht der Typ dafür. Und ist es bis heute nicht!« Von Freunden weiß Gesine, daß Markus heute auf Gomera lebt und dort Bootstouren organisiert. Nach wie vor ungebunden.

»Wir haben eine Zeitlang zusammengepaßt, aber auf lange Sicht konnte das nicht gutgehen. Letztlich war es nur logisch, daß es zur Trennung kam.« Heute ist das Leben, das sie mit Robert und ihrem Sohn führt, genau das richtige für sie. Obwohl sie sagt: »Es gibt Tage, da denke ich, daß eine Mischung aus beiden Männern absolut perfekt wäre!«

Fragen und Anregungen

Versuchen Sie sich die Zeit, in der Sie mit Ihrem Verflossenen zusammen waren, plastisch vor Augen zu führen. Wie sahen Ihre Lebensentwürfe zu Beginn Ihrer Beziehung aus? Was planten Sie, was Ihr Partner? Gab es auffällige Unterschiede?

Wenn ja, haben Sie darüber gesprochen?

Wie hatten Sie gelebt? Welche Einstellungen zu Beziehungen und zu Männern und Frauen hatten Sie?

Was suchten Sie damals in der Beziehung?

Wie sahen damals Ihre Lebensrhythmen aus? Glaubten Sie, den Ihres damaligen Partners ändern zu können?

Haben sich Ihre Vorstellungen und Wünsche an einen Partner seit damals verändert?

Versuchen Sie, die Perspektive Ihres Partners bei der Rückschau einzunehmen!

Könnte es sein, daß keiner von Ihnen »schuld« an der Trennung hatte, sondern daß Sie in dieser Zeit einfach nicht zueinander gepaßt haben?

Sie hatten damals gute Gründe, diesen Partner zu wählen – und keinen anderen. Welche waren das? Was konnte Ihnen dieser Mensch geben?

Vergleichen Sie Ihren damaligen Lebensentwurf mit Ihrem aktuellen!

Eine Beziehung – viele Perspektiven

»Als Martin mich aus seiner Wohnung schmiß, sah ich rot vor Wut«, erzählt die Schauspielschülerin Tatjana Müller. »Es war für mich gar keine Frage, wer schuld hatte: er natürlich!« Für Tatjana wurde es schwer, sich von der Beziehung zu verabschieden, auch als diese schon lange beendet war. Ein Rest Unverständnis ist einfach geblieben, der ihr auch heute noch durch den Kopf spukt. Eine Auseinandersetzung mit der Zeit davor fand nicht statt, die Rollenbilder verfestigten sich: Martin war der Schuldige am Scheitern der Beziehung, und Tatjana war das

Opfer – jedenfalls aus ihrer Perspektive. Schließlich hat Martin die Beziehung beendet, er hat sie aus der Wohnung geworfen. Martin sieht es ganz anders. Für ihn war er das Opfer und Tatjana die Schuldige. Schließlich hat er jahrelang ihre Drogenexzesse und Affären ertragen.

Wenn zwei Menschen sich aufeinander eingelassen haben und die Beziehung funktioniert, sind immer beide dafür verantwortlich. Und genauso sind sie es, wenn die Beziehung zerfällt. Doch anstatt die Verantwortung beider für Wohl und Wehe der Liebe zu akzeptieren, bevorzugen viele Männer und Frauen nach der Trennung extreme Formen der Schuldzuweisung: Entweder sie klagen nur sich an, oder sie schieben den ganzen Schuldberg auf die Seite des Partners.

Doch ein erster Schritt zur Klärung wäre die Unterscheidung: Welche Anteile am Funktionieren und am Scheitern der Beziehung gehören auf wessen Tisch? Welche Probleme und Hürden hat der eine mit in die (und vielleicht auch in die vorherige) Beziehung gebracht, welche der andere? Gleichzeitig sollte aber auch versucht werden, sich der schönen Seiten der Beziehung zu erinnern. Und auch hier muß die Frage gestellt werden. Wer war hierbei wofür verantwortlich? Letztlich kommt man an der Binsenweisheit nicht vorbei, daß so gut wie immer beide Partner sowohl für die schönen Seiten der Partnerschaft als auch für den schmerzhaften Rest verantwortlich sind.

Verfestigte Bilder vom Ex knacken

Trennungsschmerz überlagert alle anderen Gefühle und verzerrt das Bild von den Verflossenen: Viele Männer und Frauen sehen ihn entweder durch die rosarote Brille, die ihn makellos und wunderbar erscheinen läßt, oder durch die schwarzgraue Brille, wodurch nur noch Boshaftigkeiten und schlechte Seiten wahrgenommen werden. Und hier liegt der Fehler. Diese Bilder, die vom Verflossenen abgespeichert werden, sind nicht sonderlich realistisch oder gerecht. Denn: Schmerz verzerrt die Wahrnehmung! Doch ausgerechnet diese Bilder bleiben meistens haften.

Es kommt nicht selten vor, daß Partner ihr Bild vom Verflossenen – und von diesem Teil ihres Lebens – wie in einen Tresor gesperrt haben. Dabei haben sie aber vergessen, was sich drinnen befindet. Ist es wirklich eine Kröte? Hier nun kann es äußerst hilfreich sein, die Tresortür wieder zu öffnen, um einen neuen

Blick zu ermöglichen – aber dieses Mal nicht im Zorn. Mit etwas Abstand lohnt sich der Versuch einer Neubewertung.

Auch die schönen Seiten einer Ex-Beziehung können Männer und Frauen noch lange später einholen – als Trauer um den Verlust. Denn auch das Schöne wird nicht selten, genauso wie das Häßliche und Traurige, erfolgreich verdrängt. »Wir sind auch nicht frei für eine andere Beziehung, bis wir uns endlich umdrehen und uns dieser alten Beziehung noch einmal stellen«, meint der Arzt und Psychologe Victor Chu. »Dies wird vor allem dadurch möglich, daß wir die Bedeutung, die diese Beziehung für uns damals hatte, anerkennen.«[65] Vielleicht waren die Verflossenen gar nicht so furchtbar, wie die Erinnerung sie zeichnet! Schließlich gehört es zur Trennung dazu, den Ex schuldig zu sprechen und ihm gemeine Fehler zu unterstellen. Je *fieser der Kerl* oder je *blöder die Ziege*, desto eher läßt sich die Trennung bekanntlich verkraften.

Die Mediatorin Frauke Decker weiß aus ihrer Arbeit aber, daß manche Männer und Frauen gegenüber dem Verflossenen in einer Haltung von Wut, Haß und Verachtung regelrecht stekkenbleiben: »Dann muß der Ex-Partner dauerhaft entwertet werden. Das ist ein beliebtes Spiel, um der Auseinandersetzung mit den eigenen Anteilen zu entkommen.«

Es ist nie zu spät, um die Tresortür zur Vergangenheit noch einmal zu öffnen und frische Luft einzulassen! Nicht selten empfinden Männer und Frauen noch schlechte Gefühle für ihren Ex, wissen aber schon längst nicht mehr, was er ihnen eigentlich angetan hat. Sie verdammen ihn jahrelang einfach aus alter Gewohnheit, obwohl sie ihn mittlerweile ganz anders sehen und beurteilen könnten, wenn sie einen neuen Blick auf ihn wagen würden.

Mad or bad – nur eine Frage der Perspektive

Was Menschen im Rückblick auf ihre Verflossenen wahrnehmen, ist auch immer eine Frage der Perspektive. Und jede Änderung der Perspektive führt zu überraschenden neuen Einschätzungen. So macht es zum Beispiel einen riesigen Unterschied, ob man den Verflossenen für *mad* oder für *bad* hält.

Mad (engl. für verrückt) bedeutet hierbei: Der Ex-Partner ist ein armes Opfer, das für sein Handeln nicht verantwortlich ist. *Bad* (engl. für böse) dagegen bedeutet, daß der Ex-Partner ein gemeiner Täter ist und für sein Verhalten voll einzustehen hat.

Diese Unterscheidung stammt aus der Familientherapie.[66] Je nach Bewertung und Einschätzung ändert sich das Bild, das wir von unserem Verflossenen – und auch von uns selbst – haben. Wie funktioniert das?

Von bad zu mad: Aus einem Dämon, der einem schaden, einen fertigmachen und zerstören wollte, wird wieder ein Mensch mit Schwächen und Fehlern. Der andere gesteht seinem Ex-Partner zu, daß er auch unter den Streiten litt und daß auch er sich gewünscht hätte, daß sie besser als Paar miteinander ausgekommen wären. Konsequenz aus diesem Perspektivenwechsel: Der vorher verteufelte Verflossene wird im nachhinein nachsichtiger und milder beurteilt. Es hilft zu verzeihen.

Von mad zu bad: Aus dem armen »Hascherl« Ex-Partner wird eine erwachsene Person, die für ihre Handlungen verantwortlich ist. Manche Menschen scheinen einen Freifahrtschein zu haben, andere verletzen zu können, weil man ihnen abnimmt, daß sie einfach nicht anders handeln können. »Wegen einer schrecklichen Kindheit« vertrauen sie leider niemandem mehr, »weil sie als Kind keine Liebe erfuhren«, müssen sie uns ständig betrügen. Das ist die Crux dabei: Die meisten Menschen bekommen Beißhemmungen bei Menschen, die ans Mitgefühl appellieren. So werden sie verschont und verzärtelt – und letztlich nicht in die Verantwortung genommen. Durch den Perspektivenwechsel ändert sich das. Die Konsequenz ist, daß die anderen endlich ihre Wut zulassen und sauer sein dürfen auf den Menschen, der sich ihnen gegenüber rücksichtslos und egoistisch benommen hat.

Situation oder Charakter – auch eine Frage der Perspektive

Wie bestimmte Eigenschaften und Verhaltensweisen der Verflossenen rückblickend beurteilt werden, richtet sich nicht zuletzt danach, ob bei der Bewertung eher auf die *Persönlichkeit* oder auf die *Situation* geschaut wird, in der sie sich befindet. Auch hier verändert ein Wechsel in der Perspektive die Sicht auf den Verflossenen erheblich. Ein Beispiel:

Nach langem Suchen hat Tom endlich eine Parklücke entdeckt. Gerade als er zurücksetzen will, fährt Bert von hinten in die Lücke und belegt den Parkplatz. Tom ist außer sich vor Wut, springt aus dem Wagen und brüllt Bert an, daß er gefälligst sofort verschwinden soll.

Wenn wir Toms Verhalten als abhängig von der Situation beurteilen, finden wir es ziemlich verständlich. Es ist doch klar, daß er wütend ist, wenn ihm der Parkplatz vor der Nase weggeschnappt wird. Fazit: Toms Verhalten ist angemessen, er ist zu recht wütend. Jeder andere an seiner Stelle hätte sich vermutlich genauso benommen.

Bewertet man aber Toms Verhalten als Ausdruck seiner Persönlichkeit, dann ist er ein Choleriker, der wegen jeder Kleinigkeit an die Decke geht. Fazit: ein unmöglicher Typ, der sich nicht im Griff hat!

Je nachdem, an wessen Stelle man sich versetzt, ändert sich die Perspektive. Aus Toms Sicht ist er nur aufgrund der Situation ausgerastet. Bert hingegen wird Toms Persönlichkeit für dessen Toben verantwortlich machen: Tom ist ein kleinkarierter Mensch und ein Typ, der aus einer Mücke einen Elefanten macht.

Im Rückblick auf vergangene Beziehungen verhalten sich die meisten Männer und Frauen ähnlich. Sie bewerten das Verhalten ihrer Verflossenen entweder personen- oder situationsabhängig.[67] Eine neue Sicht auf die Vergangenheit kann auch hier zur Klärung beitragen. Was am Verhalten des Ex-Partners lag an der Situation, was an seinem Naturell?

Unverständnis wegen unterschiedlicher Prägungen

Als Tina vor einigen Jahren mit Jochen zusammenzog, kam es schon nach kurzer Zeit zu Mißverständnissen zwischen ihnen. Die beiden funktionieren nach ganz unterschiedlichen inneren Regeln. Jochen kommt aus einer großen Familie mit vielen Kindern, in der es ständig sehr bewegt und laut zuging: Der Hund bellt, das Radio läuft, die kleinen Geschwister plärren, das Telefon klingelt – alles gleichzeitig, alles kein Problem. Das Motto von Jochens Familie könnte lauten: »Wer lebt, macht Krach. Lärm gehört zum Leben.« In Tinas Familie ging es dagegen ruhig und zurückhaltend zu. Außer Tina gab es keine Kinder, und die Eltern hatten selten Besuch. Man sprach leise und nacheinander. Wenn ein Familienmitglied mal die Stimme erhob, war das schon das Höchstmaß an Aggression. Das Motto der Familie könnte lauten: »Laut sein bedeutet Streit.«

Was passierte nun, als Jochen und Tina in eine Wohnung zogen? Immer dann, wenn Jochen zum Beispiel die Tür laut zuschlägt, fühlt sich Tina sofort schlecht. Sie assoziiert Krach mit Aggression. »Habe ich etwas falsch gemacht«, fragt sie sich, »warum ist Jochen sauer auf mich?« Und wenn Tina sich über Jochen geärgert hat und darüber mit ihm spricht, versteht er gar nicht, daß Tina wirklich sauer ist – schließlich bleibt sie ruhig und spricht leise. »So schlimm wird's schon nicht sein!«, denkt er – und unterschätzt damit Tinas Ärger mit schöner Regelmäßigkeit.

Solche Verhaltensmuster werden entscheidend in der Familie ausgebildet. Sie wirken unbewußt: Die meisten Männer und Frauen wissen gar nicht, daß sie nach solchen Prägungen funktionieren. Unterschiedliche Regeln zweier Partner führen aber in einer Beziehung leicht zu Mißverständnissen.

Fragen und Anregungen

Welche Probleme führten nach Ihrer Ansicht in Ihrer Beziehung letztlich zur Trennung? Worauf führen Sie diese Probleme zurück?

Haben Sie noch die gleichen Gefühle zu Ihrem Verflossenen wie nach der Trennung?

Welche Einstellungen zu Ihrer damaligen Partnerschaft haben Sie abgespeichert?

Werfen Sie einen Blick auf die früheren Vorwürfe, die Sie sich und Ihrem Verflossenen gemacht haben. Sind sie bei einer Änderung der Betrachtungsweise noch aufrechtzuerhalten?

Versuchen Sie, sich zu Ihren Anteilen an der Trennung zu bekennen!

Eigene Muster und Prägungen erschließen

Andrea Schmitz, die Besitzerin eines Kurierdienstes in Augsburg, hat lange Zeit die Hobbies ihrer jeweiligen Partner geteilt – oder es zumindest versucht. In ihren Schränken finden sich nicht wenige Überbleibsel, die sie den jeweiligen Verflossenen zuordnen kann. Schläger und Bälle stammen aus der Zeit, als sie mit einem Tennis gespielt hat. Ein Kleid und zwei Paar Tanzschuhe erinnern an einen leidenschaftlichen Tänzer. Sprachkassetten und CDs verweisen auf den letzten Verflossenen, einen Italien-Fan. Andrea lacht: »Ich habe sogar mal geangelt, allerdings nur ein einziges Mal! Da bin ich mit einem Ex-Freund morgens in aller Herrgottsfrühe rausgefahren an einen See. Und dann diese Mücken am Wasser und die ekelhaften Köder. Das war überhaupt nicht mein Fall.« Andrea hat jedesmal versucht, sich ganz auf die Interessen ihrer Partner einzustellen. Ging die Beziehung auseinander, ließ sie auch schnell die entsprechende Beschäftigung wieder fallen. Da sie seit ihrer Jugend immer einen Freund hatte, wußte sie lange nicht, was ihr selbst Freude macht. Bis sie ihren letzten Partner kennenlernte. »Rolf hat gar nicht erwartet, daß ich alles mitmache, was ihm gefällt. Im Gegenteil, er war ganz schön irritiert, als er mitbekam, daß ich meine Freizeit bislang so intensiv mit meinen Verflossenen verbracht habe. Er drängte mich dazu, daß ich mir etwas eigenes suche.«

Bestimmte (Beziehungs-)Muster ziehen einen stärker an als andere. Theo Gilbers kennt das Problem, wie häufig wiederkehrende Strukturen Partnerschaften beeinflussen, sehr gut aus seiner Arbeit: »Es gibt Männer, die suchen sich immer wieder Frauen, die ein gewisses Schutzbedürfnis, eine Art von Hilflosigkeit ausstrahlen. Andere fühlen sich von Frauen angezogen, die Stärke ausstrahlen und ihnen Schutz und Unterstützung bieten. Bei Frauen gibt es solche Aufteilungen natürlich auch.« Nicht wenige Männer und Frauen neigen dazu, solche Muster zu wiederholen. »Viele meinen, sich beim nächsten Mal das komplette Gegenteil ihres Verflossenen zu suchen. Aber nach kurzer Zeit stellen sie fest: Die Oberfläche täuschte, es gibt doch große Gemeinsamkeiten zum Verflossenen. Das ist nie zufällig, sondern ein Kennzeichen des Musters.«

Häufig suchen sich Menschen auch unbewußt einen Partner, an dem sie etwas abarbeiten können – in der Hoffnung, in der Beziehung ein altes, zumeist aus der Kindheit stammendes Problem mit dem anderen lösen zu können. Die Mediatorin Frauke Decker erläutert an einem Beispiel, wie so etwas aussehen kann: »Nehmen wir einen Mann, der als Kind oder Jugendlicher unter einer distanzierten Mutter litt, die ihm nicht genug Wertschätzung entgegenbrachte. Egal, wie sehr er sich auch anstrengte, nie war er gut genug, während sein fauler Bruder die ganze Aufmerksamkeit der Mutter bekam. Als Erwachsener wird sich dieser Mann möglicherweise eine Partnerin suchen, die ihn immer wieder abblitzen läßt. Eine Frau, bei der es vorprogrammiert ist, daß er nie die Anerkennung erlangen wird, die er sich wünscht, egal, wie sehr er sich auch bemüht. Und genau dieses ihm vertraute Muster kann sich in seinen folgenden Partnerschaften wiederholen.«

Häufig fallen Muster nicht gleich auf, wenn die vergangene Beziehungen Revue läuft. Doch nicht selten gibt es so etwas wie ein *Lebensthema*, das sich in den Partnerschaften wiederholt. Manchmal erkennen Freunde oder Geschwister solche Muster leichter.

Ein erprobtes Mittel ist es, in alten Tagebüchern und Briefen herumzustöbern: Häufig deuten sich hier bereits Themen an, die einen immer noch beschäftigen und die auch in vergangenen Beziehungen eine wichtige Rolle gespielt haben. Doch beim Stöbern und Suchen ist erhebliche Vorsicht angeraten. Denn manchmal vermutet man auch Muster, wo überhaupt keine sind.

Ein gutes Beispiel dafür ist Carolines Angst. Sie hatte befürchtet, daß ihr neuer Begleiter Alkoholiker sei – nachdem er das vierte Glas Wein bestellt hat. Zur solchen Musterbildungen kommt es deshalb häufig, weil Menschen für jedes Phänomen unbedingt eine Erklärung haben wollen – auch wenn es manchmal keine gibt.

Dazu ein Beispiel aus einem ganz anderen Zusammenhang: In den 50er Jahren beobachteten die Einwohner einer amerikanischen Kleinstadt ein merkwürdiges Phänomen. Die Windschutzscheiben ihrer Autos wiesen Kratzer und pockenartige Erhebungen auf. Immer mehr Autobesitzer stellten diese Schäden an ihren Windschutzscheiben fest. Unter den Einwohnern der Stadt kursierten zwei Theorien. Laut Theorie Eins entstanden die Kratzer durch radioaktiven Niederschlag, hervorgerufen durch russische Atomtests. Nach Theorie Zwei zeugten die zerkratzten Windschutzscheiben von Säuretröpfchen, die aus einer Kombination von hoher Luftfeuchtigkeit der Gegend und Asphaltpartikeln der Straße entstanden sind. Beides sehr komplizierte Theorien – die Wahrheit war banaler.

Der Gouverneur des Staates beauftragte eine Kommission, um das Phänomen zu klären. Ihr Fazit: Es gab überhaupt keine

Zunahme von zerkratzten Windschutzscheiben. Die Windschutzscheibe von jedem Auto trägt solche Spuren, nur betrachtet normalerweise niemand seine Windschutzscheibe so genau und auf so kurze Distanz. Was sich in der Stadt ereignet hatte, war keine »Epidemie beschädigter, sondern *angestarrter* Scheiben«.[68]

Fragen und Anregungen

Fühlen Sie sich immer zu einem ähnlichen Typ Frau beziehungsweise Mann hingezogen?

Was für ein Typ ist das? Mögliche Antworten bei Frauen: Amazone, Lady, Mutter, hilfloses Mädchen, Prinzessin. Mögliche Antworten bei Männern: Retter, Vater, großer Junge, Lehrer.

Haben Sie in Ihren vergangenen Beziehungen immer das gleiche vermißt?

Hatten Sie und Ihre jeweiligen Partner meistens die gleichen Rollen inne? Waren Sie beispielsweise stets der aktivere Teil des Paares? Fragen Sie sich: Wer ergriff jeweils die Initiative beim Kennenlernen, wer signalisierte zuerst Interesse, wer beendete die Beziehung?

In Klausur gehen: Ursachen erkennen

Anne Deckert, die als Psychotherapeutin bei *Pro Familia* arbeitet, erzählt die Geschichte eines Paares, das zu ihr in die Beratung kam. Vom sozialen Status waren die beiden äußerst ungleich: Der Mann war Chef einer angesehenen Rechtsanwaltskanzlei, seine Frau war Sekretärin. Der Mann unterhielt zu einer Verflossenen noch ein sehr gutes Verhältnis. Wenn sie zu dritt zusammen waren, fühlte sich seine Frau regelmäßig wie das fünfte Rad am Wagen. Von außen wirkten die drei eher so, als sei die Verflossene die aktuelle Partnerin des Mannes. Seine Frau hatte das dumpfe Gefühl, daß ihr Mann nicht richtig zu ihr stand – jedenfalls immer dann, wenn die alte Freundin anwesend war. Wie sich herausstellte, hatte sie recht mit ihrem Eindruck.

Für Anne Deckert ein nicht unbekanntes Phänomen: »Der Mann hatte in der Tat Probleme damit, zu seiner Frau zu stehen, weil sie seinen alten Ansprüchen nicht genügte. Und jedesmal, wenn seine Verflossene auftauchte, erinnerte er sich unbewußt daran: Früher haben seine Verflossene und er sich immer über Männer aufgeregt, die sich in reiferen Jahren eine statusungleiche Freundin zulegen, über Ärzte, die Sprechstundenhilfen heiraten zum Beispiel. Und nun gehörte er praktisch auch zu solchen Männern.«

Erst die verärgerte Reaktion seiner Frau machte ihn auf seinen Zwiespalt aufmerksam: Einerseits stand er zu ihr und zu der Beziehung, andererseits fühlte er sich noch seinen alten Überzeugungen verpflichtet. Und an die wurde er immer dann erinnert, wenn er seine Verflossene traf.

Die Beratung durch einen Therapeuten kann helfen, ungelöste innere Probleme zu erkennen und bewußt dagegen anzuarbeiten. Dazu muß man mit sich in Klausur gehen. So kommt man zu der Bereitschaft, sich mit alten Vorstellungen und Werten auseinanderzusetzen. Um den Rückblick auf die Verflossenen richtig abschließen zu können, müssen Männer und Frauen weiterhin klären, was sie jetzt wollen. Sie müssen feststellen, welche der damaligen Vorstellungen längst überholt sind und welche davon ungebrochene Aktualität besitzen.

Fragen und Anregungen

Was war früher Ihr Ideal von einer Partnerschaft?
Gab es Formen von Beziehungen, die Sie strikt ablehnten?
An welchen Punkten haben sich Ihre Vorstellungen inzwischen geändert?
Gestehen Sie anderen zu, auch auf das von Ihnen bevorzugte Modell ablehnend zu reagieren!
Gefallen Ihnen mittlerweile Beziehungen, die Sie früher abgelehnt hätten?
Was hätten Sie früher über Ihre jetzige Lebensform gedacht?

Zu sich finden: Den Ex abhängen

Der 36jährige Sozialarbeiter Franz Seibold hat zu seiner Verflossenen Gabi auch heute noch ein sehr gutes Verhältnis. Beide sind mittlerweile mit anderen Partnern verheiratet und haben jeweils eigene Kinder. Franz ist darüber sehr froh: »Wenn Gabi und ich heute zusammen sind, spielt unsere damalige Beziehung keine Rolle mehr. Wir sind einfach in ganz anderen Lebenssituationen, schon deshalb, weil jeder eine eigene Familie hat.«

Franz und Gabi haben es geschafft, sich von den Rollen, die beide früher eingenommen hatten, zu lösen. Wer sich dagegen immer noch über seinen Verflossenen definiert und ihn als entscheidenden Teil der eigenen Identität betrachtet, ist nicht frei für neues. Trennung kann eine Chance sein! Die Soziologin Diane Vaughan meint: »Jeder Abschied hat einen Rollenverlust zur Folge, und das schafft Raum, sich selbst neu zu definieren.«[69]

Nach einer Trennung müssen beide Ex-Partner ihre Identität von der des anderen lösen. Das ist ganz entscheidend. Einige Frauen heben diesen Schritt besonders hervor, indem sie nach der Scheidung wieder ihren Mädchennamen annehmen.

Es verändert sich aber nicht nur die Rolle als »Partner/in von«. Mit der Trennung wird auch der Übergang in eine andere Lebensform vollzogen: vom Teil eines Paares hin zum Single. Dadurch entsteht normalerweise die entscheidende Distanz zwischen sich und dem Verflossenen, so daß der andere mehr und mehr an Bedeutung für das eigene Leben verliert. Die beiden Leben, die einmal eng miteinander verwoben waren, haben sich wieder entmischt. Übereinstimmungen, die sich in Beziehungen zwangsläufig in vielen Bereichen entwickeln – gemeinsamer Geschmack, Interessen, Vorstellungen –, kurz: der gemeinsame Horizont, verlieren an Bedeutung oder lösen sich langsam auf.

Den Partner zu einem großen Teil der eigenen Identität zu machen und ihm sogar ein Stück der eigenen Persönlichkeit zu opfern, das ist eher eine Sache der Frauen. Sie sind oft zu sehr auf ihren Partner fixiert und haben nach der Trennung große Probleme. Für viele Frauen scheint es tatsächlich selbst nach der Trennung einfacher zu sein, die Gedanken weiter um den Mann kreisen zu lassen, ihn zu verdammen, zu beweinen, sich für ihn verantwortlich zu fühlen, als sich mit der Tatsache auseinanderzusetzen, daß sie unzufrieden sind und eine Lösung für sich selbst finden müssen.[70] Frauen fühlen sich häufiger als Männer als passive Opfer. Diese Haltung wirkt sich extrem destruktiv auf ihr Selbstbewußtsein aus. Connell Cowan und Melvyn Kinder betonen in ihrem Buch »Der falsche Prinz«: »Männer treten in ihr Leben ein, geben ihnen das Gefühl, etwas Besonderes zu sein, und wenn sie wieder verschwinden, nehmen sie das Selbstbewußtsein der Frauen mit, die Fähigkeit, mit sich selbst zufrieden zu sein.«[71] Deshalb gilt es besonders für Frauen, darauf zu achten, daß sie sich unabhängig von ihrem Verflossenen definieren. Sie sollten sich nicht vorrangig als »Ex-Frau von ...« betrachten. Das ist eine Fessel, die sie bekanntlich in alten Bindungen festhält.[72]

Fragen und Anregungen

Stärkt es Ihr Selbstbewußtsein, einen Partner zu haben?
Haben Sie sich manchmal mit Ihrem Verflossenen geschmückt?
Erzählen Sie noch heute von einem Verflossenen, um Eindruck zu machen?
Unterteilen Sie Ihr Leben in Beziehungsphasen à la: »Das war die Zeit mit X, die Jahre mit Y ...«, oder eher nach anderen Phasen wie zum Beispiel Ausbildung, Umzug in eine andere Stadt, Berufswechsel, Weiterbildung?
Machen Sie sich Ihre eigenen Qualitäten bewußt, jenseits der Beziehungen zu anderen Partnern!

Verinnerlichte Kritik loswerden und eigene Erwartungen bestimmen

Nach ihrer Scheidung fühlte sich Anke Schulte aus Bonn, 38 Jahre alt, wie eine Versagerin. Sie sei zu ehrgeizig, eine Streberin, die ihre Karriere an erste Stelle setze und mit ihrem Job verheiratet sei. Und zu männlich. Das jedenfalls waren die Vorwürfe ihres Ex-Mannes Wolfgang. Dabei macht Anke ihre Arbeit als Pharmazeutin einfach nur großen Spaß. »Ich wurde ziemlich konservativ erzogen«, erzählt sie, »wahrscheinlich trafen mich Wolfgangs Vorwürfe deswegen so hart. Ich hatte sozusagen *als Frau* versagt: Ich wollte keine Kinder, und ich bin als Hausfrau denkbar ungeeignet. Ich habe meine Rolle nicht erfüllt, so könnte man es wohl nennen.« Während ihrer Ehe und auch noch danach hat Anke sich bemüht, ihre als männlich geltenden Eigenschaften – Ehrgeiz, Spaß an der Arbeit, Stolz auf Leistung, Freude am Erfolg – zu deckeln. Sie tarnte sich: »Ich habe mich versteckt mit dem, was ich kann. Wenn ich jemanden kennengelernt habe, habe ich gesagt, daß ich in einem Labor arbeite, und nicht, daß ich es leite.« Anke befürchtete, schief angesehen zu werden. Es hat eine Weile gedauert, bis sie den Makel, nicht weiblich genug zu sein – was immer das ist –, ablegen konnte.

Judith Wallerstein und Sandra Blakeslee haben in ihrer bereits erwähnten Studie über die Auswirkungen von Scheidungen beobachten können, daß viele Männer und Frauen auch noch lange Jahre nach der Trennung die Kritik ihrer Verflossenen verinnerlicht haben.[73] Sie sind immer noch der festen Überzeugung, daß das, was der Verflossene an ihnen gräßlich fand, auch tatsächlich gräßlich *ist*. Dabei muß dies beileibe nicht zutreffen.

Gerade geschiedene Frauen fühlen sich oft von den Urteilen ihrer Verflossenen verfolgt, sobald sie wieder erste Schritte in die Öffentlichkeit wagen. Und manche Frau entdeckt dann plötzlich, daß gerade die Eigenschaften, die ihr Verflossener so furchtbar an ihr fand, besonders attraktiv und interessant sind.[74]

Oft verbuchen Männer und Frauen das Ende einer Beziehung als ganz persönliches Scheitern. Dann sind sie anfällig dafür, sich Asche aufs Haupt zu streuen. Sie suchen die Fehler nur bei sich und plagen sich mit Schuldgefühlen und Vorwürfen: Vielleicht wäre die Beziehung zu retten gewesen, wenn ich doch nur anders gewesen wäre. Habe ich mir überhaupt genug Mühe gegeben? Warum habe ich nicht mehr mit dem anderen unternommen, um ihn zu halten? Im ganzen Gejammer übersehen sie leicht, daß ihre Verflossenen nun wirklich nicht die geeignetsten Kandidaten für ein objektives Urteil über sie sind. Wer weiß schließlich, wieviel von ihrer Kritik berechtigt war – und was davon bloß ihre Spezialmunition im Beziehungsnahkampf? Und trotzdem klebt ausgerechnet ihr Urteil wie Pech an dem Selbstbild des anderen.

Rahmen ändern

Es existieren verschiedene Strategien, um diese verinnerlichte Kritik abzulegen. Drei Wege sollen an dieser Stelle vorgestellt werden.

Der *erste Weg*: Zunächst gilt es zu überlegen, mit welchen Etiketten der Verflossene einen behaftet hatte. War man seiner Meinung nach zu egoistisch oder zu faul, zu schmuddelig oder zu ehrgeizig, zu nachtragend oder zu stur, zu zaghaft oder zu laut? Oder gar womöglich alles auf einmal? In einem zweiten Schritt gilt es zu überlegen, wie die eigenen Freunde einen beschreiben würden. Welche Einschätzung haben sie zu den Etiketten der Verflossenen? Schließlich sollte in einem dritten Schritt darüber nachgedacht werden, wie man sich selbst einschätzt. An welchen – positiven wie negativen – Zuordnungen könnte etwas dran sein?

Der *zweite Weg*: Man muß lernen, gnädig zu sich zu sein! Man sollte mit sich reden, wie man mit einem guten Freund reden würde. Natürlich hat jeder Eigenschaften, die anderen Menschen nicht gefallen. Manches davon stört einen wahrscheinlich selbst. Was würde man einem guten Freund raten, der sehr mit sich hadert, weil er in manchen Dingen nicht so ist, wie er es gerne wäre? Dieser kleine Perspektivenwechsel hilft oft, die Einzelheiten wieder in Relation zu setzen.

Der *dritte Weg* ist eine in der Familientherapie angewandte Technik: das sogenannte *Reframing* (engl. frame = Rahmen; etwa: den Rahmen verändern). Reframing bezeichnet das Umdeuten von Situationen und Eigenschaften. Wie so etwas funktioniert, zeigt eine bekannte Szene aus Mark Twains »Tom Sawyers Abenteuer«:

Tom Sawyer muß zur Strafe den Zaun des Hauses seiner Tante Polly neu anstreichen. Anstatt mit seinen Freunden schwimmen zu gehen, muß er arbeiten. Doch als ein Freund vorbeikommt und sich deswegen über ihn lustig macht, reagiert Tom clever. Er tut so, als sei das Streichen ein besonderes Privileg, eine schöne und anspruchsvolle Aufgabe, für die nur er ausgesucht worden sei. Der andere Junge läßt sich nach einiger Zeit von Toms Interpretation der Situation überzeugen: Auch er will jetzt den Zaun anstreichen. Doch Tom läßt sich zuerst natürlich nicht darauf ein. Das stupide Streichen erscheint durch Toms Weigerung ungleich reizvoller. Schließlich bietet der Junge Tom sogar Geschenke an, im Tausch, um ein paar Zaunlatten anmalen zu dürfen. Gnädig läßt sich Tom dazu herab, nimmt die Geschenke an und gibt den Pinsel aus der Hand.[75]

Was hat Tom Sawyer gemacht? Er hat die Situation umgedeutet: Aus der *Strafe* Zaunstreichen wurde die *Belohnung* Zaunstreichen. Um die verinnerlichte Kritik des Verflossenen loszuwerden, kann man genau diese Strategie des Umdeutens von Situationen und Eigenschaften anwenden. Ein Beispiel.

Die 25jährige Übersetzerin Elke Mayer leidet sehr unter ihrer Schüchternheit. Sie traut sich nicht, auf Leute zuzugehen oder vor Publikum zu sprechen. Für sie war ihre Schüchternheit immer ein großes Problem. Schüchtern zu sein war in ihren Augen ein Makel, ein Fehler, an dem sie nichts Gutes finden konnte. Bei einem Wochenendseminar, in einer kleinen Gruppe von Kollegen, kam das Gespräch auf negative Eigenschaften. Als Elke sagte: »Am schlimmsten ist Schüchternheit«, wurde sie von der Vielzahl der unterschiedlichen Antworten ihrer Kollegen überrascht: »Schüchterne Menschen spielen sich nicht so auf.« – »Sie sind nicht so protzig, nicht so aufgeblasen.« – »Schüchterne können besser zuhören.« – »Sie gehen besser auf andere ein.« – »Man fühlt sich von Schüchternen nicht in die Ecke gedrängt.« – »Wenn jemand Schüchternes auf einen zugeht, freut man sich viel mehr drüber, als bei jemandem, der zu allen nett ist.« – »Sie wirken interessanter.« So hatte das Elke bisher nie gesehen! Was hier stattgefunden hatte, war ein Reframing: Ihre – verhaßte – Schüchternheit wurde in einen anderen Rahmen, in ein anderes Licht gerückt und verlor dadurch einen Teil ihres Schreckens.

Diese Form der Umdeutung ist ein äußerst geeigneter Weg, um die verinnerlichte Kritik eines Verflossenen abzulegen, die einen vielleicht immer noch blockiert.

Wo will ich hin?

Als Gesine Papenberg wußte, wie sie in Zukunft leben wollte – mit Mann und Kind – fiel es ihr leichter, die Trennung vom unkonventionellen Markus zu akzeptieren. Heute ist sie sich sicher: »Die Art der Beziehung, die Markus und ich miteinander führten, paßte nicht mehr zu mir. Ich merkte, daß ich plötzlich ganz andere Ziele hatte.« Hinzu kam, daß Gesine sich mit dem Kinderkriegen nicht mehr lange Zeit lassen wollte.

Man stelle sich vor, man könnte in eine Zeitmaschine steigen. Wie würde man in einem Jahr, in fünf, in zehn Jahren leben? Es gilt zudem darüber nachzudenken, welche Art von Beziehung man in Zukunft führen will und was für ein Partner dafür in Frage kommt. Dazu hilft der Rückblick auf den Verflossenen: Was hat man aus der Beziehung gelernt? Was hat gefehlt? Was hätte man selbst gerne gegeben, konnte es aber damals nicht? Was würde man in Zukunft ändern wollen? Man muß sich klarmachen, wieviel Nähe und Sicherheit und wieviel Autonomie, Distanz und Freiheit man braucht. Es ist von entscheidender Bedeutung, sich Klarheit darüber zu verschaffen, welche Erwartungen man an einen Partner und an eine Beziehung hat. Und sich dabei nicht zu überfordern: Ein *Höher-Schneller-Wei-*

ter macht nur Streß. Damit zieht man nur Drähte, über die man später stolpern wird. Niemand sollte vor allem erwarten, daß die nächste Partnerschaft konfliktfrei wird, denn: Gesunde starke Beziehungen unterscheiden sich von ungesunden destruktiven nicht dadurch, daß es keine Konflikte gibt, sondern durch die Art und Weise, wie die Partner damit umgehen![76]

Fragen und Anregungen

Welche Eigenschaften mögen Sie an sich besonders?
Wie würden Freunde Sie beschreiben?
Welche Etiketten aus vergangenen Beziehungen kleben Ihnen immer noch an?
Überprüfen Sie, welche Verhaltensweisen und Eigenschaften Sie in der damaligen Beziehung gezeigt hatten. Was davon ist noch aktuell, was hat sich verändert?
Suchen Sie die positiven Aspekte bei den Eigenschaften, die Ihnen noch zu schaffen machen!
Behandeln Sie Ihre kritischen Punkte, wie Sie es bei einem guten Freund tun würden – mit Nachsicht!
Wie könnte Ihr Leben in einem, in fünf und in zehn Jahren aussehen? Leben Sie als Single oder in einer Beziehung? In einer Großstadt oder auf dem Land? Haben Sie Kinder?
Was wollen Sie gern in einem Jahr, in fünf und in zehn Jahren erreichen?
Wie kommen Sie dahin? Was könnten die ersten Schritte dazu sein?
Stellen Sie fest, was Sie aus der letzten Beziehung gelernt haben.
Überlegen Sie, welche Erwartungen – realistische und unrealistische – Sie an einen Partner haben. Beglückwünschen Sie sich dazu, wenn Sie den Unterschied kennen!

Willkommen in der Gegenwart

Jochen Bratsch, ein 25jähriger Medizinstudent aus Berlin, wollte nach der Trennung von Jennifer alles – bloß nie wieder eine Krankenschwester als Freundin. »Ich befürchtete eine Neuauflage der Beziehung zu Jennifer«, erklärt er heute. Die damalige Beziehung war ihm zu problematisch. Es gab zum Beispiel Schwierigkeiten, die gemeinsame Zeit zu koordinieren, weil Jennifer oft Nachtdienst hatte. Außerdem stritten sie sich dauernd über medizinische Themen. Jennifer nutzte ihre größere Berufserfahrung als Trumpf bei den Streiten, Jochen rieb ihr unter die Nase, daß er Medizin studiert und deshalb wohl besser Bescheid wisse. Ein einziger Konkurrenzkampf!

Es dauerte lange, bis Jochen durch gegenteilige Erfahrungen sein Pauschalurteil über Krankenschwestern überwinden konnte. »Erst als ich die Freundin eines guten Freundes kennenlernte, die ebenfalls Krankenschwester war, konnte ich meine Meinung relativieren. Sie war vom Typ ganz anders als Jennifer. Ich wäre nie auf die Idee gekommen, daß sie Krankenschwester ist. Wo ich doch mittlerweile so ein festes Bild von ihnen hatte. Erst da wurde mir richtig klar, daß unsere Probleme und Streite in erster Linie nichts mit unseren Berufen zu tun hatten.« Die gegenteilige Erfahrung hat ihn aus der Blockierung befreit und in der Gegenwart ankommen lassen.

Erst wenn man sich auf einen ausführlichen Rückblick eingelassen und die so entdeckten Stolpersteine aus dem Weg geräumt hat, kann man sich wirklich neuen Partnern öffnen. Die Psychotherapeutin Anne Deckert von *Pro Familia* betont: »Man sollte die Beziehung zum Verflossenen innerlich abschließen und sie als gelebte Liebe, die beendet ist, begreifen!«

Um Frieden mit sich und den Verflossenen zu schließen, müssen Männer wie Frauen lernen zu verzeihen: dem Ex und sich selbst. Das ist die Voraussetzung dafür, daß keine Rechnungen offen bleiben. Und schließlich muß man akzeptieren, daß die vergangene Liebesbeziehung – neben vielem anderen – natürlich auch Nebenwirkungen hat! Von jeder wichtigen Erfahrung bleibt immer auch ein Rest zurück. Niemand kann erwarten, daß Männer und Frauen als Erwachsene ohne Schrammen bleiben: Auch diese sind ein wichtiger Teil der Biographie und gehören unverwechselbar zu jedem einzelnen.

Weg mit dem Selbstmitleid!

Uwe Rother, der 35jährige Taxifahrer aus Hannover, fiel in ein tiefes Loch, als seine Ex-Freundin Martina ihn vor sechs Jahren verließ. »Ich war das Opfer und Martina die Täterin, ganz klar«, sagt Uwe rückblickend. »Genauso habe ich es empfunden. Ich war gar nicht mehr fähig, irgend etwas anderes wahrzunehmen als meinen eigenen Schmerz. Ich habe mir selbst sehr leid getan und bin ganz schön trotzig geworden. Letztlich wollte ich gar nicht mehr loslassen von meinem Kummer.« Uwes Bruder Dietmar hat sich in dieser Zeit viel um ihn gekümmert. »Er wollte mich da rausreißen, aus der Depression, aus meinem dunklen Loch. Er hat mich oft besucht und Vorschläge gemacht, was wir zusammen unternehmen könnten. Aber ich habe mich richtig gewehrt dagegen. Ich wollte nicht, daß es mir besser ging.«

Nicht wenige Männer und Frauen müssen lernen, darauf zu verzichten, sich selbst leid zu tun – weil die Beziehung damals in die Brüche ging, weil alle Männer oder Frauen, die ihnen gefallen, schon in festen Händen sind, weil sie immer verlassen werden, weil ... Gründe finden sich genügend. Doch Selbstmitleid hemmt! Für einen Moment gewährt es einen Triumph – »Alle bedauern mich, weil ich sitzengelassen wurde. Ich bin der bessere Mensch, viel besser als das Schwein, das mich schmählich im Stich gelassen hat« –, aber was nützt das?

Die Selbstbemitleider stehen automatisch auf der guten Seite und sind immer im Recht. Mit dem moralischen Zeigefinger deuten sie anklagend auf die anderen, die ihnen soviel angetan haben. Die Psychologin Harriet Braiker bemerkt dazu sehr treffend: »Der Leidende scheut oft die Mühe und das Wagnis einer Änderung. Er ist mit seinem Kummer vertraut und verwachsen, er benutzt ihn als strategisches Werkzeug, als willkommenen Anlaß zum Selbstmitleid oder als moralische Waffe.«[77]

Wenn man sich selbst leid tut, dann sollte man anfangen, sich die Frage zu stellen: Warum? Ist man in einer Denkfalle gefangen? Denkt man zum Beispiel, daß arme Hascherl eher geliebt werden als selbstbewußte Menschen? Braucht man eine Rechtfertigung, um laut über das Leben klagen zu können? Falls ja, sollte man sich doch vielleicht ab und zu neue Gründe suchen. Ein Blick auf den Kontostand oder in die Nachrichten genügt zumeist. Aber nicht selten ist es Menschen einfach zu anstrengend, sich wieder ins volle Leben zu begeben. Schließlich erwartet das niemand, solange man leidet.

Sicher ist das ein kräfteschonender Weg, zu leben, aber auch ein sehr langweiliger! Die Opferrolle schadet letztendlich nur.

Das Bad im Selbstmitleid zeigt zumeist, daß man sich an alte Verletzungen klammert und sie als Rechtfertigung benutzt, um in der Stagnation zu verharren. Starkes Selbstmitleid als Dauerzustand treibt nicht wenige in die Isolation: Andere Menschen beginnen, ihnen aus dem Weg zu gehen, denn sich das ewige Lamentieren anzuhören, verkraften die wenigsten.

Fragen und Anregungen

Sprechen Sie häufiger von Dingen, die in Ihrem Leben schiefgehen, als von denen, die klappen?
Fühlen Sie sich herausgefordert, wenn ein anderer von seinem Leid erzählt, auch etwas dazuzugeben? Rechnen Sie dabei auf Wirkung?
Tun Sie sich selbst in einigen Punkten leid?
Wie lange hält das schon an?
Kann es sein, daß Sie das Selbstmitleid vor etwas schützen soll?
Fragen Sie einen Freund, ob er Sie auch bemitleidenswert findet. Wenn er mit Ja antwortet, fragen Sie ihn das noch einmal in einem Vierteljahr.

Sich selbst verzeihen

Wenn Horst Plenz, der Berliner Fahrlehrer, an die Zeit zurückdenkt, als seine Frau Inge ihn und die beiden Söhne verlassen hat, kann er sich nicht nur sehr gut an den Streß und den Zorn von damals erinnern. Es fällt ihm noch eine ganz andere Geschichte ein, die ihm lange zu schaffen gemacht hat. Zu der Zeit, als die Wut auf seine Frau sich gerade auf alle Frauen erstreckte, lernte er die Schwester eines Kollegen kennen. Sie war zu Besuch in Berlin. Horst erinnert sich: »Sie hieß zu allem Überfluß auch noch Inge – genau wie meine Ex-Frau! Aber sie war ein ganz anderer Typ, ruhig und sanft. Eine richtig liebe Frau.« Horst merkte schnell, daß Inge Nr. 2 Interesse an ihm zeigte. Zweimal war er mit ihr verabredet. Bei ihrem ersten Treffen betrank er sich, das zweite Mal erschien er gar nicht erst. »Sie ist wieder abgereist, ohne daß ich mich von ihr verabschieden konnte. Ich habe ihr weder gezeigt noch gesagt, daß ich sie mochte. Deswegen habe ich lange ein ziemlich schlechtes Gewissen mit mir herumgeschleppt.« Es hat eine ganze Zeit gedauert, bis Horst sich sein damaliges Verhalten verzeihen konnte. Dazu verhalf ihm erst die Einsicht in die Ursache: nämlich die Erfahrungen mit seiner Verflossenen Inge.

Es fällt leichter, sich selbst zu verzeihen, wenn man die Gründe für sein damaliges Verhalten verstanden hat. Das Sich-selbst-Verzeihen ist ein wesentlicher Schritt, um vergangene Liebesbeziehungen innerlich abschließen zu können. *Was* man sich im nachhinein verzeihen kann oder sollte? Daß man die damalige Beziehung nicht eher beendet hat; daß man sich dem Ex gegenüber nicht korrekt verhalten hat; daß man aus Angst vor dem Alleinsein länger bei einem Partner blieb, als einem guttat; daß man sich dumm oder peinlich benommen hat; daß man kleine Probleme nicht eher angesprochen, sondern mitangesehen hat, wie sie groß und immer größer wurden; daß man aus eigener Schwäche oder Ängstlichkeit die Beziehung aufs Spiel gesetzt hat. Die Liste ließe sich beliebig ergänzen.

Es macht keinen Sinn, sich vorzuhalten, wie peinlich, schuldig, lächerlich oder gemein man sich damals benommen hatte. Oder sich weiter mit Sätzen zu quälen wie: »Wie konnte ich nur so dumm sein« – »Ich bin so wütend auf mich« – »Ich schäme mich so« – »Wie konnte ich mich so irren« – »Bestimmt lachen alle über mich«. Auch wenn man sich tatsächlich falsch, schlecht, dumm benommen hat: Es ist entscheidend, daß man sich selbst irgendwann vergibt und sich so von Schuldgefühlen befreit![78]

Klaus Sejkora betont in seinem Buch »Männer unter Druck«, daß sich selbst verzeihen bedeutet, die eigene Geschichte anzunehmen »als das, was sie war, zu akzeptieren, daß man die Vergangenheit nicht mehr ändern und man auch nichts mehr ungeschehen machen kann. Aber auch anzunehmen, daß es vorbei ist und auch endlich vorbei sein darf.«[79]

Fragen und Anregungen

Gibt es bestimmte Situationen oder Ereignisse aus vergangenen Beziehungen, die Sie noch niemandem erzählt haben?

Wagen Sie es, heute einen Blick auf Ihr damaliges peinliches, blödes, beschämendes, gemeines … Verhalten zu werfen!

Akzeptieren Sie, daß es in Ihrem Leben – wie in jedem anderen auch – »schwarze Löcher«, das heißt sehr unangenehme Situationen gab!
Wie schwerwiegend war Ihr Verhalten wirklich?
Sprechen Sie mit sich wie mit einem guten Freund, dem Sie verzeihen, weil er etwas daraus gelernt hat.

Dem Ex verzeihen

Die Potsdamerin Dorothea Fiedler hat lange gebraucht, bis sie ihrem Ex-Mann verzeihen konnte. Der Schmerz und die Kränkung, verlassen worden zu sein, saßen tief. »Ich glaube, ich mußte erst die gleiche Erfahrung machen, um ihn zu verstehen.« Nach der Scheidung von ihrem Mann lernte Dorothea den Witwer Herbert kennen, von dem sie sich aber bald wieder trennte. Grund dafür waren seine tiefen Gefühle zu seiner verstorbenen Frau. »Das war das erste und einzige Mal, daß ich jemanden verlassen habe. Vorher hätte ich geschworen, daß ich so was niemals tun würde.« Seit dieser Erfahrung weiß Dorothea, daß es für jeden Situationen im Leben geben kann, in denen man selbst den entscheidenden Schritt zur Trennung tun muß.

Viele fühlen sich in ihrer letzten Beziehung extrem schlecht behandelt, sie wurden belogen und betrogen – und denen, die ihnen soviel Schmerz zugefügt haben, ausgerechnet denen soll nun verziehen werden? Dem Feind?

Genau dem! Und das aus rein pragmatischen und egoistischen Gründen. Heftige negative Gefühle, die man lange mit sich herumschleppt, schaden letztlich einem selbst. Dem Verflossenen verzeihen heißt aber nicht, daß man sein Verhalten auch plötzlich gut finden soll. Die Autorin Eva Wlodarek hat das auf den folgenden Nenner gebracht: »Gemeint ist hier also wirklich nicht, daß Sie wider besseres Wissen jemanden freisprechen, zu Kreuze kriechen oder kapitulieren sollen. Gemeint ist vielmehr, daß Sie Ihren inneren Hader mit dem oder den Ex-Partner(n) bewußt aufgeben sollten – nicht aus christlicher Nächstenliebe, sondern aus reiner Selbsterhaltung.«[80]

Verzeihen ist ein Gegengift, um loslassen zu können. Jeder sollte ausprobieren, ob er das kann. Er tut sich einen Gefallen damit – und nur darum geht es! Denn wenn es einem gelingt, müssen die – auch schönen – Erinnerungen mit dem Verflossenen nicht mehr weggeschoben werden. Die Ex-Beziehung kann so zu einem normalen Teil des Lebens werden. Verzeihen befreit.[81]

Dem anderen verzeihen heißt auch, daß man die alten Vorwürfe nicht immer wieder ausgräbt, daß die schlechten Gefühle, die Bitterkeit, der Ärger – kurz: das angesammelte Gift – abfließen können. Es fällt den meisten Menschen leichter, dem Verflossenen zu verzeihen, wenn sie sich bewußtmachen, daß ihre Erinnerung auch nicht unbedingt stimmen muß. Der starke Schmerz kann die Wahrnehmung getrübt haben. Warum sich also darin verbeißen?

Fragen und Anregungen

Was werfen Sie Ihrem Verflossenen vor?
Stellen Sie sich eine Gerichtsverhandlung vor. Angeklagter ist Ihr Ex-Partner, Ankläger sind Sie. Welche Argumente könnte ein Verteidiger anführen, die Sie überzeugend finden würden?
Ist es Ihnen wirklich wichtiger, den Streit innerlich weiterzuführen, als Ihren Frieden zu machen? Was können Sie im nachhinein noch ändern? Doch nur Ihre eigene Sicht auf die Dinge.
Prüfen Sie, ob die Wut auf Ihren Verflossenen eine Funktion haben könnte – beispielsweise als Ausrede für eigene neue Aktivitäten.
Prüfen Sie pragmatisch, was Ihnen der Zorn nutzt!

Nebenwirkungen und Narben akzeptieren

Rüdiger Wichmann, Graphiker aus Saarburg, liebt Reisen über alles. Im Laufe seines Lebens hat er schon unzählige Orte gesehen. In einige Länder aber konnte er viele Jahre lang nicht mehr fahren, sie waren für ihn »verbrannte Erde«. Und zwar all die Länder, die er mit seiner Ex-Frau bereist hatte. Indien, Thailand, Frankreich und die USA waren somit tabu. »Sicher, es bleiben immer noch genügend interessante Länder übrig. Aber es hat mich dann trotzdem irgendwann gestört, daß mein Reiseradius enger geworden ist. Asien zum Beispiel schied beinahe ganz aus meinen Reiseplänen aus.« Schließlich reichte es Rüdiger: Er wollte sich nicht mehr von seinen Erinnerungen einengen lassen. Von dem Zeitpunkt an führte er ganz bewußt einen Teil seiner Reisen immer durch ein Gebiet, das er mit seiner Ex-Frau Sonja schon bereist hatte. »Ich dachte, ich probiere es einfach mal. Abreisen kann ich zur Not ja immer noch.« Das war aber gar nicht nötig, wie Rüdiger bald feststellte: »An manchen Stellen – zum Beispiel in einem Straßencafé in Arles, wo wir abends oft gesessen hatten – bin ich schon ziemlich wehmütig geworden. Aber den Spaß am Urlaub hat es mir nicht verdorben. Es gibt eben Dinge, die weh tun und doch zu meinem Leben dazugehören. Das kann ich nun mal nicht leugnen. Immerhin kann ich jetzt wieder reisen, wohin ich will!«

Die vielen Trennungen und Scheidungen haben zu »einem atemberaubenden Recycling von Ehemännern und -frauen (geführt). Männer und Frauen begegnen heute einander schon mit der Last der Vergangenheit«, meint die Autorin Carol Botwin.[82] Teile dieser Last können abgelegt werden, andere müssen akzeptiert werden. Man muß einfach einsehen, daß ehemalige Beziehungen Spuren hinterlassen. Die eine oder andere Schramme müssen fast alle Männer und Frauen akzeptieren und einsehen, daß es manche Empfindlichkeiten gibt, die auch nach Jahren noch stören, manchmal sogar weh tun und vielleicht das Leben langfristig beeinträchtigen. Mitunter braucht es lange, bis solche Narben verheilt sind.

Bernd Rieck hat mittlerweile einen ganz pragmatischen Umgang mit seinen Verflossenen gefunden: »Von jeder Ex-Beziehung in meinem Leben ist auch ein Schatten geblieben. Genauso wie von jeder anderen wichtigen Erfahrung irgendwas zurückbleibt.« That's life! Verlassene und Verlassende sollten lernen, einen entspannteren Blick auf die Nebenwirkungen zu werfen und die Ex-Beziehungen als Prüfsteine zu sehen: Durch diese Beziehungen haben sie eine Menge gelernt und wissen nun viel besser, was sie womöglich auf keinen Fall mehr wollen. Jetzt haben sie eine klarere Vorstellung davon, was sie unzufrieden macht, in welchen Schlaufen sie sich verfangen können und wo ihre wunden Punkte liegen. Das ist ein Erfolg, der auch als solcher wahrgenommen werden sollte.

Fragen und Anregungen

In welche Fallen werden Sie vermutlich nicht mehr stolpern?
Welche alten Verletzungen sind im Laufe der Jahre bereits schwächer geworden oder ganz verschwunden?
Welche Empfindlichkeiten und Schrammen werden vermutlich bleiben, mit denen Sie leben lernen müssen? Bedenken Sie dabei, daß viele Verletzungen nach einiger Zeit bekanntlich weniger schmerzen.
Finden Sie zu jedem Verflossenen mindestens drei positive Erinnerungen!
Versuchen Sie sich bewußt zu machen, was Sie aus den vergangenen Liebesbeziehungen gelernt haben.

Weichen in Richtung Zukunft stellen

Anke Schulte, Pharmazeutin aus Köln, hat die Scheidung von ihrem (Ex-)Mann Wolfgang mittlerweile gut überstanden. Sie hat gelernt, zu sich zu stehen: »Seitdem stehe ich endlich selbst im Mittelpunkt meines Lebens. Ich lasse mir von niemandem mehr reinreden, was ich tue – beruflich schon mal gar nicht!« Jetzt, da Anke sich keine Sorgen mehr darüber machen muß, ob ihr Engagement bei der Arbeit womöglich zu männlich ist, wie es ihr Verflossener bewertete, startet sie voll durch und hat mittlerweile einen Lehrauftrag an der Universität. Außerdem spielt sie mit dem Gedanken, sich politisch zu engagieren: »Ich interessiere mich schon lange für Bildungs- und Wissenschaftspolitik. Früher habe ich immer nur damit geliebäugelt. Jetzt bin ich mir sicher, daß das was für mich wäre. Mal sehen, was aus den Plänen wird.«

Viele Männer und Frauen investieren viel zuviel Energie in die Vergangenheit – anstatt sie in die Gegenwart zu stecken. Es gilt zunächst, zu überlegen, was einem selbst guttut. Viele kennen ihr ganzes Potential überhaupt nicht. Welche Eigenschaften, Verhaltensweisen, Neigungen lagen und liegen immer noch brach und warten darauf, (re-)aktiviert zu werden? Man sollte sich endlich fragen, was man machen will. Und worin man gut ist. Ist man künstlerisch begabt oder besonders fürsorglich, vielleicht ein Organisationstalent?

Wenn Menschen lange in einer Beziehung gelebt haben, wurden häufig einige Bereiche der eigenen Persönlichkeit vernachlässigt. Nicht wenige paßten sich zu stark an ihren Partner an und legten großen Wert auf harmonische Zweisamkeit. Das war eine Falle. Es gilt, zu überprüfen, welche Anteile sie in der vergangenen – oder in der aktuellen – Beziehung an den Partner delegiert haben. Diese Anteile – die *verlorene* Hälfte – sollte man sich zurückerobern. Dafür gibt es verschiedene Wege.

Zum Beispiel kann man sich bewußtmachen, was für einen das Besondere am Verflossenen war. Was hatte er an sich, machte ihn so außergewöhnlich, was gefiel einem so gut? Manches davon läßt sich ins eigene Leben integrieren, indem man es sich selbst aneignet – anstatt bei jemand anderem danach zu suchen. Die Weichen müssen neu gestellt, eingefahrene Denkgewohnheiten geändert werden. Was hat man damals für die vergangene Liebesbeziehung aufgegeben, nur um die Übereinstimmung zu vergrößern und Streit zu vermeiden? Die eigenen Interessen müssen wiederentdeckt und neu belebt werden.

Um die Zügel des eigenen Lebens wieder fester in die Hand zu nehmen, muß man selbst davon überzeugt sein, etwas erreichen zu können. Wenn Menschen glauben, daß sie doch nichts ändern können, daß es egal ist, ob sie sich so oder anders entscheiden, lähmt das jede Aktivität in Richtung Veränderung. Das nennt man *gelernte* oder *erworbene* Hilflosigkeit: Wenn man denkt, daß man keinen Handlungsspielraum hat und daß es vollkommen egal ist, was man tut, wird man auch nicht handeln. Besonders Frauen sind für eine derartig resignierte Haltung anfällig. Oft sind sie von klein auf darauf gepolt worden, passiv zu sein und eher abzuwarten, anstatt ihr Leben in die Hand zu nehmen. Doch diese Hilflosigkeit ist erlernt. Sie läßt sich daher auch wieder verlernen.[83]

Die »andere Hälfte« wiederfinden

Karla Manke erinnert sich noch genau an den Tag, an dem sie zum ersten Mal – nach vielen Jahren – wieder spürte, daß sie sehr gut ohne ihren Ex-Mann leben konnte: »Der Wendepunkt war meine Geburtstagsfeier. Zuerst wußte ich nicht, ob ich überhaupt feiern sollte, wie das wird ohne ihn. Und dann wurde es ein wunderschönes Gartenfest. Vor allem habe ich gemerkt, daß ich alles genausogut alleine hinkriege: den Garten schmükken, einkaufen und alles vorbereiten. Mir wurde klar, daß die Leute auch zu mir kommen, zu meinem Geburtstag, und nicht nur zu uns als Paar oder zu ihm. Nach dem Fest habe ich mich allein auf die Terrasse gesetzt, eine Zigarette geraucht und die Ruhe genossen. Ich war richtig zufrieden. Und alles aufgeräumt und abgewaschen habe ich erst am nächsten Morgen. Ganz ohne Hektik. Das Fest war nicht nur mindestens genauso schön wie damals mit ihm: Es war vor allem viel streßfreier für mich.«

Das Leben zu zweit verleitet stark dazu, sich auf den Partner zu verlassen. Im Laufe der Beziehung gibt es mehr und mehr Alltäglichkeiten, die delegiert werden, zunächst unbemerkt oder einfach aus Bequemlichkeit. Und erst sehr viel später merken nicht wenige Männer und Frauen, daß sie in einigen Bereichen ziemlich unselbständig – oder wenigstens ungeübt – geworden sind. Doch diese verloren geglaubte *andere Hälfte* läßt sich wiederfinden![84]

Durch das jahrelange Vermeiden von Tätigkeiten entsteht unweigerlich ein Übungsrückstand. Plötzlich glauben einige, zwei linke Hände bekommen zu haben. Es fällt ihnen tatsächlich zunächst erst mal schwerer, Knöpfe anzunähen oder eine Fahrradkette zu wechseln. Das heißt aber nicht, daß sie dazu grundsätzlich nicht in der Lage wären. Durch die einseitige Ausrichtung auf bestimmte Tätigkeiten und das Vermeiden von anderen fehlen neue Erfahrungen. Weil das Leben lange Zeit nur noch auf Heimspielplätzen stattfand,[85] verlieren nicht wenige das Gefühl, was sie eigentlich alles leisten können.

Die andere Hälfte, die es zurückzuerobern gilt, ist bei Männern und Frauen rollenbedingt unterschiedlich. Bei Frauen sind es häufig praktische Fähigkeiten, die immer noch als Männersache gelten. Sie werden in Beziehungen als erstes delegiert: einfache Reparaturen, sei es am Schloß der Wohnungstür oder an der Toilettenspulung, das Messen des Ölstandes und des Reifendrucks beim Auto, das Programmieren des Videorecorders.

Karin Grimm aus Frankfurt a. M. ließ sich nach 20 Jahren Ehe von ihrem Mann scheiden, verliebte sich in eine Frau und lebt seitdem ausschließlich mit Frauen zusammen. Eines Tages brannte in ihrer Wohnung eine Sicherung durch. Da Karin gerade wieder in einer Beziehung lebte, blieb sie passiv: »Früher hat mein Mann solche kleinen Tätigkeiten gemacht. Und jetzt habe ich automatisch erwartet, daß meine Freundin sich darum kümmert und die Sicherung auswechselt. Was idiotisch ist.«

Auch bei Männern sind es zum Teil ganz praktische Fertigkeiten, die sie, sobald sie in einer Beziehung leben, abgeben: Wäsche waschen, kochen, putzen, einkaufen. Zudem scheint es aber noch einen anderen wichtigen Bereich zu geben, der bei Männern im Falle einer Trennung ziemlich brachliegt. In einer repräsentativen Umfrage des Soziologen Walter Hollstein, der mehr als 700 Männer zu ihrem Leben, ihrer Einstellung zu Liebe, Partnerschaft und Frauen befragt hat, antworteten auf die Frage »Was vermissen Sie an Ihren männlichen Freunden, das Ihnen Frauen geben können?« die meisten heterosexuellen Männer: »Erotik und Sexualität«. Als nächstes aber fehlen Männern bei ihren männlichen Freunden Einfühlungsvermögen, Wärme, Geborgenheit und Sensibilität.[86] Ein Ergebnis, das übrigens nicht nur für deutsche Männer typisch ist.[87]

Doris, die Verflossene von Klaus Reinecke, ist Krankengymnastin. Bei kleinen Verletzungen und Verspannungen hatte sie Klaus massiert und seine Blessuren gepflegt. Als begeisterter Fußballer hatte er davon jedes Wochenende einige vorzuweisen. Diese Art des Wohlfühlens hat er sich auf ganz besondere Art bewahren können. »Immer wenn ich heute bei der Massage oder bei einem Krankengymnasten in Behandlung bin, habe ich sofort Doris vor Augen, direkt von dem Moment an, wo die Behandlung beginnt.« Was für eine schöne Erinnerung an seine Verflossene!

Es gibt viele andere schöne Dinge, Erfahrungen und Erinnerungen, die man aus vergangenen Beziehungen mitnehmen kann.

Gesine Papenberg sehnt sich manchmal nach der Spontaneität und Ungebundenheit ihres ehemaligen Freundes Markus zurück. Mit ihm hatte sie vieles einfach nach Lust und Laune unternommen, ohne lange zu überlegen. Das fehlt ihr heute zuweilen. Aber sie trauert gar nicht so sehr Markus als Person nach, sondern vielmehr der damaligen Lebensweise, die sie mit ihm assoziiert. »Was ich manchmal vermisse, ist nicht Markus, sondern die Leichtigkeit, die mein Leben damals hatte.« Jetzt – mit Kind und Job – wäre es fast ein Ding der Unmöglichkeit, spontan nach Paris zu fahren. »Sonntag morgens spontan frühstükken gehen, das kann ich auch mit Kind und Job.«

Auch Hannes Krollmann weiß ähnliches zu berichten: »Wenn eine Beziehung in die Brüche gegangen ist, sehnt man sich später noch nach den speziellen Wohlfühlbestandteilen und will sie wiederhaben.« Die entscheidende Frage ist: Wie könnte man dies – unabhängig von dem damaligen Partner – wiederbekommen? Vorausgesetzt, man will es noch. Denn man ändert sich schließlich mit den Jahren. Wenn einige damals dahinschmolzen, wenn ihr Verflossener Gitarre spielte und dazu sang oder wenn er ihnen einen selbstgestrickten Pullover nach dem nächsten schenkte, muß das nun wirklich aktuell nichts mehr heißen.

Manches aus früheren Beziehungen, dem man nachtrauert, kann man selbst in sein Leben holen. Was war das, was den Verflossenen so besonders gemacht hatte? Eine Eigenschaft, eine Fähigkeit? Es heißt nachdenken, wie und wo man dies ohne den Verflossenen bekommen kann. Wenn die Ex-Freundin – wie im Fall von Klaus Reinecke – gut massieren konnte und man das sehr genossen hat, kann man ebensogut zu einem anderen guten Masseur gehen. Und wenn der Verflossene ein exzellenter Koch war: Es gibt reihenweise gute Restaurants. Und auch Kochen läßt sich lernen.

Die Frauen und Männer, die einen anziehen, haben in der Regel etwas an sich, was man selbst haben will, sich jedoch häufig nicht eingesteht. Das gilt es als erstes herauszufinden. Hat einen die letzte Freundin beeindruckt, weil sie ein Jahr lang durch die USA reiste, weil sie einen Roman geschrieben hat oder weil sie alle lateinamerikanischen Tänze beherrschte? Wenn man weiß, was genau man an den Verflossenen bewundert hat und besonders anziehend fand, sollte man versuchen, dies in sein eigenes Leben zu holen, und zwar ohne den Verflossenen.

Fragen und Anregungen

Bei welchen Aufgaben und Arbeiten überlegen Sie als erstes, wer Ihnen dabei helfen beziehungsweise die Arbeit ganz übernehmen könnte?

Stellen Sie fest, welche Fähigkeiten bei Ihnen brachliegen!

Achten Sie auch in der Partnerschaft darauf, eigene Fähigkeiten nicht zu vernachlässigen!

Welche Eigenschaften und Fähigkeiten fanden Sie an Ihrem

Verflossenen ganz besonders oder außergewöhnlich? Was davon würde Ihnen heute noch gefallen?

Gibt es etwas, was Sie sich früher trauten und wozu Ihnen mittlerweile der Mut fehlt? Zum Beispiel: allein verreisen, allein essen oder ins Theater gehen, jemanden ansprechen, der Ihnen gefällt, auf einem Fest das Gespräch mit Fremden suchen, eine Fahrradtour organisieren, eine Party veranstalten, einen Gebrauchtwagen kaufen. Versuchen Sie es!

Überlegen Sie, wie Sie Dinge wieder in Ihr Leben integrieren könnten!

Scheuen Sie sich nicht, die vielfältigen Angebote der Dienstleistungsgesellschaft dafür in Anspruch zu nehmen!

Strategien zur Verhaltensänderung: Durchstarten!

Karla Manke sieht ihrem Gerichtstermin entgegen: Sie wird von ihrem zweiten Mann Norbert geschieden. »Zur Scheidung werde ich mein Hochzeitskostüm anziehen, das weiß ich jetzt schon. Irgendwie finde ich das passend, das hat eine Richtigkeit für mich: Dadurch passen Anfang und Ende besser zusammen. Und dann ist dieser Streß endlich erledigt, und ich kann durchstarten!« Für Karla ist die Trennung zugleich ein Antrieb, zu schauen, wo sie gegenwärtig steht und wo sie hin will. Für sie ist die Scheidung eine Gelegenheit, aus dem bisherigen Trott auszubrechen und die Weichen in Richtung Zukunft neu zu stellen. Es ist – wie jede Krise – auch eine Chance.[88]

Wenn die Spannungen während einer Beziehung sehr groß waren und durch die ständigen Streite immer unerträglicher wurden, erleben viele die Trennung auch als Erleichterung und Befreiung. Es besteht die Möglichkeit, ein neues Leben anzufangen.

Leider verpassen viele nach der Trennung die Gelegenheit, neu durchzustarten. Das läßt sich aber nachholen. Neue Verhaltensweisen kann man immer ausprobieren. Wenn man Abstand zum alten gewonnen hat, muß man sortieren, welche Erinnerungen man hinter sich lassen will und an welche sich anknüpfen läßt.

Durch Trennungen werden viele Menschen auch ihre Fesseln los und können ein Stück weiterwachsen und ihre Gewohnheiten – auch die Denkgewohnheiten – ändern. In ihrem Buch »Unglücklich verliebt, und was man dagegen tun kann« legt Liz Hodgkinsons ganz besonderen Wert auf diesen Aspekt: »Langlebige, eingefahrene Denkgewohnheiten können eine starke autosuggestive Kraft entwickeln und verhindern, daß unsere wahre Persönlichkeit zur Entfaltung kommt.«[89]

Warum nicht durchaus die Vorteile genießen, die es hat, einen Partner losgeworden zu sein? Es gibt keinen Zeugen mehr für das alte Beziehungsverhalten. Man selbst weiß natürlich noch, wie kleinkariert, engstirnig, zaudernd und intolerant man sich zuweilen benommen hat. Aber sonst weiß davon niemand! Durch diese Erfahrungen hat man nun eine klare Vorstellung davon, was man das nächste Mal anders machen will. Was auch immer es ist: weniger klammern, eigenständig bleiben, aufmerksamer werden, selbstbewußter auf jemanden zugehen, sich nicht kleinmachen und den Partner nicht für wichtiger nehmen als sich selbst. Leider liegt zwischen dem Vorsatz, etwas am eigenen Verhalten zu ändern, und einem wirklich anderen Verhalten ein mühsamer, aber meist spannender Weg. Wie kann man es nun schaffen, kleinere oder größere beabsichtigte Veränderungen auch tatsächlich in praktisches Verhalten umzusetzen? Dazu gibt es einige hilfreiche Strategien:

A. Visualisierung

Visualisierung bedeutet die genaue geistige Vorstellung von etwas. Wenn man beispielsweise ein anderes Verhalten ausprobieren will, muß man es sich vorher so genau wie möglich vorstellen. Denken Sie sich in das neue Verhalten hinein: Wie würde es aussehen, wie würden Sie sich verhalten? Gehen Sie dabei so kleinschrittig wie möglich vor! Überlegen Sie zum Beispiel: Wie können Sie Ihre Bedürfnisse einfordern und trotzdem die Grenzen Ihres Gegenübers respektieren, ohne übergriffig zu werden? Was würden Sie sagen? Mit welchen Gesten und mit welcher Körperhaltung würden Sie Ihrem Partner gegenübertreten? Oder: Wie würde es aussehen, wenn Sie selbstbewußt auf jemanden zugingen und ihn ansprächen? Was würden Sie sagen? Wie würden Sie sich verhalten? Würden Sie aufrecht vor ihm stehen oder sich lieber hinsetzen?

B. Als-ob-Handeln

Nicht nur unser Denken wirkt auf unser Verhalten, sondern auch umgekehrt: Das Verhalten beeinflußt unsere Einstellungen. Als-ob-Handeln bedeutet: Man tut so, als wäre man bereits dort, wo man hin möchte! Konkret: Man tut so, als wäre man bereits mutig, selbstbewußt, kontaktfreudig, diszipliniert. Stellen Sie sich vor, wie Sie sich dann verhalten würden! Und handeln Sie entsprechend. Das nennt man »Probehandeln«, Sie üben für den Ernstfall! Das heißt, Sie nehmen eine Verhaltensänderung vorweg und setzen sie voraus. Sie verhalten sich schon so, als wären Sie bereits ein lockerer Typ, dem das Flirten nicht schwerfällt, oder eine selbstbewußte Frau, die sich zu behaupten weiß. Die Setzung bewirkt, daß man sich einerseits entsprechend benimmt – also in Richtung einer Verhaltensänderung –, und andererseits färbt das Probehandeln direkt auf das tatsächliche Verhalten ab: Änderungen werden so in Gang gesetzt.

C. Film ab!

Manchmal ist es hilfreich, Distanz zur eigenen Person und zum eigenen Handeln zu schaffen. Die Strategie: Versetzten Sie sich selbst in eine Filmszene und stellen Sie sich vor, Sie seien der Hauptdarsteller. Schaffen Sie sich Ihr eigenes Drehbuch und fragen Sie sich: Wie müßte sich die Hauptdarstellerin beziehungsweise der Hauptdarsteller in dieser oder jener Situation verhalten? Wie würde mir die Szene und wie würde mir die Hauptperson am besten gefallen? Ein Beispiel: Eine Frau entdeckt in einem Café einen Mann, der ihr gut gefällt. Wie geht die Szene weiter? Sie könnte ihn beobachten, ihn ansprechen, ihm von weitem zulächeln, ihm einen Kaffee ausgeben, sich über ihre Schüchternheit ärgern und sich aus Frust mit Kuchen vollstopfen. Es gibt viele Möglichkeiten. Welche davon gefiele Ihnen am besten, wenn Sie es in einem Spielfilm sehen würden? Wie würden Sie sich wünschen zu reagieren? Sie wissen bereits wie? Dann üben Sie!

Ego stärken
All diese Strategien funktionieren aber nur, wenn man sich offensiv zu seinen Eigenheiten und individuellen Interessen bekennt. Daher gilt es, das Ego zu stärken.

»Ich würde mir gerne ein neues Bett kaufen, aber ich warte lieber noch. Wer weiß, was meinem zukünftigen Partner gefällt. Größere Anschaffungen sollte man lieber zusammen machen.« – »Eigentlich würde ich gerne aus der Großstadt weg und mal eine Zeitlang in einem kleineren Ort leben. Aber die Chance, dort jemanden kennenzulernen, ist ja noch geringer als in der Großstadt. Ich warte lieber, bis ich wieder einen Partner habe. Wer weiß? Vielleicht können wir ja zusammen wegziehen.« – »Im Sommer würde ich gerne mit einer Reisegruppe durch China fahren. Aber dazu müßte ich ein halbes Jahr vorher buchen – und wenn ich nun in der Zwischenzeit einen neuen Partner finde? Ich glaube, ich lasse das mit der Reise besser sein. Vielleicht lerne ich mal jemanden kennen, mit dem ich dann zusammen so eine Tour unternehmen kann.«

Welche Pläne hat oder hatte man? Was stand der Erfüllung im Weg? Jetzt ist der Moment, eigene Interessen (wieder) zu finden und etwas Neues zu beginnen! Viele Singles führen ein Leben auf Abruf, sie halten noch immer einen Platz im Leben frei für Mister oder Misses X. Das ist wie eine Wohnung, die nie eingerichtet wird und in der ewig nur Kartons stehen – solange, bis der oder die Richtige endlich kommt.

Doch wer eigene Interessen und Wünsche aufgibt, aus Angst, sie könnten den Partner stören oder verletzen, wird meistens über kurz oder lang Probleme bekommen. Wann, wenn nicht nach einer Trennung, ist die Zeit, eigene Wünsche wieder zu entdecken?

Was hat man nicht alles während der letzten Beziehung aufgegeben, weil man dachte, es stört den Partner – oder beschädigt das eigene Image? Mit einer Chipstüte im Arm die »Lindenstraße« zu gucken? Stundenlang in der Badewanne zu liegen und dämliche Comics zu lesen? Sich im Stadion die Seele aus dem Hals zu schreien? Einen ganzen Sonntag lang Patiencen zu legen und nebenbei Kuchen zu futtern? Jetzt ist die Zeit, dies nachzuholen und die angestauten Bedürfnisse zu reaktivieren.

Viele Interessen gehen im Laufe der Beziehung oft verloren, weil das Schwergewicht auf die Gemeinsamkeiten mit dem anderen gelegt wird. Da macht man eben das, was ihm auch gefällt. Das trifft besonders für Frauen zu, die oft – trotz aller Emanzipation – stärker darauf ausgerichtet sind, sich ihrem Partner anzupassen, anstatt zu ihren eigenen Interessen zu stehen und sie zu verfolgen.

Nun ist es an der Zeit, sich zurückzuholen, was in der letzten Beziehung oder im Laufe der letzten Jahre verlorengegangen ist. Welche Kurse, Schulabschlüsse, Ausbildung wollte man machen? Was davon gilt noch? Was war einem mal wichtig? Wofür hatte man sich engagiert? Welche alten Freunde, Kollegen, Verwandten hat man aus den Augen verloren? Welche Interessen liegen seit langem brach? Sprachen, Sport, Reisen, Theater?

Schärft man die eigenen Konturen nicht immer wieder, wird das Leben schnell eng und langweilig. Männer und Frauen, die dagegen zu ihren Interessen, Bedürfnissen und Eigenarten stehen, wirken unvergleichlich spannender und haben mehr vom Leben.

Schlußwort

»Non je ne regrette rien!«
(Edith Piaf)

In Paris lernten sie sich kennen, halsüberkopf verliebten sie sich ineinander. Aber es gab ein großes Hindernis: Die Frau war bereits verheiratet. So trennten sich ihre Wege für einige Jahre. Und eines Tages begegneten sie sich wieder, in einem Café in Nordafrika, und wieder fuhr die Liebe wie ein Blitz dazwischen. Doch die Frau war immer noch verheiratet, und so wurde wieder nichts aus ihnen. Schade – und schön!

»Casablanca« ist nicht nur seit vielen Jahren ein Kultfilm, er ist auch einer der berühmtesten Liebesfilme. Das ist um so interessanter, da die Liebesgeschichte zwischen Elsa und ihrem *Verflossenen* Rick spielt – obwohl es einen aktuellen Partner, nämlich den Ehemann Victor Lazlo, gibt. Legendär sagt Rick alias Humphrey Bogart in mehreren Szenen zu Elsa alias Ingrid Bergman: »Schau mir in die Augen, Kleines!«

Nehmen wir uns ein Beispiel an Rick. Schauen wir unseren Verflossenen in die Augen. Sehen wir uns an, was sie uns hinterlassen, was wir von ihnen mitgenommen haben.

Daß die Verflossenen nicht nur Kummer und Schrammen übrigließen, sondern auch eine ganze Menge Freude und Bereicherung, wissen wir natürlich. Aber darüber zu schreiben wäre ein Buch für sich.

Wir fragen uns, wie Menschen miteinander leben sollen, wollen und können. Vieles hat zum Ende dieses Jahrhunderts seine Gültigkeit verloren: Wie Männer und Frauen miteinander leben – als Single, als Teil eines hetero- oder homosexuellen Paares, mit Kindern oder ohne, in einer Familie oder mit Freunden –, bleibt ihnen selbst überlassen. Jeder kann und muß für sich das Passende finden – und hoffen, daß die Entscheidung richtig war.

Und obwohl Liebe und Partnerschaft nach wie vor hoch im Kurs stehen, scheint die Erfüllung der Beziehungswünsche so schwer wie nie zuvor – zumindest deuten darauf die hohen Scheidungsraten und die Erzählungen, die wir während der Arbeit an diesem Buch zu hören bekommen haben.

Werden Männer und Frauen irgendwann einmal zu einem entspannteren Umgang mit Verflossenen finden? Werden sie irgendwann begreifen, daß eine Beziehung nicht gescheitert ist, wenn sie auseinandergeht, sondern einfach zu einem Ende gefunden hat? Wird es gelingen, daß Menschen nicht mehr jede Trennung als persönliches Versagen ansehen, sondern als eine Chance zum Neuanfang?

Wir würden uns wünschen, wenn die Haltung von Thomas Alva Edison, dem Erfinder der Glühbirne, Schule machen würde. Als er einmal gefragt wurde, ob er nicht frustriert darüber sei, daß er so viele vergebliche Versuche machen mußte, um endlich ans Ziel zu gelangen, antwortete er erstaunt: »Wieso vergebliche Versuche? Das waren lauter nützliche Methoden, mich zu lehren, wie es nicht funktioniert!«[90]

Anhang

Empfehlungen

Unser Anliegen mit diesem Buch ist es, auf mögliche Risiken und Nebenwirkungen von Verflossenen aufmerksam zu machen und erste Anregungen zu geben, wie man die eine oder andere Klippe möglichst umschiffen kann. Alle diejenigen, die für die Bearbeitung ihrer »Altlasten«-Probleme weitergehende Hilfe in Anspruch nehmen möchten, sollten sich ohne Scheu an eine der vielen psychosozialen Beratungsstellen wenden. Ratsuchenden wird dort in der Regel unkompliziert und kompetent weitergeholfen. Über die ganze Bundesrepublik ist inzwischen ein dichtes Netz derartiger Beratungsstellen verteilt, die von unterschiedlichen Institutionen (Trägern) unterhalten werden, sei es von von den Städten oder Gemeinden, den Kirchen (z. B. Diakonisches Werk der Evangelischen Kirche in Deutschland e. V., Deutscher Caritasverband e. V.), der Arbeiterwohlfahrt oder anderen Hilfs- und Sozialwerken. Über Beratungsmöglichkeiten in der Nähe kann man sich z. B. problemlos bei der Telefonseelsorge informieren, an die man sich aber auch bei anderen schwerwiegenden Konflikten wenden kann. Ebenso empfehlenswert ist es, sich an die örtlichen Beratungsstellen der Pro Familia e. V. zu wenden.

Im Falle eines anstehenden Scheidungsfalles kann man sich – gemeinsam mit dem Noch-Partner – an die Bundesarbeitsgemeinschaft für Familienmediation wenden.

Danksagung

An dieser Stelle danken wir all denen, die uns in den letzten Monaten zur Seite gestanden haben und ohne die dieses Buch nicht entstanden wäre: den Frauen und Männern, die uns von ihren Erfahrungen und Erlebnissen freimütig erzählt haben; den Expertinnen und Experten, die uns ihre Zeit zur Verfügung gestellt und uns mit ihrem Wissen unterstützt haben; den Studentinnen und Studenten des Germanistik-Seminars der Humboldt-Universiät in Berlin, die bei der Titelfindung geholfen haben, unserem Lektor Christoph Links und nicht zuletzt unseren Freunden, die geduldig darauf gewartet haben, uns endlich mal wieder zu Gesicht zu bekommen.

Anmerkungen

Verliebt – verlobt – verflossen: Wie sich Paarkultur verändert

1 Insgesamt 68 Prozent der Deutschen stimmten dieser Aussage zu. 1974 waren es 49 Prozent, die hierin den Sinn ihres Lebens sahen. Im Osten ist die Prozentzahl von 60 (1992) auf 67 (1997) gestiegen. Vgl. Institut für Demoskopie Allensbach: Das Leben genießen. In: Allensbacher Berichte 1/1998.

2 So jedenfalls die Ergebnisse einer Umfrage des Forsa Instituts von 1996. Vgl. Gesellschaft für Sozialforschung und statistische Analysen: Glück: Einschätzungen und Befindlichkeiten der Bundesbürger. Im Auftrag von: Die Woche. Erhebungszeitraum Dezember 1996.

3 Harriet Braiker: Giftige Beziehungen. Wenn andere uns krank machen. Frankfurt a. M. 1993, S. 23.

4 Vgl. Stephen M. Johnson: Nach der Trennung wieder glücklich. Wege vom Wir zum Ich. Düsseldorf 1981, S. 15 f.

5 Vgl. Andrea Kunsemüller: Das zweite Glück. Erfahrungen mit der zweiten Partnerschaft. München 1988, S. 201.

6 Zahlen des Statistischen Bundesamtes von 1995.

7 Vgl. Stephan Lermer; Hans Christian Meiser: Der verlassene Mann. Sind Frauen das stärkere Geschlecht? Frankfurt a. M. 1993.

8 Vgl. Helga Felbinger: Nimm dir Zeit, nicht gleich den nächsten. Ratgeber für Geschiedene. Zürich 1990, S. 48.

9 Vgl. Helmut Lukesch: Wandel von Ehe und Familie in der Bundesrepublik. Eine Analyse aufgrund soziodemographischer Daten. Manuskript im Internet. Regensburg 1998, Kapitel 3.4.2.

10 Nach Angaben des statistischen Bundesamtes hielten über die Hälfte der 1997 geschiedenen Ehen länger als neun Jahre. Nach fünf Jahren Ehe war die Hälfte der kinderlosen Paare, aber nur ein knappes Fünftel der Paare mit Kindern geschieden.

11 Der Verein *Zusammenwirken im Familienkonflikt* hat sich zur Aufgabe gestellt, Familien und Paaren in Trennungs- und Scheidungskonflikten außergerichtlich zu helfen und zwischen den streitenden Parteien zu vermitteln. Vor allem für das Wohl der gemeinsamen Kinder sollen die (Ex-)Partner einvernehmliche Regelungen finden. Mediatoren verstehen sich dabei als Wegbegleiter. Mit ihrer Hilfe als neutrale Dritte sollen die streitenden Partner eigenverantwortlich eine Lösung für ihre Zukunft erarbeiten.

12 Katharina Ley; Christine Borer: Und sie paaren sich wieder. Über Fortsetzungsfamilien. Tübingen 1992, S. 11.

13 Vgl. Kunsemüller: Das zweite Glück, S. 148 f.

14 Vgl. Helen Fisher: Anatomie der Liebe. Warum Paare sich finden, sich binden und auseinandergehen. München 1995, S. 388.

15 Vgl. Felbinger: Nimm dir Zeit ..., S. 75.

16 Nathaniel Branden: Liebe für ein ganzes Leben. Psychologie der Zärtlichkeit. Reinbek 1997, S. 274.

17 Jürg Willi: Was hält Paare zusammen? Der Prozeß des Zusammenlebens aus psycho-ökologischer Sicht. Reinbek 1991, S. 124.

18 Günter Reich: Kinder in Scheidungskonflikten. In: Heiner Krabbe (Hrsg.): Scheidung ohne Richter. Neue Lösungen für Trennungskonflikte. Reinbek 1991, S. 80.

19 Die Charlottenburger *Erziehungs- und Familienberatungsstelle (EFB)* gibt therapeutische Hilfestellungen für Familien, Eltern, Mütter und Väter, berät Jugendliche und begleitet Familien und Einzelpersonen bei Trennungen und Scheidungen.

Scheiden tut weh: Formen der Trennung

20 Vgl. Cornelia Mangelsdorf: Liebeskummer. Erste Hilfe für gebrochene Herzen. Zürich 1997, S. 11.

21 Den Zusammenhang von Berufstätigkeit bei Frauen und Scheidungsraten zeigen folgende Zahlen: In Amerika verdoppelte sich zwischen 1960 und 1983 die Zahl der berufstätigen Frauen, zwischen 1966 und 1976 verdoppelte sich entsprechend auch die Scheidungsquote. Vgl. Fisher: Anatomie der Liebe, S. 383.

22 Vgl. Susanne Stein: Wenn die Liebe zerbricht. Wie Sie es schaffen, Ihre Trennung positiv zu bewältigen. München 1992, S. 28.

23 Das Berliner *Centrum für Sexualwissenschaft* (CSW – gegr. 1983) bietet Informationen, Fortbildungen, Beratung und Psychotherapie bei sexuellen und mit Sexualität zusammenhängenden Problemen und Partnerschaftskonflikten an. Der Schwerpunkt liegt dabei auf Sexualpsychotherapie.

24 Josef Duss-von-Werdt: Die Ehe – eine Kette von Scheidungen. In: Hans Jürgen Schultz (Hrsg.): Trennung. Eine Grunderfahrung des menschlichen Lebens. München 1991, S. 80.

25 Die Trennung in den vorgestellten vier Phasen ist eine idealtypische Einteilung.

26 *Pro Familia e. V.* bietet psychologische und psychotherapeutische Beratung an und ist unter anderem anerkannt für die Durchführung der vor einem Schwangerschaftsabbruch vorgeschriebenen Beratung. Darüber hinaus informiert und berät *Pro Familia e. V.* über medizinische, soziale und sexualpädagogische Fragen rund um die Themen Sexualität, Familienplanung, Schwangerschaft und Schwangerschaftsabbruch.

27 »Die vollständige Erholung von der Scheidung ist auch im Leben eines Erwachsenen keine Selbstverständlichkeit.« In: Judith Wallerstein; Sandra Blakeslee: Gewinner und Verlierer. Frauen, Männer, Kinder nach der Scheidung. Eine Langzeitstudie. München 1992, S. 351. Doch wer sind die Gewinner, wer die Verlierer einer Trennung? Eindeutig gewonnen haben Männer, die sich im Alter zwischen 30 und 40 Jahren getrennt haben. Sie hatten zehn Jahre nach der Trennung wieder ein intaktes soziales Umfeld und machten im Rahmen ihrer Möglichkeiten Karriere. Anders die Männer über 40. Sie fühlten sich auch zehn Jahre nach der Trennung immer noch isoliert und blockiert. Auch die neuen Beziehungen waren eher unglücklich. Den Frauen erging es noch schlechter. Nach den Ergebnissen der Studie heiratete keine der Frauen über 40 ein weiteres Mal. Nur in der Altersgruppe zwischen 20 und 30 Jahren standen die Frauen besser da als die

Männer. Sie hatten zwar häufig keine neue befriedigende Partnerschaft gefunden, konnten aber mit den Folgen der Scheidung gut umgehen.

28 Vgl. Johnson: Nach der Trennung …, S. 77, und Willi: Was hält Paare …, S. 18.

29 Vgl. Klaus Koch; Bärbel Schwerdtfeger: Zu zweit am Ende. Phasen einer Trennung. München 1987, S. 58 f.

30 Vgl. Johnson: Nach der Trennung …, S. 181.

31 Wallerstein; Blakeslee: Gewinner und Verlierer, S. 268.

32 Vgl. Burkhard Schröder: Ab-Schnitte. Über Macht und Ohnmacht der Gefühle nach einer Trennung. Hamburg 1989, S. 50.

33 Vgl. Diane Vaughan: Wenn Liebe keine Zukunft hat. Stationen und Strategien der Trennung. Reinbek 1988, S. 58.

34 Vgl. Kunsemüller: Das zweite Glück, S. 211.

35 »Statistiken belegen, daß Frauen nach einer Scheidung eine längere Phase der Verarbeitung und des Alleinseins vorziehen, während Männer, die eine Scheidung einreichen, meist schon eine neue Partnerin gefunden haben, zu der sie sich umgehend begeben wollen.« In: Cheryl Benard; Edit Schlaffer: Es gibt ein Leben nach der Scheidung. Ein Ratgeber für die entheiratete Frau. München 1997, S. 17.

36 Vgl. Felbinger: Nimm dir Zeit …, S 69.

37 Angaben den Statistischen Bundesamtes.

Spuk der Verflossenen: Wie frühere Liebesbeziehungen weiterwirken

38 Vaughan: Wenn Liebe keine …, S. 273 f.

39 Vgl. Louis Janda; Ellen MacCormack: Der zweite Versuch. Chancen und Fallen einer neuen Ehe. Frankfurt a. M. 1994, S. 101.

40 Carol Botwin: Die Beziehungsfalle. Wie sich Frauen von eingefahrenen Mustern lösen. München 1991, S. 225.

41 Elias Canetti: Die Provinz des Menschen. Aufzeichnungen 1942–1972. Frankfurt a. M. 1985, S. 158.

42 Vgl. Johnson: Nach der Trennung …, S. 28 f.

43 Das Familienplanungszentrum *Balance – Zentrum für Familienplanung und Sexualität* in Berlin berät in Fragen der Sexualpädagogik und medizinischen sozialen Familienplanung. Es bietet Schwangerschaftskonfliktberatung und psychologische Paar- und Einzelberatungen zu Themen wie Partnerschaft, Trennung und Sexualität.

44 Eileen Simpson: Die späte Liebe. Wenn zwei sich erst mit Fünfzig finden. Hamburg 1996, S. 143 f.

45 Vgl. Reich: Kinder in …, S. 77 f.

46 Regina Hamburger: Wenn die Liebe geht. Trennung, Trauer, Neubeginn. Düsseldorf 1997, S. 70 f.

47 Vgl. Reinhold Ruthe: Verliebt bis über beide Ohren. Partnerwahl ohne falsche Illusionen. Moers 1987, S. 34.

48 Ebenda, S. 37.

49 Vgl. Ebenda, S. 81 f.

50 Vgl. George Bernard Shaw: Pygmalion. Frankfurt a. M. 1990, S. 88.

51 In den 70er Jahren unternahmen die Forscher R. Rosenthal und L. Jacobson Schülerexperimente, die beweisen sollten, daß die Erwartungshaltungen der Lehrer einen großen Einfluß auf die Leistungen der Schüler haben. Bei diesen Experimenten wurde den Lehrern einer Grundschule

erzählt, daß 20 Prozent ihrer Schüler überdurchschnittlich gute Voraussetzungen für die Steigerung ihrer Leistung hätten, was man (angeblich) im Vorfeld durch Intelligenztests herausgefunden habe. Statt dessen aber waren die herausragenden Schüler durch Lose bestimmt worden, und nicht durch Intelligenztests – was die Lehrer aber nicht wußten. Acht Monate später, nach Ablauf des Experiments, konnte man tatsächlich eine Leistungssteigerung bei den ausgelosten Schülern feststellen, von denen die Lehrer dachten, sie seien besonders intelligent. Vgl. R. Rosenthal; L. Jacobson: Pygmalion im Unterricht. Lehrererwartung und Intelligenzentwicklung der Schüler. 2. Aufl., Weinheim und Basel 1974.

52 Susan Forward: Liebe als Leid. Warum Männer ihre Frauen hassen und Frauen gerade diese Männer lieben. München 1988, S. 55.

53 Vgl. Der Tagesspiegel vom 30. 1. 1999: Die erste Liebe prägt.

54 Helga S. Hammerschmidt: Der Weg zum Glück aus wissenschaftlicher Sicht. In: Marion Weber; Richard Lawall: Glücksfall Liebe – was Paare zusammenhält. Freiburg 1998, S. 140.

55 Paul Watzlawick: Vom Schlechten des Guten oder Hekates Lösungen. München und Zürich 1986, S. 19 f.

56 Vgl. Botwin: Die Beziehungsfalle …, S. 222.

57 Benard; Schlaffer: Es gibt ein Leben …, S. 76.

58 Wolf: Wenn der Partner geht, S. 110 f.

59 Vgl. Judith Sills: Liebe nach dem ersten Blick. Handbuch für Romantiker. Reinbek 1989, S. 39 f.

60 Vgl. Liz Hodgkinson: Unglücklich verliebt – und was man dagegen tun kann. Hamburg 1993, S. 13.

61 Vgl. Victor Chu: Liebe, Treue und Verrat. Von der Schwierigkeit, sich selbst und dem Partner treu zu sein. München 1995, S. 145 f.

Verflixte Vorgänger: Die Verflossenen des Partners

62 Willi: Was hält Paare …, S. 134.

63 Vgl. Vaughan: Wenn Liebe keine …, S. 48 f.

Altlasten entsorgen: Wie man unangenehme Nachwirkungen überwinden kann

64 Vgl. Chu: Liebe, Treue …, S. 72.

65 Ebenda, S. 120.

66 Genauer gesagt aus der Systemischen Familientherapie. Der Familientherapeut Bernd Rödel beschreibt die grundlegende Annahme: »Wenn jemand krankgesprochen wird, werden automatisch er selbst und die anderen Familienmitglieder freigesprochen von jeglicher Verantwortung, Mitwirkung, Mitbeteiligung oder Schuld.« In der therapeutischen Arbeit von Familientherapeuten wird häufig versucht, »das ›Kranksein‹ wieder zurück ins ›Bösesein‹ umzudeuten. Denn wenn jemand ›krank‹ ist, dann kann keiner etwas dafür. Wenn es aber gelingt zu verdeutlichen, daß der Betreffende sich unbewußt absichtlich entschieden hat, (…) dann wird das Verhalten und der dahinter stehende Sinn wieder (…) veränderbar.« In: Bernd Roedel: Praxis der Genogrammarbeit oder Die Kunst des banalen Fragens. Dortmund 1992, S. 78.

67 Vgl. P. H. Lindsay; D. A.: Norman: Einführung in die Psychologie. Informationsaufnahme und -verarbeitung beim Menschen. Berlin 1981, S. 470.

68 Paul Watzlawick: Wie wirklich ist die Wirklichkeit? Wahn – Täuschung – Verstehen. 14. Aufl., München und Zürich 1986, S. 85. Hervorhebung im Original.

69 Vaughan: Wenn Liebe keine ..., S. 282.

70 Vgl. Connell Cowan; Melvyn Kinder: Der falsche Prinz. Erfolgsfrauen und ihre Partner. Düsseldorf und Wien 1986, S. 142.

71 Ebenda, S. 140.

72 Daß dies nicht nur für eine Handvoll Frauen zutrifft, sondern für viel mehr, beschreibt auch Autorin Sandra S. Kahn: In: dies.: Das Ex-Frau-Syndrom. Bindung als Fessel und wie frau sie löst. München 1991.

73 Vgl. Wallerstein; Blakeslee: Gewinner und Verlierer, S. 27.

74 Vgl. Kahn: Das Ex-Frau-Syndrom ..., S. 261 f.

75 Vgl. Mark Twain: Tom Sawyers Abenteuer. In: ders.: Gesammelte Werke, Bd. 2. Frankfurt a. M. 1989, S. 20 ff.

76 Vgl. Braiker: Giftige Beziehungen, S. 69.

77 Dietmar Stiemerling: Gestörte Zweierbeziehung. Der Hunger nach Verständnis und der Schmerz des Nichtverstandenseins. München 1986, S. 108.

78 Vgl. Christian Kägi: Trennung positiv bewältigen. München 1990, S. 154.

79 Vgl. Klaus Sejkora: Männer unter Druck. Wege aus typisch männlichen Lebenskonflikten. Freiburg 1993, S. 159.

80 Eva Wlodarek: Den richtigen Mann finden. Sechs Schritte zur passenden Partnerschaft. München 1995, S. 45.

81 Vgl. Kägi: Trennung positiv ..., S. 155.

82 Botwin: Die Beziehungsfalle ..., S. 16.

83 Die Psychologin Harriet Braiker berichtet von einem Experiment, das bewies: Selbst Hunden kann man erworbene Hilflosigkeit beibringen. Bei diesem Experiment wurden Hunden (leichte) Elektroschocks verabreicht. Dadurch wurden sie hilflos und konnten nicht fliehen. Als die Hunde dann eine Möglichkeit zur Flucht bekamen, nutzten sie sie nicht. Sie blieben jaulend liegen und rührten sich nicht. Sie hatten sich selbst aufgegeben. Sie hatten gelernt, ihre Handlungen als sinnlos anzusehen, und reagierten entsprechend, nämlich in Stagnation und Resignation. Vgl. Braiker: Giftige Beziehungen, S. 146.

84 Vgl. Susanne Stein: Wenn die Liebe zerbricht. Wie Sie es schaffen, Ihre Trennung positiv zu bewältigen. München 1992, S. 101.

85 Friedemann Schulz von Thun: Miteinander reden 1. Hamburg 1990, S. 194.

86 Walter Hollstein: Die Männer – vorwärts oder zurück? Stuttgart 1990, S. 129.

87 »In einer spannenden Untersuchung von mehreren hundert Männern in den USA ist Anthony Astrachan aufgefallen, daß Männer sich einer Gleichberechtigung der Frauen in Arbeitsverhältnissen aus Gründen widersetzen, die mit der Arbeit selbst gar nichts zu schaffen haben. Vielmehr sind diese Männer von der großen Angst erfaßt, daß ihre Frauen beim Eintritt in die Erwerbstätigkeit nicht mehr jene intensive Aufmerksamkeit für die männlichen Sorgen und Nöte aufzubringen in der Lage sind, die sie noch aufzubringen vermochten, als sie ausschließlich Hausfrauen und Mütter waren. Formelhaft ausgedrückt heißt das: Je mehr weibliche Erwerbstätigkeit, desto weniger Pflege für den Mann. Sowohl bei Astrachan wie bei Halper finden sich eindrückliche und schreckliche Belege für diese männliche Angst. Hier holt uns die Geschichte wieder ein: Was wir einst im Pro-

zeß männlicher Beherrschung der Welt an Qualitäten der Pflege, Liebe, Emotionalität und Besinnung auf uns selbst an die Frauen delegiert haben, können wir nun nicht mehr selber. Deshalb ängstigt uns über alle Maßen die berufliche Emanzipation unserer Frauen.« In: Hollstein, Die Männer..., S. 66 f.

88 Übrigens wird das Wort Krise in der chinesischen Kalligraphie durch die Symbole für Gefahr und Chance ausgedrückt! Vgl. Roland Weber: Stieffamilien. In: Krabbe: Scheidung ohne Richter, S. 99.

89 Liz Hodgkinsons: Unglücklich verliebt – und was man dagegen tun kann. Hamburg 1993, S. 138.

Schlußwort

90 Wlodarek: Den richtigen Mann ..., S. 88.

Verwendete Literatur

Benard, Cheryl; Schlaffer, Edit: Es gibt ein Leben nach der Scheidung. Ein Ratgeber für die entheiratete Frau. München 1997.

Botwin, Carol: Das schnelle Glück. Von Ex-und-hopp-Lovern, Sex-Muffeln und Nichtskönnern, von Schüchternen und Draufgängern, von Mehrgleisigen und … München 1989.

dies.: Die Beziehungsfalle. Wie sich Frauen von eingefahrenen Mustern lösen. München 1991.

Branden, Nathaniel: Liebe für ein ganzes Leben. Psychologie der Zärtlichkeit. Reinbek 1997.

Braiker, Harriet: Giftige Beziehungen. Wenn andere uns krank machen. 4. Aufl., Frankfurt a. M. 1993.

Canetti, Elias: Die Provinz des Menschen. Aufzeichnungen 1942–1972. Frankfurt a. M. 1985.

Chu, Victor: Liebe, Treue und Verrat. Von der Schwierigkeit, sich selbst und dem Partner treu zu sein. München 1995.

Covington, Stephanie; Beckett, Louise: Immer wieder glaubst du, es ist Liebe. Wege aus der Beziehungssucht. München 1990.

Cowan, Connell; Kinder, Melvyn: Der falsche Prinz. Erfolgsfrauen und ihre Partner. Düsseldorf und Wien 1986.

Duss-von-Werdt, Josef: Die Ehe – eine Kette von Scheidungen. In: Schultz, Hans Josef (Hrsg.): Trennung. Eine Grunderfahrung des menschlichen Lebens. München 1991, S. 78–85.

Felbinger, Helga: Nimm dir Zeit, nicht gleich den nächsten. Ratgeber für Geschiedene. Zürich 1990.

Fisher, Helen: Anatomie der Liebe. Warum Paare sich finden, sich binden und auseinandergehen. München 1995.

Forward, Susan: Liebe als Leid. Warum Männer ihre Frauen hassen und Frauen gerade diese Männer lieben. München 1988.

Gambaroff, Marina: Sag mir, wie sehr liebst du mich. Frauen über Männer. Reinbek 1987.

Gesellschaft für Sozialforschung und statistische Analysen: Glück: Einschätzungen und Befindlichkeiten der Bundesbürger. Im Auftrag von: »Die Woche«. Dezember 1996.

Giesecke, Hermann: Die Zweitfamilie. Leben mit Stiefkindern und Stiefvätern. Stuttgart 1987.

Goldberg, Herb: Der verunsicherte Mann. Wege zu einer neuen Identität aus psychotherapeutischer Sicht. Hamburg 1979.

Hamburger, Regina: Wenn die Liebe geht. Trennung, Trauer, Neubeginn. Düsseldorf 1997.

Hammerschmidt, Helga S.: Der Weg zum Glück aus wissenschaftlicher Sicht. In: Weber, Marion; Lawall, Richard: Glücksfall Liebe – was Paare zusammen-

hält. Mit einem Beitrag von Helga S. Hammerschmidt. Freiburg 1998, S. 132 ff.
Hite, Shere; Colleran, Kate: Keinen Mann um jeden Preis. Das neue Selbstverständnis der Frau in der Partnerbeziehung. Niedernhausen 1989.
Hodgkinsons, Liz: Unglücklich verliebt – und was man dagegen tun kann. Hamburg 1993.
Hollstein, Walter: Die Männer – vorwärts oder zurück? Stuttgart 1990.
Institut für Demoskopie Allensbach: Das Leben genießen. In: Allensbacher Berichte 1/1998.
Jampolsky, Gerald G.: Die Kunst zu vergeben. Der Schlüssel zum Frieden mit uns selbst und anderen. München 1987.
Janda, Louis; MacCormack, Ellen: Der zweite Versuch. Chancen und Fallen einer neuen Ehe. Frankfurt a. M. 1994.
Johnson, Stephen M.: Nach der Trennung wieder glücklich. Wege vom Wir zum Ich. Düsseldorf 1981.
Kägi, Christian: Trennung positiv bewältigen. München 1990.
Kahn, Sandra S.: Scheiden tut weh – wenn Frauen nicht loslassen können. 3. Aufl., München 1993.
Koch, Klaus: Zu zweit am Anfang. Miteinander glücklich werden. München 1991.
Koch, Klaus; Schwerdtfeger, Bärbel: Zu zweit am Ende. Phasen einer Trennung. München 1987.
Krabbe, Heiner (Hrsg.): Scheidung ohne Richter. Neue Lösungen für Trennungskonflikte. Reinbek 1991.
Krantzler, Mel: Kreative Scheidung. Wege aus dem Scheidungsschock. Hamburg 1987.
Kunsemüller, Andrea: Das zweite Glück. Erfahrungen mit der zweiten Partnerschaft. München 1988.
Kuster, Elizabeth: Aus Ex mach Hopp. Wie man über den Verflossenen hinwegkommt. Frankfurt a. M. 1997.
Lermer, Stephan; Meiser, Hans Christian: Der verlassene Mann. Sind Frauen das stärkere Geschlecht? Frankfurt a. M. 1993.
dies.: Lebensabschnittspartner. Die neue Form der Zweisamkeit. Frankfurt a. M. 1994.
Ley, Katharina; Borer, Christine: Und sie paaren sich wieder. Über Fortsetzungsfamilien. Tübingen 1992.
Lindsay, Ph. D.; Norman, D. A.: Einführung in die Psychologie. Informationsaufnahme und -verarbeitung beim Menschen. Berlin 1981.
Lukesch, Helmut: Wandel von Ehe und Familie in der Bundesrepublik. Eine Analyse aufgrund soziodemographischer Daten. Manuskript im Internet. Regensburg 1998.
Mangelsdorf, Cornelia: Liebeskummer. Erste Hilfe für gebrochene Herzen. Zürich 1997.
Petri, Horst: Verlassen und verlassen werden. Angst, Wut, Trauer und Neubeginn bei gescheiterten Beziehungen. Zürich 1991.
Reich, Günther: Kinder in Scheidungskonflikten. In: Krabbe, Heiner (Hrsg.): Scheidung ohne Richter. Neue Lösungen für Trennungskonflikte. Reinbek 1991, S. 59–85.
Rhodes, Sonya; Potash, Marlin: Wenn Männer sich nicht binden wollen. München 1988.
Roedel, Bernd: Praxis der Genogrammarbeit oder Die Kunst des banalen Fragens. Dortmund 1992.

Ruthe, Reinhold: Verliebt bis über beide Ohren. Partnerwahl ohne falsche Illusionen. Moers 1987.
Schmidbauer, Wolfgang: Die Angst vor Nähe. Reinbek 1985.
Schröder, Burkhard: Ab-Schnitte. Über Macht und Ohnmacht der Gefühle nach einer Trennung. Hamburg 1989.
Schultz, Hans Jürgen (Hrsg.): Trennung. Eine Grunderfahrung des menschlichen Lebens. München 1991.
Schulz von Thun, Friedemar: Miteinander reden 1. Hamburg 1990.
Sejkora, Klaus: Männer unter Druck. Wege aus typisch männlichen Lebenskonflikten. Freiburg 1993.
Shaw, George Bernard: Pygmalion. Frankfurt a. M. 1990.
Sills, Judith: Liebe nach dem ersten Blick. Handbuch für Romantiker. Reinbek 1989.
Simpson, Eileen: Die späte Liebe. Wenn zwei sich erst mit Fünfzig finden. Hamburg 1996.
Stein, Susanne: Wenn die Liebe zerbricht. Wie Sie es schaffen, Ihre Trennung positiv zu bewältigen. München 1992.
Stiemerling, Dietmar: Gestörte Zweierbeziehung. Der Hunger nach Verständnis und der Schmerz des Nichtverstandenseins. München 1986.
Tietze, Henry G.: Solotime. Leben nach der Trennung. Hamburg 1990.
Twain, Mark: Tom Sawyers Abenteuer. In: ders.: Gesammelte Werke, Bd. 2. Frankfurt a. M. 1989.
Vaughan, Diane: Wenn Liebe keine Zukunft hat. Stationen und Strategien der Trennung. Reinbek 1988.
Viorst, Judith: Mut zur Trennung. Menschliche Verluste, die das Leben sinnvoll machen. Hamburg 1989.
Wallerstein, Judith; Blakeslee, Sandra: Gewinner und Verlierer. Frauen, Männer, Kinder nach der Scheidung. Eine Langzeitstudie. München 1992.
Wanderer, Zev; Cabot, Tracy: Trennung aktiv bewältigen. Ein Selbsthilfeprogramm. Düsseldorf 1979.
Watzlawik, Paul: Vom Schlechten des Guten oder Hekates Lösungen. München und Zürich 1986.
ders.: Wie wirklich ist die Wirklichkeit? Wahn – Täuschung – Verstehen. 14. Aufl., München und Zürich 1986, S. 85.
Weber, Marion; Lawall, Richard: Glücksfall Liebe – was Paare zusammenhält. Mit einem Beitrag von Helga S. Hammerschmidt. Freiburg 1998.
Weber, Roland: Stieffamilien. In: Krabbe, Heiner (Hrsg.): Scheidung ohne Richter. Neue Lösungen für Trennungskonflikte. Reinbek 1991, S. 97–108.
Willi, Jürg: Die Zweier-Beziehung. Spannungsursachen, Störungsmuster, Klärungsprozesse, Lösungsmodelle. Hamburg 1990.
ders.: Was hält Paare zusammen? Der Prozeß des Zusammenlebens aus psychoökologischer Sicht. Reinbek 1991.
Wlodarek, Eva: Den richtigen Mann finden. Sechs Schritte zur passenden Partnerschaft. München 1995.
Wolf, Doris: Wenn der Partner geht. Wege zur Bewältigung von Trennung und Scheidung. Mannheim 1985.

Schlaf – der »sanfte Tyrann«

Peretz Lavie
Die wundersame Welt des Schlafes
Entdeckungen, Träume, Phänomene
Übersetzt von Esmy Berlt
328 S., 32 Abb., Klappenbroschur
ISBN 3-86153-138-0
39,80 DM/sFr.; 290 öS

Im Durchschnitt verbringt jeder Mensch ein Drittel seines Lebens schlafend. Doch warum müssen wir schlafen? Was spielt sich in dieser Zeit in unserem Hirn ab?
Die Welt des Schlafes gibt uns noch immer viele Fragen und Rätsel auf.
Peretz Lavie, einer der bekanntesten Schlafforscher der Welt, geht ihnen nach. Mit zahlreichen Anekdoten, spannenden Fallstudien und persönlichen Reflexionen führt er unterhaltsam und verständlich durch eine wundersame Welt.

Arbeitssucht – Tugend oder Krankheit?

Rainer Schwochow
Workaholics
Wenn Arbeit zur Sucht wird
Mit Selbsttest und Kontaktadressen
208 S., Klappenbroschur
ISBN 3-86153-128-3
34,00 DM/sFr.; 248 öS

Arbeitssucht findet sich bisher in Deutschland auf keinem Krankenschein als Diagnose. Im Spannungsfeld von Koketterie und Verleugnung wird sie kaum wahrgenommen.
Rainer Schwochow untersucht die wichtigsten gesellschaftlichen, sozialen und medizinischen Aspekte der Arbeitssucht und zeigt Wege auf, wie man Gefährdung oder Sucht erkennen und wie man ihnen begegnen kann.